Coletânea 30 anos de Direito da Cidade

Universidade do Estado do Rio de Janeiro

Programa de Pós-Graduação de Direito - PPGDir

Instituto de Direito Administrativo do Rio de Janeiro (IDARJ)
Rua México nº 119 10º Andar Centro Rio de Janeiro RJ
academico@idarj.com.br

Institutas

Editor-Chefe:
Emerson Affonso da Costa Moura (UNIRIO/UFRRJ)

Conselho Editorial:

Política Editorial:

Consulte o foco e escopo das publicações, as condições de submissão e o processo de avaliação, a política de ética e as diretrizes de boas práticas na publicação, bem como a política de privacidade e a licença dos direitos autorais no endereço:

www.idarj.com.br/publicacoes

Angela Moulin Simões Penalva Santos

Coletânea

30 anos de Direito da Cidade

Institutas
Rio de Janeiro
2021

Categoria: Direito Administrativo e Direito da Cidade

Produção e edição: Instituto de Direito Administrativo do Rio de Janeiro

Capa e diagramação: Pedro Henrique Barbosa Rocha

CIP-BRASIL. CATALOGAÇÃO-NA-FONTE

Coletânea 30 anos de direito da cidade / organização
Angela Moulin Simões Penalva Santos. -- 1. ed. -- Rio de Janeiro : Institutas, 2021.

Bibliografia.
ISBN 978-65-84742-04-8

1. Cidades inteligentes 2. Direito à moradia - Brasil 3. Direitos fundamentais – Brasil 4. Regularização fundiária urbana 5. Universidade do Estado do Rio de Janeiro. Faculdade de Direito - História I. Santos, Angela Moulin Simões Penalva.

22-128541

CDU- 347.233(81)

Sumário

PLANEJAMENTO E POLÍTICA URBANA: NOVAS ABORDAGENS PARA UM ANTIGO PROBLEMA

APRESENTAÇÃO DA COLETÂNEA

O Programa de Pós-Graduação em Direito foi criado em 1991, inaugurado pela linha de Direito da Cidade, onde tive a satisfação de me inserir desde esse primeiro momento.

Trata-se de uma linha de pesquisa com abordagem necessariamente interdisciplinar para desvendar os desafios do processo de estruturação da cidade e sua consequente necessidade de regulação urbanística.

A Cidade é um território em constante mutação, em linha com as transformações societárias, econômicas, ambientais e culturais em curso na sociedade. Tais mutações estiveram presentes nos muitos trabalhos de dissertações e teses elaborados pelos alunos que o programa recebeu ao longo dessas três décadas.

A proposta de abordar essas transformações da perspectiva jurídica suscita maior procura por orientação acadêmica por professores com formação em Direito. Ainda assim, muitos temas jurídicos tiveram que enfrentar os desafios de buscar em outras áreas do conhecimento o suporte teórico para que pudessem ser melhor desvendados.

Como economista urbanista, surpreendi-me com convites para orientação de pós-graduandos que foram desafiados a estudar outros campos do conhecimento fora de sua área de conforto. Mas isso não parece ter afetado meus 28 orientandos ao longo desses 30 anos de funcionamento do PPGD/Cidades.

Creio que a qualidade dos estudantes do PPGD/Cidades tem sido o suporte principal do sucesso que o programa vem experimentando ao longo desse período.

Com meus orientandos, mas também com outros estudantes, avancei no conhecimento, compartilhando novas abordagens de temas que afetam o desenvolvimento urbano. Da discussão sobre a regulação do uso do solo urbano, a política urbana avançou para ser tratada como parte das políticas sociais num contexto em que o Município foi elevado à condição de ente federativo na Constituição.

O financiamento da política urbana passou a disputar alocação orçamentária com outros aspectos das políticas sociais, educação e saúde, sobretudo.

Enquanto isso crescia a urbanização da população associada à polarização espacial em um número reduzido de metrópoles e cidades de médio porte. Vale dizer, os tradicionais problemas urbanos se tornavam mais graves, suscitando soluções mais complexas e orçamento público insuficiente.

O acesso à moradia, principal uso da terra urbana, passaria a ser requalificada como "moradia adequada", integrada a outros elementos da infraestrutura urbana.

O desafio socioambiental emergiu como uma nova área da política urbana, impondo limites à ocupação da terra e colocando em xeque o uso dos rios como locais de despejo de resíduos.

A própria identificação da cidade com atividades industriais e de serviços tem sido superada pela emergência da agroecologia urbana.

Essas abordagens da política urbana estão presentes nas dissertações e teses do PPGD, inclusive naqueles trabalhos que orientei.

Bem sei que a maioria dos antigos alunos enfrentam desafios das mais diversas ordens para participar da publicação de uma coletânea comemorativa dos 30 anos do programa. Muitos gostariam de estar presentes nesta coletânea, claro, e seus trabalhos estão disponíveis para pesquisa na biblioteca da UERJ. Mas 9 aceitaram o convite de escreverem artigos baseados em suas pesquisas e sou muito grata a todos por compartilhar essa publicação que marca a minha participação na vida acadêmica deles e expressa minha contribuição ao PPGD.

Os capítulos dessa coletânea incluem artigos dos antigos pós- graduandos, grande parte dos quais se tornaram colegas professores e amigos. Tratam-se de Marlene de Paula Pereira (2010); Rosângela Marina Luft (2014); Natália Sales Oliveira (2016); Carmem Silvia Matos Magalhães (2016); Maria Rita Rodrigues ((2018); Carlo Eduardo de Souza Cruz (2019); Pedro Henrique Ramos Prado

Vasques (2019); Marcos Paulo Marques Araújo (2020) e Thiago Serpa Erthal (2021).

São trabalhos que merecem ser mais conhecidos e que estimulem novos pesquisadores a seguir investigando-os no PPGD/Cidades, e nos demais campos do urbanismo, em geral.

ANGELA MOULIN SIMÕES PENALVA SANTOS

Professora-Titular da UERJ

PPGDIR-Cidade – 30 Anos

REGULARIZAÇÃO FUNDIÁRIA URBANA DE INTERESSE SOCIAL: SERVIÇO PÚBLICO SOCIAL E OPERAÇÃO DE GESTÃO URBANÍSTICA

Rosangela Marina Luft [1]

Resumo: O processo de urbanização das cidades brasileiras potencializou a formação de assentamentos informais urbanos. A partir desse pressuposto, a CRFB/88 disciplinou um capítulo próprio sobre política pública urbana, estabelecendo um marco normativo para tratar do tema regularização fundiária. Após a promulgação do texto constitucional, ocorreu a consolidação de uma base jurídica e política sobre regularização fundiária, especialmente com a Lei 10.257/2001; a MP 2220/2001; a Lei 10.406/2002; e a Lei 11977/2009, revogada pela Lei 13465/2017. A partir desse marco normativo, os ocupantes dos diversos assentamentos informais, exemplificados no presente artigo pela dicotomia zona sul x subúrbio, na Cidade do Rio de Janeiro, podem fazer uso dos instrumentos de regularização fundiária para legitimar a sua presença no local da ocupação. Desta forma, o presente artigo tem o objetivo de associar a luta pela terra a uma luta por reconhecimento. Para tanto, buscar-se-á tal associação, a partir da análise da Teoria do Reconhecimento de Axel Honneth, em que a aplicação concreta dos instrumentos de regularização fundiária viabiliza a autoafirmação, autorreconhecimento e autoaceitação recíproca, dos ocupantes desses assentamentos informais. Seguindo essa convergência do "acesso à terra" e o

---

[1] Professora adjunta do Instituto de Pesquisa e Planejamento Urbano e Regional da Universidade Federal do Rio de Janeiro - IPPUR/UFRJ, doutora em Direito da Cidade pela UERJ e em Direito Público pela Universidade Paris 1 - Panthéon-Sorbonne, Coordenadora do Grupo de Pesquisa Cidade, Direito e Mobilidade (CiDiMob/UFRJ).

"reconhecimento social", será possível garantir um novo tratamento jurídico e político para a questão fundiária brasileira.

Resume: La régularisation foncière urbaine d'intérêt social ne peut être qualifiée juridiquement qu'à partir d'une vision d'ensemble, outre la légalisation de la possession ou de la propriété du bien immeuble, et englobe obligatoirement une série d'interventions urbanistiques essentielles. Une deuxième prémisse nécessaire à son étude juridique concerne le fait que ce type d'opération urbaine ne peut pas être compris de façon isolée, en tant qu'institution particulière, puisqu'elle présuppose la détermination des circonstances à partir desquelles la planification urbaine et la programmation du logement s'influencent mutuellement, en favorisant la promotion des droits fondamentaux. Etant donné le contexte normatif brésilien et la réalité institutionnelle des entités fédérées locales et prenant en compte l'expérience française par rapport aux politiques urbaines et de logement social, un cadre légal et un régime juridique plus adéquats sont faisables pour garantir la réalisation plus efficace des régularisations foncières à partir des concepts de service public social et d'opération de gestion urbaine

1. INTRODUÇÃO

O presente artigo refere-se a um extrato (adaptado) da tese realizada em cotutela entre a UERJ e a Universidade Paris 1 - Panthéon Sorbonne, de 2010 a 2014, defendida no PPGDIR da UERJ no mês de maio de 2014, orientada pelos Professores Angela Penalva Santos, Marcos Alcino Torres, e Norbert Foulquier, sob o título "Regularização fundiária urbana de interesse social: a coordenação entre as políticas de urbanismo e de habitação social no Brasil à luz de experiências do direito francês"[2].

A irregularidade urbanístico-fundiária é um dos fenômenos urbanos mais complexos do tempo presente. Ela se manifesta em quase todas as cidades brasileiras e coloca em questão não apenas o equilíbrio espacial, mas,

---

[2] Cabe ressaltar as fundamentais contribuições da CAPES, que financiou o tempo de pesquisas na França, e da FAPERJ que, por meio da bolsa Doutorado Nota 10, viabilizou a continuidade e finalização da pesquisa.

especialmente, as condições de vida de expressiva parcela da população. Os principais fatores que determinam esse quadro derivam da história fundiária brasileira, das lógicas de apropriação da terra urbanizada que operam nas cidades e das formas de gestão urbana adotadas historicamente pelos poderes públicos. (LUFT, 2021). Neste particular, os mecanismos jurídicos que regulam a ocupação do espaço e a fruição dos bens imóveis desempenham um papel central em relação aos citados fatores, oferecendo alternativas para se instituir equilíbrios espaciais e sociais mais – ou menos – isonômicos.

Considerando o referido quadro, a pesquisa de doutorado centrou-se sobre a questão da regularização fundiária urbana na sua articulação com o planejamento urbanístico e habitacional das cidades, buscando analisar as determinações existentes entre estes. Tal caminho se justificou pela necessidade de o Estado adotar iniciativas que contemplem as ocupações irregulares coletivamente consideradas e as complexidades nelas implicadas, regulando os interesses em conflito e assegurando um mínimo de qualidade de vida a todos os habitantes.

Para tal empreitada, adotou-se o conceito de regularização fundiária plena (em sentido amplo) existente na Lei n. 11.977/2009[3], o qual alia as dimensões jurídicas, urbanísticas, ambientais e sociais na definição de regularização fundiária:

> Art. 46. A regularização fundiária consiste no conjunto de medidas jurídicas, urbanísticas, ambientais e sociais que visam à regularização de assentamentos irregulares e à titulação de seus ocupantes, de modo a garantir o direito social à moradia, o pleno desenvolvimento das funções sociais da propriedade urbana e o direito ao meio ambiente ecologicamente equilibrado.

A pesquisa contemplou investigação teórica e empírica, buscando detalhar a questão da correlação entre planejamento urbanístico e habitacional na promoção da regularização fundiária urbana a partir do estudo do ordenamento jurídico nacional e mostrando as insuficiências concretas na sua realização em

---

[3] Esta lei foi parcialmente revogada pela Lei n. 13.465/2017, mais particularmente no tema da regularização fundiária, incluindo o artigo acima transcrito.

âmbito local. O estudo empírico envolveu um exame crítico da base jurídico-institucional dos 92 Municípios do Estado do Rio de Janeiro existente no ano de 2011. Por se ter realizado um corte analítico para trabalhar o tema da tese essencialmente do viés jurídico, tal limitação deixou em aberto discussões próprias de outros domínios do conhecimento, fundamentais ao debate em questão.

Na pesquisa realizada nos Municípios do Estado do Rio de Janeiro foram identificadas algumas das principais dificuldades contemporâneas dos poderes públicos para compatibilizar as políticas urbanas e habitacionais. Como resultado da confrontação entre o modelo jurídico e as questões práticas, pretendeu-se apontar algumas estratégias para superar os obstáculos institucionais mais frequentes. Para tal desígnio, o estudo da experiência francesa em matéria de planejamento urbano e políticas habitacionais serviu de referência, sobretudo considerando a interdisciplinaridade e articulação dentro da qual operam o planejamento urbano e habitacional na França (em um plano normativo-abstrato).

Esses quatro momentos – modelo nacional, práxis urbanísticas locais, experiência francesa e estratégias jurídicas para o sistema brasileiro – levaram à divisão da tese em duas partes, considerando, inclusive, exigências estruturais de uma tese nas universidades francesas.

A primeira parte da tese contemplou o quadro jurídico brasileiro que, nas duas décadas anteriores, ampliou expressivamente o conjunto regulatório das temáticas urbanística e habitacional, dotando os poderes públicos de mecanismos mais específicos e adequados para a implementação da política urbana prevista na Constituição Federal. No segundo capítulo da primeira parte demonstrou-se o antagonismo existente entre o modelo jurídico nacional e o contexto prático dos entes federados, nomeadamente dos Municípios. Foram levantados alguns dos principais desvios e insuficiências institucionais que incutem na realização de operações de regularização fundiária urbana.

Na segunda parte da tese foram examinadas algumas experiências e questões regulatórias do sistema jurídico francês em temas de planejamento urbano e programas habitacionais e como acontece a coesão entre ambos. E, no segundo capítulo desta segunda parte, com base nas discussões da primeira parte e à luz das contribuições do exemplo estrangeiro, foram apresentadas reflexões e precisões importantes para se obter resultados mais eficazes nas operações de regularização fundiária urbana de interesse social. Deste capítulo analítico-conclusivo, serão abaixo apresentados dois conceitos desenvolvidos na tese e que podem ser importantes referenciais para o tratamento jurídico das regularizações fundiárias: *habitação social como serviço público social e regularização fundiária urbana como operação de gestão urbanística.*

2. A RELAÇÃO CONTRADITÓRIA ENTRE O QUADRO REGULATÓRIO E A REALIDADE MUNICIPAL

Durante o século XX, no Brasil, não havia a obrigatoriedade do planejamento urbano e da ordenação sistemática das cidades[4]. Aquelas que eram dotadas de planos executavam suas políticas de acordo com suas necessidades (imediatas) e respondendo a interesses de grupos sociais específicos. O produto precário, fruto desse processo, é parcialmente explicado pelo fato de que o planejamento que existia até os primeiros anos do século XXI se restringia à cidade oficial, ignorando os espaços de ocupação irregular por população de baixa renda[5]. Adjacente a esta conjuntura de omissão de normas legais, carência de planejamento na maioria dos Municípios e de omissão a respeito da "cidade ilegal", não existia um suporte sistemático das demandas jurídicas e a uma unificação gerencial da moradia em escala nacional.

De 1979 até 2001 havia, basicamente, a lei nacional de parcelamento do solo urbano (Lei n. 6.766/1979) que surgiu como resposta aos problemas práticos de reprodução de loteamentos clandestinos e irregulares no país[6]. Em julho de

---

[4] Sobre a história do planejamento urbano no Brasil e os diferentes períodos em que houve a aprovação dos planos e suas respectivas ideologias ler VILLAÇA, Flávio. *Uma contribuição para a história do planejamento urbano no Brasil.* In: DÉAK, Csaba. SCHIFFER, Sueli Ramos (organizadores). O Processo de Urbanização no Brasil. São Paulo: Editora da Universidade de São Paulo, 2004.

[5] "O planejamento historicamente atuou somente sobre a cidade oficial, isto é, apenas sobre aquele território urbano reconhecido pelo poder público. Simultaneamente desconsiderou a produção da cidade não oficial resultante da criação de alternativas inadequadas de moradias, como favelas, cortiços, loteamentos irregulares". (SILVA, 2011, p. 57). Raquel Rolnik chama essa segregação promovida pelo planejamento em regiões de plena cidadania e regiões de cidadania limitada (2003).

[6] G. Blanco explica que antes da Lei nº 6.766/1979 existia o Decreto-lei nº 58/1937 que tratava de aspectos relativos ao parcelamento do solo urbano, todavia a preocupação central eram as relações privadas: "o foco se centrava na questão do direito do adquirente, das relações pessoais, da relação

2001 foi promulgado o Estatuto da Cidade (Lei n. 10.257/2001), que institui as diretrizes gerais da política nacional de desenvolvimento urbano prevista no caput do art. 182 da Constituição Federal e regulamentou alguns instrumentos legais e condições de planejamento urbano nos Municípios[7]. Em 2009 entrou em vigor a lei do Programa Minha Casa, Minha Vida - MCMV (Lei nº 11.977/2009) que acrescentou novos conceitos e estabeleceu regras para os processos de regularização fundiária urbana. Esta lei foi, no tema da regularização fundiária, revogada pela Lei n. 13.465/2017, uma norma aprovada após a finalização da tese. Este é o que se pode denominar como o panorama geral legislativo da política urbana no Brasil, sendo a ele agregados alguns outros diplomas complementares[8].

Particularmente em relação à habitação, houve um hiato temporal[9] de investimentos e de aparelhamento nacional, o qual pode ser enquadrado entre a extinção do Banco Nacional de Habitação (BNH), em 1986[10] e a criação da Política Nacional de Habitação (PNH) em 2004. Foram quase vinte anos de performances pontuais e descontinuadas nos três níveis federados, sem uma coesão nacional neste tema[11].

---

negocial. (...) A Lei de Parcelamento do Solo nº 6.766/79 traz o mérito de abordar aspectos civis, urbanísticos, administrativos e penais, identificando-se como uma lei extremamente inovadora, uma lei que vai abarcar toda essa gama: direito civil, direito urbanístico, direito penal. Trata-se de uma norma de ordem pública, impondo novo caráter às relações civis do loteamento e remembramento urbano, ou seja, na realidade tem-se a partir daí uma norma que vai gerir a questão do parcelamento do solo sobre o enfoque do interesse público e, portanto, regrado conforme uma série de diretrizes estabelecidas pelo Poder Público."(2008, p. 34).

[7] A lei nº 10.257 foi aprovada em 10 de julho de 2001. Ela é resultado do Projeto de Lei do Senado PLS nº 181/1989, apresentado pelo então senador Pompeu de Sousa.

[8] Como o Decreto-lei n. 3365/1941 que dispõe sobre desapropriações por utilidade pública; a lei n. 4.132/1962 que define os casos de desapropriação por interesse social e dispõe sobre sua aplicação; o Decreto-lei n. 271/1967 que dispõe sobre loteamento urbano, responsabilidade do loteador e concessão de uso e espaço aéreo; a Medida provisória n. 2220/2001 que dispõe sobre a concessão de uso especial de que trata o § 1o do art. 183 da Constituição, cria o Conselho Nacional de Desenvolvimento Urbano – CNDU; as leis 9636/1998 e 11.481/2007 que dispõem sobre a regularização, administração, aforamento e alienação de bens imóveis de domínio da União.

[9] Sobre o tema ler ARRETCHE, Marta. Capacidades administrativas dos municípios brasileiros para a política habitacional. Brasília: Secretaria Nacional de Habitação-MC, 2012.

[10] Ele foi extinto através do Decreto-Lei nº 2.291/ 1986, repassando seus créditos e obrigações à Caixa Econômica Federal.

[11] N. Bonduki explica que "Entre a extinção do BNH (1986) e a criação do Ministério das Cidades (2003), o setor do governo federal responsável pela gestão da política habitacional esteve

A criação do Ministério das Cidades em 2003, com uma Secretaria própria pra área de habitação, foi o começo de uma nova institucionalidade. A partir disto, construiu-se a Política Nacional de Habitação (PNH), o Sistema Nacional de Habitação (SNH), fundos específicos para gerar o orçamento habitacional e regras de execução dos planos e programas nos três níveis de governo, consoante disciplina a Lei nº 11.124/2005. O Plano Nacional de Habitação (PlanHab) de 2009 fixou metas e objetivos para um horizonte de 15 anos e parâmetros para a operacionalização da PNH. A referida lei MCMV também foi agregada dentro deste novo paradigma institucional[12]

No âmbito da Política Nacional de Habitação, um dos quatro eixos estratégicos principais de ação fixados foi o da política urbana e fundiária[13]. E não poderia ser diferente, pois não é factível realizar planejamento habitacional desvinculado da questão urbano-fundiária. Por este motivo, o desafio da pesquisa foi duplo: a eficácia das políticas habitacionais exige um planejamento específico, mas este não prescinde da prévia regulação urbanística e fundiária. Estes dois âmbitos de planejamento, por sua vez, só são possíveis se houver instâncias competentes e bem estruturadas para programar, planejar, executar, controlar e avaliar. Entendeu-se necessário, deste modo, revisitar e ajustar em novos termos as estruturas e funções jurídicas próprias às ações urbanísticas e habitacionais com os olhos voltados para particularmente para as operações de regularização fundiária urbana de interesse social.

A condição bastante recente da forma de se negociar e registrar a terra urbana (LUFT, 2021), somada à falta de um planejamento urbano sistemático, ensejou e ainda geram efeitos diretos sobre os processos de regularização fundiária urbana. A combinação entre a falta de ações que viessem atender o déficit habitacional urbano nos Municípios brasileiros, que controlassem o processo de aquisição de terras urbanas e a carência de financiamento

---

subordinado a sete estruturas administrativas diferentes, caracterizando descontinuidade e ausência de estratégia para enfrentar o problema". *Avanços, limitações e desafios da política habitacional do governo Lula: direito à habitação em oposição ao direito à cidade.* In: In: Direto à moradia adequada: e que é, pra quem serve, como defender e efetivar (2014, p. 295).

[12] Provocando uma desestabilização dos princípios do SNHIS, consoante será tratado no segundo capítulo.

[13] Os outros três eixos foram financiamento e subsídios, arranjos institucionais e cadeia produtiva da construção civil.

habitacional, de médio e longo prazo, especialmente para famílias de baixa renda, foi determinante para a reprodução das ocupações informais. Outro aspecto determinante foi a falta de soluções amplas e transversais hábeis a promover esta inclusão do informal no formal, nem que para isso a percepção do formal e do informal passassem por redefinições.

Contemporaneamente a omissão normativa deixa de servir de desculpa para a inércia dos entes federados frente aos problemas urbanos. Existe um quadro jurídico nacional largamente aprimorado que permite cobrar posturas ativas dos poderes públicos dos três níveis da federação e da sociedade, sendo esta última também destinatária de direitos e obrigações. A questão que surge, neste particular, é em que medida essa base formal-normativa pode e deve viabilizar ações urbanisticamente consistentes, que deem prioridade para a população de baixa renda.

O Estado, em âmbito nacional, depois de treze anos da promulgação da Constituição Federal, assumiu algumas das suas atribuições constitucionais de legislar sobre direito urbanístico e outros temas correlatos. Ele criou estruturas para executar seus deveres e buscando – ainda que formalmente – uma sintonia nacional neste tema[14]. Entretanto, urbanismo e habitação são deveres do Estado sobre os quais o poder constituinte outorgou competências normativas e executivas a todos os entes federados. Prepondera deste modo, o papel de regulamentação (geral) e orientação da União, descentralizando-se a execução das políticas para a esfera municipal, onde são estabelecidas normativamente as condições de aplicação local e concreta. Os Estados-membros atuam em questões de interesse regional em seu território quando constituem região metropolitana, aglomeração urbana ou microrregião e operam como articuladores das ações locais. Neste contexto de atribuições compartilhadas, deve existir uma sintonia entre os três referidos planos – nacional, estadual e municipal. Todavia, na prática das políticas urbanas, essa articulação é bastante frágil ou mesmo inexistente.

Buscando entender a relação conflitante que se observa entre as normas instituídas nacionalmente e aquilo que é praticado localmente pelos governos

---

[14] Essas estruturas foram sendo progressivamente esvaziadas ou extintas a partir dos governos nacionais iniciados em 2016 e 2018.

municipais foi analisado como operam os Municípios fluminenses na aplicação da legislação nacional na sua realidade concreta.

Os problemas mais significativos identificados são o alto grau de *ineficácia das ações dos poderes públicos,* a *desarmonia no desempenho do planejamento urbano* e a consequente *não compatibilização entre as políticas urbanísticas* e as *políticas de habitação social* no plano jurídico-institucional. Todas essas questões são denunciadas pela massiva maioria de especialistas que trabalham com as questões urbanas. A. Cardoso e A. Aragão alertam que "considerando a falta de articulação da política habitacional com a política urbana e ausência de exigências para que os municípios utilizem os instrumentos do Estatuto das Cidades, a tendência será sempre que os novos empreendimentos se viabilizem a partir da dinâmica de mercado, buscando as terras mais baratas" (CARDOSO e ARAGÃO, 2013, p. 47).

Além de se interrogar sobre a função das leis na realização do planejamento urbano e na provisão de habitação social, deve-se pensar em como gerir a produção permanente de normas e regulamentos que surgem nos diferentes níveis federados. O planejamento urbano não só dialoga com diversas políticas setoriais que são realizadas nas cidades – habitacional, ambiental, de mobilidade, econômicas, etc. – como também exige uma ampla coerência interna de suas normas, planos e instrumentos.

Também diretamente ligados ao quadro normativo, tem-se um cardápio de instrumentos jurídicos que podem e devem ser empregados na regulação do espaço urbano e que são muito importantes para as operações de regularização fundiária. No entanto, esses instrumentos apresentam dois problemas principais: ampla ineficácia e deturpações no seu emprego, esta última principalmente para atender o interesse do mercado imobiliário em áreas urbanas bem aprovisionadas das cidades. Isto também leva à reflexão a respeito da potencialidade desses instrumentos jurídicos nas políticas urbanas e habitacionais.

Mais um elemento fundamental ligado à atividade legiferante diz respeito aos limites de competência legislativa de cada ente federado. Viu-se que, por ocasiões excepcionais ou em razão de novas políticas nacionais, a União intensificou a elaboração das normas nacionais sobre direito urbanístico e das diretrizes gerais das políticas de desenvolvimento urbano. Acontece que os Municípios apresentam inúmeras disparidades estruturais e financeiras entre si, sendo que muitos deles não dão conta de realizar todas as obrigações conferidas pela Constituição Federal de 1988. Enquanto isso, os Estados-membros continuam praticamente inertes, a respeito da realização do planejamento metropolitano e regional, atuando a partir de estratégias pontuais e independentes.

Deste modo, intentou-se propor perspectivas (jurídicas) que busquem contemplar as complexidades referidas e, de consequência, instrumentalizem a materialização de regularizações fundiárias dentro de regimes jurídicos ajustados às realidades deste tipo de política urbano-habitacional.

3. A RESSIGNIFICAÇÃO DE DOIS CONCEITOS CENTRAIS A PARTIR DA EXPERIÊNCIA FRANCESA

Tendo como referência um conceito de regularização fundiária plena, que abrange o urbanístico e o fundiário, a necessária correlação entre ordenamento territorial e políticas habitacionais e partindo do estudo do direito estrangeiro, foram propostos dois conceitos jurídicos considerados instrumentais para avançar no enquadramento institucional, gerencial e financeiro das regularizações fundiárias no âmbito municipal, conforme será abordado abaixo.

3.1. Habitação social como serviço público social

O modelo brasileiro de provisão de moradia social acontece notadamente dentro de uma lógica de mercado onde o objetivo final é obter a propriedade imobiliária – "casa própria". Não obstante o Estado seja o promotor das políticas habitacionais e o gestor das suas receitas, é o setor privado que recebe as verbas para as obras e, portanto, determina sua lógica e condições de execução. Deste modo, os empreendedores privados trabalham para a produção de habitação social na mesma racionalidade do mercado: alta rentabilidade e curto intervalo de retorno financeiro dos investimentos. É o mercado que usualmente escolhe o local da cidade onde os empreendimentos são realizados, o que afeta de maneira bastante negativa a qualidade e a localização das moradias sociais. Nesse sentido, a provisão de moradia social – seja de construção ou de regularização – demanda uma ressignificação e, de consequência, a inserção das ações dentro de um regime jurídico mais adequado.

Um grande investimento para a urbanização, a contratação de obras de construção e adequação das edificações e a formalização de um direito de propriedade ou de posse não são os gestos suficientes para dizer que uma operação de regularização fundiária é bem-sucedida. A continuidade dos seus efeitos, a não reprodução de novas irregularidades e a garantia permanente do direito à moradia é o que a torna realmente eficaz. A integração dessas ocupações e seus moradores dentro do espaço oficial e da lógica da cidade devem ser, portanto, o objetivo fundamental das regularizações.

Duas ideias essenciais tratadas na tese e que determinam a sistemática de provisão habitacional no modelo francês devem ser aqui recuperadas, são elas: a de que não é possível corrigir os efeitos seletivos do mercado dentro das condições de mercado e que os poderes públicos devem ser os garantes da qualidade e da diversidade da moradia social nos diferentes quadros territoriais (CARRAZ, 2008). Essas concepções justificam uma estrutura institucional e um regime jurídico particular no qual, além da produção e do financiamento de moradia, deve-se regular o universo imobiliário, sobretudo nos aspectos fundiário e urbanístico.

O sistema jurídico brasileiro tem mecanismos e normas para adotar semelhante lógica. Inicialmente são necessárias decisões políticas que optem por afastar a realização da moradia social da produção habitacional do mercado imobiliário de rendas mais elevadas. Nesse âmbito político, o direito não exerce tanta influência. O PlanHab 2009 trouxe indicativos de que decisões nesse sentido foram pensadas ao enumerar diferentes linhas programáticas que limitam a pressão imobiliária e buscam novas lógicas de promoção habitacional[15]. "De fato, não é possível esperar que o mercado venha a oferecer o leque de alternativas previstas no PlanHab, o que apenas poderia ser alcançado através da promoção pública, articulando os atores coletivos e privados necessários para viabilizar as soluções previstas" (CARDOSO e ARAGÃO, 2013, p. 58).

O modelo francês estudado apresenta importantes estratégias. M. Fix e P. Fiori enumeram os princípios da desmercantilização da habitação ocorrida no

---

[15] Como a "Promoção pública de unidades habitacionais" e a "Promoção de unidades habitacionais em áreas urbanas centrais". Outras linhas programáticas estão arroladas no PlanHab, ver a partir da p. 146.

Estado Social europeu – devendo-se tomar o cuidado que este modelo também apresenta contradições e problemas de segregação. As situações nas quais se aplicam os citados princípios são:

> o entendimento da moradia como direito e não como propriedade mercantil; a existência de uma forte política de taxação urbana para forçar a ocupação e combater a retenção especulativa da terra e de imóveis; estoques de terras públicas que funcionam como reguladoras de mercado e suporte para um parque de habitações públicas; a prevalência do modelo de habitação de aluguel subsidiado, de modo a desvincular o uso da propriedade privada e permitir mobilidade do trabalhador em função do trabalho e do estudo; a política habitacional pensada nacionalmente como forma de (re)ordenar o crescimento das cidades, promover alguma mistura social e fortalecer o equilíbrio demográfico regional entre cidades grandes, médias e pequenas (FIX e FIORI, 2009, p. 08)

A realização de algumas das medidas citadas pelo modelo francês é decorrência do enquadramento jurídico das atividades necessárias à provisão de moradia social dentro da ideia de *serviço de interesse geral*. Esta forma de qualificar as atividades ligadas à promoção habitacional motiva a adoção de um regime jurídico próprio, no qual a finalidade principal é o acesso à moradia. Para que esse escopo seja cumprido, impõe-se aos poderes públicos uma série de obrigações e princípios de ação. Essa pode ser uma importante estratégia a ser adotada pelo governo brasileiro, pois permite que a moradia social afaste-se do contexto da construção de habitação de mercado e assuma um novo status jurídico: habitação social como serviço público social, assim como já acontece no Brasil em relação aos serviços públicos de educação, saúde, cultura e desporto.

A execução de moradia social segundo o regime do serviço público não é uma ideia inédita no país. Pelo contrário, é uma hipótese bastante antiga. N. Bunduki, ao tratar da história da habitação social no Brasil, descreve que na década de 40 existiram vozes discordantes ao discurso da "casa própria", as quais propunham o aluguel como alternativa principal, face à aquisição do imóvel:

> A preferência pela casa própria manifesta-se na maioria dos discursos sobre a moradia popular. Poucas foram as vozes discordantes, como as resoluções do 1º Congresso Nacional dos

Arquitetos, reunido em janeiro de 1945 em São Paulo, no qual se aprovou a tese do arquiteto Henrique Mindlin propondo que as casas fossem alugadas e não vendidas aos trabalhadores (Hoje, 18/10/1945). As conclusões desse Congresso refletem um modo de ver a questão habitacional semelhante ao que orientou parte significativa da produção dos Institutos de Aposentadoria e Pensões, produção em que havia inegável influência de arquitetos e outros técnicos de perfil mais progressista que consideravam o provimento de moradia um serviço público (BONDUKI, 1998, p. 92).

Cabe observar que ao adotar a qualificação jurídica francesa de moradia social como espécie de serviço público social, não significa afirmar que na França funciona bem, o que justificaria o mesmo enquadramento jurídico no Brasil. As políticas de moradia social na França enfrentam expressivos problemas de eficácia social, cujas causas estão para além do enquadramento jurídico. A proficuidade da adoção deste conceito se dá pela possibilidade de se adotar no Brasil uma estratégia para que parte da provisão de moradia social aconteça dentro de um quadro jurídico e financeiro menos subordinado aos interesses e à pressão de mercado.

Essa perspectiva conceitual envolve a extensão do conceito jurídico de *serviço público social* para a moradia destinada à população de baixa renda, para além dos serviços já qualificados dessa forma como a educação e a saúde públicas, a cultura, a pesquisa etc. Enquadram-se na categoria de serviço público social – também denominado serviço de relevância pública, serviço compartilhado, serviço de interesse público ou serviço público não privativo – aquelas atividades que podem ser prestadas ao mesmo tempo pelo Estado e pela iniciativa privada, podendo envolver a obtenção de lucro ou não. Uma vez que são consideradas atividades que materializam direitos essenciais e que os setores não estatais não são capazes de provê-las de forma ampla, "o Estado também as presta, mas o faz gratuitamente ou de forma bastante subsidiada, pois do contrário as necessidades sociais correlatas continuariam insatisfeitas, razão pela qual o Constituinte entendeu deverem elas ser em regra satisfeitas independente das condições financeiras dos cidadãos usuários" (ARAGÃO, 2009, p. 50).

A qualificação da provisão de habitação social dentro do conceito jurídico de serviço público social autoriza ações mais interventivas por parte do Estado e viabiliza a incidência de um regime jurídico diferenciado daquele do mercado privado, onde a realização do direito constitucional à moradia justifica regulações mais intensas.

> A política de moradia social pode, enfim, ter por escopo garantir uma regulação mais ampla do mercado que permita à população mais modesta habitar em condições decentes nas situações em que as tensões do mercado a impedem ou quando a iniciativa privada é deficiente. Esta regulação não é apenas quantitativa. Ela é igualmente qualitativa, pois confere às coletividades territoriais a missão de assegurar o objetivo de "mistura social nas cidades e nos bairros" (art. L. 411 CCH) o que tem por consequência habilitar (ou obrigar?) os atores da moradia social a intervir também no âmbito da moradia de renda intermediária, ou seja, nos setores abertos à concorrência.
>
> As escolhas políticas realizadas nessas missões dependem amplamente da qualificação jurídica da atividade de habitação social. Mais especificamente, a legitimidade da submissão ou não a um regime de direito público das intervenções depende das atribuições que lhe são conferidas e, mais particularmente, das interações possíveis com o setor de mercado (JÉGOUZO, 2008, p. 502).

Na França, diferentes medidas interventivas devem ser realizadas pelos poderes públicos em relação a esse serviço de interesse geral, segundo explica C. Bugnon et G. Iacono:

> Realizar uma limitação do preço dos aluguéis para frear a especulação e instituir uma tributação pesada sobre as mais-valias imobiliárias são medidas urgentes: a regulação do preço dos aluguéis é indispensável para, de um lado, os tornar compatíveis com as rendas das famílias francesas e, do outro lado, evitar a neutralização das políticas públicas de moradia pelo "efeito preço". Além disso, as necessidades das populações "específicas" devem ser consideradas pelos novos projetos de construção (2011, p. 143).

Normas presentes no sistema jurídico brasileiro indicam a necessidade de adoção de um regime jurídico diferenciado em caso de regularização fundiária, como o artigo 53A da Lei nº 6.766/1979, que atribui interesse público aos "parcelamentos vinculados a planos ou programas habitacionais de iniciativa das Prefeituras Municipais e do Distrito Federal, ou entidades autorizadas por lei, em especial as regularizações de parcelamentos e de assentamentos". Além disso, a

Lei nº 11.977/2009 havia estabelecido que "na regularização fundiária de interesse social, caberá ao poder público, diretamente ou por meio de seus concessionários ou permissionários de serviços públicos, a implantação do sistema viário e da infraestrutura básica" (art. 55)[16]. Essa espécie de obrigação, em outras situações de construção ou incorporação imobiliária, é atribuída aos particulares.

Conforme analisado no modelo francês, a adoção do conceito de serviço de interesse geral vem acompanhada de uma série de implicações. Ao adquirir tal qualificação, os agentes promotores de moradia social adotam novo regime jurídico diferenciado que, dentre outros aspectos, justifica o uso de bens públicos para sua provisão, autoriza a especialização de operadores de habitação pra famílias de renda mais baixa – como os operadores HLM (habitation à loyer modéré) franceses – facilita a adoção de um tratamento financeiro e tributário diferenciado e permite uma regulação mais rígida e uma intervenção mais ativa dos poderes públicos para garantir a realização permanente da finalidade social.

As Companhias de Habitação estaduais (CEHAB) e municipais (COHAB) criadas no período do BNH para o "financiamento de habitações e obras conexas" (art. 8º, VII, Lei nº 4.380/1964) poderiam exercer a funções equivalentes aos HLM e gerir de maneira diferenciada um patrimônio destinado para habitação social. Essas companhias são instituídas sob o regime de sociedades de economia mista, o que as permite cumular as funções de prestação de serviço público com a exploração de atividade econômica. No entanto, as Companhias que ainda atuam, exercem primordialmente o papel de intermediadoras de empreendimentos de produção habitacional do tipo "casa própria". Não há um compromisso de longo prazo entre poderes públicos e companhias de habitação para a gestão do parque de moradia social subsidiado com recursos públicos. É necessário mudar a lógica para que essas operadoras sociais não apenas construam e aluguem, mas também recuperem, façam a gestão de um patrimônio específico destinado para locação, instituam e coordenem operações de regularização fundiária e assumam várias outras atividades ligadas à moradia.

Outra importante vantagem das entidades que operam o serviço de interesse geral de moradia, como os HLM franceses, é a implementação

---

[16] Regra esta também presente no art. 33, §1º, I da Lei n. 13.465/2017.

permanente e mais segura de políticas de aluguel social. Nesses casos, o proprietário não necessariamente é o particular, mas é a pessoa jurídica que realiza o serviço público social. Não há a insegurança do desalojo antecipado ou da não renovação do aluguel no final do contrato porque, diferente do aluguel privado, esses operadores do serviço público de habitação pactuam preliminarmente com o Estado a manutenção da atividade locativa social por longo prazo. Viu-se que esse aluguel subsidiado pelo Estado não precisa ser integral, pode haver auxílio parcial, considerando a condição financeira das famílias. Ademais, as instituições promotoras de moradia social, a exemplo dos HLM franceses, não precisam realizar exclusivamente moradia social, o que possibilita a promoção de moradia para outras rendas e a consequente mistura social.

Diversas outras possibilidades jurídicas poderiam ser conferidas a essas entidades, uma vez que realizariam serviço público social. Elas podem ter prerrogativas ligadas ao exercício da sua função pública, como o uso da desapropriação e do direito de preempção. Seus bens observariam o regime jurídico semelhante aos bens de uso especial (impenhoráveis, imprescritíveis, etc.) – o chamado domínio público impróprio. A elas poderiam ser concedidos privilégios em concorrências públicas tendo em vista seu objetivo social. O regime diferenciado permitiria ao Estado criar exonerações, subvencionar atividades e conceder financiamentos ou auxílios. Em contrapartida, o poder público concedente poderia regular mais fortemente no sentido de definir as condições de atribuição de moradia, de garantir a acessibilidade tarifária, de exigir a prestação de contas das atividades da instituição – não apenas da execução dos contratos – ou mesmo impor sanções em caso de desvirtuamentos.

3.2. Regularização fundiária urbana como operação de gestão urbanística

Outro conceito desenvolvido a partir da reflexão da tese foi o de *operação urbana de regularização fundiária* – ao invés de procedimento de regularização fundiária. Quando se adota a expressão *procedimento* pensa-se em rito, sequência de atos que visam determinadas finalidades e, portanto, implicam na tomada de algumas decisões que as tornem reais. No entanto, a ideia de operação é muito mais ampla e apta a apreender as complexidades inseridas nas regularizações fundiárias. As operações urbanas envolvem profundas requalificações do espaço e exigem um tratamento urbanístico e jurídico particular, dentro dos quais estão presentes diversos procedimentos e atividades de gestão.

O urbanismo operacional, segundo estudado no modelo francês, confere aos poderes públicos não apenas o poder de polícia dos espaços urbanos, mas igualmente a condição de atores que intervêm e direcionam de forma mais concreta alterações no território pautadas em grandes orientações de longo prazo (JACQUOT e PRIET, 2008). No âmbito do urbanismo operacional, os poderes públicos assumem funções mais diretivas, intervindo na produção do solo urbanizado. As operações urbanas envolvem projetos que visam transformar globalmente determinada localidade, promovendo uma gestão de conjunto, onde as diferentes intervenções no mesmo espaço evoluem simultaneamente e de modo coeso (KALFLECHE, 2012).

Esse urbanismo operacional se realiza por meio de operações de urbanismo que, segundo o modelo francês, pressupõem: a realização de finalidades de interesse coletivo fixados pela lei, a voluntariedade dos poderes públicos em empreender nos perímetros dessas operações e uma certa complexidade de ações capazes de provocar transformações significativas no quadro urbano (SOLER-COUTEAUX, 2013)[17].

O Estatuto da Cidade estabelece três diferentes linhas de objetivos para as operações urbanas consorciadas, entre os quais se inclui "a regularização de construções, reformas ou ampliações executadas em desacordo com a legislação vigente" (art. 32, §2º, EC). Além disso, o conceito de operação urbana consorciada, prevista no artigo 32, §1º da mesma lei, apresenta elementos importantes, como: a) abranger um conjunto de intervenções e medidas coordenadas pelo Poder Público municipal; b) envolver a participação de moradores e diferentes interessados; c) visar alcançar em uma área da cidade

---

[17] Importante observar que o urbanismo operacional não se confunde com o empreendedorismo urbano tratado pela literatura crítica, ou seja, que trata o Estado como planejador estratégico, comportando-se segundo os interesses privados, inclusive desrespeitando a conjuntura urbanística local. Pelo contrário, no urbanismo operacional os poderes públicos são os agentes promotores de interesses coletivos, sendo-lhes legalmente outorgada uma série de prerrogativas específicas conjuntamente a uma série de obrigações, entre as quais está a de compatibilizar o planejamento das operações urbanas com o planejamento da cidade.

transformações urbanísticas estruturais, melhorias sociais e a valorização ambiental.

Além dos referidos elementos, a regularização fundiária urbana pressupõe um "recorte territorial" por meio da instituição e da demarcação das ZEIS ou de outro zoneamento adequado ao quadro real existente. Para essas zonas, deve-se elaborar os respectivos planos de regularização fundiária, os quais, diante do quadro das ocupações, flexibilizam índices urbanísticos para a adequação urbanística do espaço e das edificações. Além disso, as regularizações fundiárias são coordenadas pelos poderes públicos – não obrigatoriamente municipais, mas estes participam necessariamente de algumas ações – e toda regularização exige a participação dos moradores e interessados. Ou seja, as características legais da regularização fundiária urbana corroboram a sua qualificação como *operação urbana*.

Por se tratar de uma operação cuja efetividade exige que ela aconteça apartada da influência e da pressão do mercado, a essa modalidade de operação urbana não pode se aplicar a lógica financeira de emissão dos CEPAC. A não financeirização da operação urbana de regularização fundiária se justifica por dois fatores principais: a) o interesse econômico não é uma qualidade essencial de uma regularização fundiária urbana, podendo, inclusive, ser nocivo à concretização do direito à moradia e; b) a emissão dos CEPAC é mera faculdade da administração municipal nas operações urbanas, segundo dispõe o artigo 34 do Estatuto da Cidade.

A adoção do conceito de operação urbana de regularização fundiária, com base nas normas estabelecidas pelo Estatuto da Cidade, faz com que a demarcação de uma ZEIS ou outra tipologia de zoneamento de regularização gere o dever de implementar um quadro de gestão específica e permanente desta área, válido enquanto estiverem sendo realizadas as modificações urbanísticas e fundiárias. Isso faz com que a instituição de uma ZEIS – ou categoria equivalente - exija a elaboração de um plano específico, segundo impõe o artigo 33 do Estatuto da Cidade.

Um dos efeitos principais da instituição de uma operação de urbanismo é que ela confere aos poderes públicos algumas prerrogativas específicas necessárias à realização da gestão urbanística da área demarcada. A primeira dessas prerrogativas refere-se ao controle fundiário, com o uso do direito de preempção e da desapropriação urbanística para criar reserva de solo que será empregada para fins específicos da operação urbana (ex: realocação de famílias, instalação de equipamentos públicos, captação de mais-valias gerada pela regularização, venda de bens para que sua receita seja vinculada à própria operação etc.). A vinculação dos instrumentos urbanísticos para a promoção da regularização fundiária é outra prerrogativa de que podem fazer uso os poderes públicos. A concessão de isenções fiscais integrais ou parciais devem ser igualmente contempladas na gestão da operação. Enfim, essa visão gerencial da regularização urbanística como operação urbana autoriza que seja legalmente fixado um regime jurídico mais adequado às particularidades realidade em questão.

Uma vez que toda operação urbana de regularização fundiária tem seu escopo legalmente definido, essa visão operacional também gera deveres aos poderes públicos, sobretudo para que não sejam desviadas as finalidades que justificaram sua realização da operação. São operações, portanto, com destinação vinculada.

Outro tipo de controle que deve acontecer é o da coesão entre as intervenções que acontecem dentro do perímetro da operação urbana e o planejamento que acontece de toda a cidade. Os projetos próprios à operação de regularização fundiária devem ser coerentes com as diretrizes e normas de desenvolvimento urbano de toda a cidade e da região metropolitana onde o Município está inserido – quando esta última tiver sido instituída. Assim como acontece no modelo francês, as zonas de gestão consorciada (zone d'aménagement concertée - ZAC) não são objeto de planos derrogatórios, elas devem respeitar o plano local de urbanismo (PLU) e se compatibilizar com os esquemas de coerência territorial (schemas coherence territoriale - SCOT) (GATEAU LEBLANC, 2009).

A expressão *operação urbana de regularização fundiária*, deste modo, é mais adequada que *procedimento* ou *processo*, autorizando um tratamento jurídico particular em um determinado território objeto de intervenção estatal, nos quais se destacam prerrogativas e deveres específicos para "garantir o direito social à moradia, o pleno desenvolvimento das funções sociais da propriedade urbana e o direito ao meio ambiente ecologicamente equilibrado" (art. 46, Lei nº 11.977/2009).

4. CONSIDERAÇÕES FINAIS

As políticas de habitação social, especialmente as de regularização fundiária, são antes de tudo políticas, razão pela qual elas são necessariamente marcadas por processos de disputa – nem sempre hostis. As decisões adotadas em relação a essas políticas são resultado da combinação de vários fatores: prioridades de investimento de um governo, disponibilidade financeira, pressão dos diferentes atores públicos e privados interessados, etc. Acontece que o direito, nessas políticas, acaba sendo um o instrumento para que essas decisões políticas se tornem obrigações ou faculdades jurídicas. Devem-se ter claras, portanto, duas ideias a respeito da legislação: ela não é elemento neutro e ela é um instrumento que depende das condições em que é operada.

Posturas otimistas ganham espaço a cada nova lei ou programa social – a exemplo do Estatuto da Cidade e da lei do PMCMV e das fichas apostadas nos projetos de lei de responsabilidade territorial e do Estatuto das Metrópoles. Em seus discursos, os especialistas comemoram o novo "marco jurídico" e surgem avaliações otimistas de um futuro mais igualitário. No entanto, a falta de compreensão, ou mesmo a atitude intencional de ignorar o caráter instrumental e não neutro do direito, provoca novas desilusões.

Mais do que apostar nas fichas sobre novas proposições legais nacionais, é necessário pensar formas mais eficazes de operá-las de adaptá-las aos diversos contextos locais de um país marcado por fortes desigualdades territoriais. É necessário desenvolver procedimentos, realizar o controle e reinventar continuamente as estratégias para obter resultados mais adequados. As preocupações devem se dirigir também às esferas estadual e municipal e às formas de articulação verticais e horizontais. Na medida em que os Municípios brasileiros desenvolvem cada vez mais sua institucionalidade, haverá necessariamente mais demanda por mudanças e aprimoramento e, obviamente, novos problemas a serem confrontados.

As análises e proposições realizadas ao longo do trabalho de doutoramento, sobretudo no último capítulo, estiveram bem longe de serem uma solução ideal e não tiveram a pretensão de atingir alguma espécie de finitude. Houve, inclusive, um relativo voluntarismo da autora ao apontá-las. Essas reflexões e precisões foram, na verdade, a síntese de um processo dialético que confrontou modelos e falhas concretas; ademais, elas comportam toda a parcialidade e contingência inerente a um trabalho científico. Foram, portanto, conclusões circunscritas temporalmente num âmbito que demanda a permanente reinvenção de novas reflexões e precisões.

REFERÊNCIAS BIBLIOGRÁFICAS:

ARAGÃO, A. S. O conceito de serviços públicos no Direito Constitucional Brasileiro. In: **Revista Eletrônica de Direito Administrativo Econômico** (REDAE). Salvador: Instituto Brasileiro de Direito Público, nº 17, fevereiro/março/abril, 2009.

BLANCO, G. Breve histórico e comentários sobre a Lei do Parcelamento do Solo Urbano (Lei Federal n°6766/79). In: **A PERSPECTIVA do direito à cidade e da reforma urbana na revisão da lei do parcelamento do solo**. São Paulo: Instituto Pólis, 2008.

BONDUKI, N. **Origens da Habitação Social no Brasil**: arquitetura moderna, lei do inquilinato e difusão da casa própria. São Paulo: Estação Liberdade, FAPESP, 1998.

BUGNON, Caroline. IACONO, Geneviève. L'impact du DALO sur les politiques locales de l'habitat. In : **Cahiers du GRIDAUH**: le DALO. N. 21. Paris, 2011.

CARDOSO, Adauto; ARAGÃO, Thêmis Amorin. Do fim do BNH ao Programa Minha Casa Minha Vida: 25 anos da política habitacional no Brasil. In: CARDOSO, A. (Org). **O programa Minha Casa Minha Vida e seus efeitos territoriais**. Rio de Janeiro: Letra Capital, 2013.

CARRAZ, Maurice. Des habitations à bon marché aux politiques de l'habitat. Actualité et pertinence du modèle des offices publics. In : **AJDA**, Paris, 2013.

FIX, Mariana. FIORI, Pedro. **Como o governo Lula pretende resolver o problema da habitação** Alguns comentários sobre o pacote habitacional Minha Casa, Minha Vida, 2009. Disponível em http://www.unmp.org.br/, último acesso em 20/09/2021.

GATEAU LEBLANC, Nicolas. **Montage d'opérations d'aménagement**. Paris : Éditions EFE, 2009.

JACQUOT, H ; PRIET, F.. **Droit de l'Urbanisme**. 6ème édition. Dalloz, Paris 2008..

JÉGOUZO, Yves. Questions sur l'évolution du droit du logement social. In : **AJDA**, 17 mars 2008.

KALFLECHE, Grégory. **Droit de l'urbanisme**. 1ère édition. Paris : PUF, 2012.

LUFT, Rosangela. Regularização da Propriedade ou Propriedades da Regularização? CARDOSO, Adauto; D'OTTAVIANO, Camila. (Org.). In: **Habitação e Direito à Cidade**: desafios para as metrópoles em tempos de crise. 1ed.Rio de Janeiro: Letra Capital, 2021, p. 29-49

LUFT, R. M. XIMENES, L. A.; CARDOSO, A. L.. Aluguel Social (Verbete). In: **Dicionário de Favelas Marielle Franco**. Rio de Janeiro: Fundação Oswaldo Cruz, 2019.

LUFT, R. M. **Regularização fundiária urbana de interesse social**: a coordenação entre as políticas de urbanismo e de habitação social no Brasil à luz de experiências do direito francês. Tese de doutorado, UERJ, 2014.

ROLNIK, Raquel. **A cidade e a lei: legislação, política urbana e territórios na cidade de São Paulo**. 3. ed. São Paulo: Studio Nobel: FAPESP, 2003.

SILVA, Jonathas Magalhães Pereira da. Habitação e interesse social e as legislações municipais da região metropolitana de Campinas. In: **Ambiente Construído**. V. 11. N. 3. Porto Alegre, jul/set 2011.

SOLER-COUTEAUX, Pierre. **Droit de l'urbanisme**. 5ème éd. Paris : Dalloz, 2013.

O LICENCIAMENTO AMBIENTAL NO ESTADO DO RIO DE JANEIRO: UMA ANÁLISE DA POLÍTICA PÚBLICA ENTRE OS ANOS DE 2009 E 2021

ENVIRONMENTAL PERMITTING IN THE STATE OF RIO DE JANEIRO: AN ANALYSIS OF THE PUBLIC POLICY BETWEEN 2009 AND 2021

Pedro Henrique Ramos Prado Vasques[1]

Resumo: Apesar da natureza técnico-jurídica do licenciamento ambiental, sustentamos a possibilidade de se conduzir aproximações distintas, que explorem outros caminhos de análise. Nesse trabalho, desenvolvemos o instrumento a partir de sua relação com dinâmicas político-econômicas no Estado do Rio de Janeiro. Mais do que avaliar sua efetividade ou seus impactos ambientais, seu estudo visou, por um lado, auxiliar na compreensão das dinâmicas de desenvolvimento econômico, em especial, tendo em vista a relação entre capital e interior e, por outro, aprofundar as reflexões sobre o processo de transformação da ferramenta e do papel do Estado à luz das tentativas de flexibilização dos instrumentos de comando e controle. A análise se valeu do ferramental teórico oferecido pela literatura de instituições e políticas públicas, tendo sido realizada a partir da recuperação da trajetória político-econômica fluminense, bem como das instituições ambientais e, em seguida, mediante avaliação dos dados relativos ao licenciamento ambiental estadual entre os anos de 2009-2021. Os resultados apontam para uma manutenção de um modelo de desenvolvimento desigual do

---

[1] Pós-doutorando pelo INCT-INEU. Doutor em Ciência Política (UNICAMP) e em Direito da Cidade (UERJ). Pesquisador associado ao Cedec. Advogado.

território, concentrado na área metropolitana e em poucas ilhas no território fluminense, enquanto que a implementação desse modelo de licenciamento pode ser caracterizado como um precursor discreto das propostas de flexibilização da política pública.

Palavras-chave: licenciamento ambiental; desenvolvimento regional; Rio de Janeiro; políticas públicas; política ambiental

Keywords: environmental permitting; regional development; Rio de Janeiro; public policy; environmental policy

INTRODUÇÃO

Como um instrumento ao mesmo tempo técnico e jurídico, o licenciamento ambiental é comumente percebido e estudado a partir dessas duas perspectivas na literatura jurídica. No entanto, é possível explorar outras maneiras de se compreender e analisar essa ferramenta. A proposta da pesquisa de doutorado (Vasques, 2019) foi a de empregar a referida política pública para observar suas relações junto às dinâmicas político-econômicas, neste caso, no território fluminense. Para fazê-lo, optou-se por iniciar essa trajetória a partir da revisão da literatura sobre políticas públicas e análises institucionais, que dariam o tom da abordagem teórica a ser empregada. Em seguida, foi realizada uma síntese histórica da trajetória político-econômica do Estado do Rio de Janeiro, dando ênfase, em especial, à relação de ocupação e desenvolvimento do território a partir do binômio capital-interior. Na etapa posterior, o licenciamento ambiental em sentido amplo é objeto de debate, e uma série de critérios analíticos são elaborados para sua aplicação no momento seguinte, qual seja, o de avaliação da política no Estado do Rio de Janeiro entre os anos de 2009 a 2017. Isto é, do momento da implementação do Instituto Estadual do Ambiente (INEA) até os últimos dados disponíveis à época da pesquisa. As análises produzidas explicitam que esse período foi também marcado por uma centralidade dos investimentos na área metropolitana, tendo seu espraiamento no interior do Estado limitado a algumas ilhas e que as reformas que levaram à criação do INEA representaram uma ruptura do modelo técnico-burocrático de licenciamento da década de 1970 em favor de um formato mais flexível, assumindo o Estado uma função cada vez mais gerencial no procedimento.

No presente artigo, optamos por retomar os dados trabalhados na pesquisa anterior, tomando-os como ponto de partida para dar continuidade à análise, incluindo o período de 2018 até agosto de 2021, momento no qual é implementada uma nova reforma institucional. Com a atualização dos dados torna-se possível o estudo do ciclo completo da política de licenciamento estadual que vigorou entre 2009 até 2021. Para conduzir essa avaliação, sintetizamos as trajetórias político-econômica fluminense e das instituições estaduais de licenciamento, adiante, recuperamos parte dos dados analisados na tese e, finalmente, adicionamos o novo período estudado. Como será possível observar, se há uma clivagem importante no modelo institucional a partir de 2009, sua transformação em 2021 não se caracteriza como uma nova ruptura, mas como aprofundamento desse modelo. Por outro lado, tais dados reforçam a concentração dos investimentos e poucos polos do território, reiterando a alta desigualdade regional no Estado. Assim, mais do que avaliar impactos e dinâmicas do licenciamento em termos ambientais, a proposta foi pensar essa ferramenta também como instrumento para outras análises, nesse caso, envolvendo questões de ordem político-econômica no território fluminense.

1. UMA SÍNTESE DA TRAJETÓRIA POLÍTICO-ECONÔMICA FLUMINENSE

Até o ciclo do ouro, quando o Rio de Janeiro é alçado à condição de capital da colônia, seu território é ocupado de forma lenta. O dinamismo dado pela economia escravagista, combinado com a concentração do fluxo de importações e exportações no principal porto da região, garantem o crescimento local, impulsionado também pela chegada da corte portuguesa no início do século XIX (Santos, 2002). Esse período de pujança econômica mantém sua força após a independência, que compôs a dinâmica de formação de um estado centralizador e conservador, organizado à luz da manutenção dos interesses das elites locais. Nessa estrutura, a ascensão da economia cafeeira se dá no Rio de Janeiro de modo a consolidar os monopólios de terras, escravizados e sobre as instituições políticas por parte das elites locais (Lessa, 2000). Essa relação é explicitada, por exemplo, quando se passa a utilizar os resultados do café para justificar a manutenção do uso de mão de obra escrava. Já nesse período, é possível verificar uma relação de tensionamento entre capital e interior, eis que boa parte dos excedentes não exportados eram concentrados na cidade do Rio de Janeiro (Oliveira, 2015). Essa dinâmica, associada à manutenção do escravismo, dificultou o crescimento integrado do território fluminense. Mesmo a abertura de ferrovias ligando a região Norte, Serrana e do Vale do Paraíba à capital – e que foi importante para a economia do café, em especial, durante períodos de crise – contribuiu pouco para o desenvolvimento regional, em especial, tendo em vista que boa parte dos materiais utilizados eram importados (Melo e Oliveira, 2015).

Com a Constituição Federal de 1891, importantes mudanças institucionais são verificadas, como, o fim da monarquia, a ampliação dos poderes dos Estados, a instituição do federalismo e uma desconcentração da arrecadação de impostos. Essas alterações favorecem o crescimento de São Paulo, mas contribuem para produzir ainda mais concentração no Rio de Janeiro, haja vista que grande parte da arrecadação naquele momento advinha dos impostos de importação e exportação (Pereira & Pereira, 2001; Varsano, 1996). Esse período também marcará a ascensão industrial e consolidação do território paulista como polo de investimentos, dinâmica essa muito associada à aplicação nas indústrias dos recursos obtidos no café e, notadamente, em virtude dos desdobramentos positivos ligados ao crescimento das cidades no interior (Pereira, 1995). Já no Rio de Janeiro, com o declínio da dinâmica cafeeira se observou um esvaziamento das economias locais, e um aumento de dependência em relação à presença e demandas geradas pelo governo federal, que acabava por desestimular empreitadas de alto risco no setor industrial. Em paralelo à ascensão e configuração do protagonismo econômico paulista, o Rio de Janeiro continuaria experimentando um período de prosperidade até meados do século XX. Este foi caracterizado pela modernização e pela perda de importância relativa de sua economia, que cresceu abaixo da média nacional. Os investimentos públicos, a concentração de elementos culturais e a prestação de serviços contribuíram para esse cenário (Santos, 2002). Entretanto, o conturbado contexto político e a estrutura institucional partida entre Distrito Federal e o Estado do Rio de Janeiro mantinham barreiras similares as dos séculos anteriores. Isso significa dizer que, nessa configuração, as políticas públicas e investimentos prescindiam de um olhar integrador entre a economia da capital e o interior fluminense. É, então, a transferência da capital para o planalto central na década de 1960 que produz profundas marcas nessa dinâmica.

A despeito dos inúmeros debates sobre o tema, a transferência do Distrito Federal se deu de modo autoritário, ainda que em linha com os interesses dos apoiadores do presidente à época. A ideia era expandir o capitalismo nacional para o interior e o deslocamento da capital poderia auxiliar tanto sob a perspectiva do dinamismo quanto pelo enfraquecimento das oposições. Mesmo após a transferência, manteve-se durante certo período a crença de que a "capitalidade" seria mantida no Rio de Janeiro e que Brasília não se consolidaria como o centro político do país. A partir dessa interpretação, uma série de investimentos foram realizados no meio urbano e políticas industriais fomentadas, por exemplo, via criação de distritos, mas que acabaram fracassando, notadamente, considerando a falha no diagnóstico que as teria motivado (Osório & Versiani, 2013). Ou seja, que o crescimento industrial que vinha se observando no território fluminense teria decorrido de um transbordamento das atividades em solo carioca, sendo, portanto, necessário contê-las. Tal compreensão equivocada – já que o desenvolvimento no interior estava associado aos investimentos federais – levou a reorientação dos vetores de expansão urbana no sentido da Zona Oeste, em detrimento da condução de medidas articuladas de cooperação e integração entre a Guanabara e seu entorno. De qualquer forma, foi preciso poucos anos para que se evidenciasse os prejuízos causados pela separação de ambos os territórios, seja por conta da saída das estruturas estatais, que viviam um momento de hipertrofia, seja porque as políticas econômicas adotadas pelo governo federal não vieram acompanhadas de resultados especialmente positivos para o Rio de Janeiro (Santos, 2002).

Esse movimento de reorganização da política fluminense se acentua com o golpe militar, em que há a degradação das dinâmicas locais, em especial, por meio das cassações, e culmina com a fusão dez anos depois. Há uma profunda reestruturação institucional provocada pela extinção da Guanabara e criação da região metropolitana do Rio de Janeiro – organizada, assim como as demais, a partir de um viés centralizador, conferindo baixa autonomia administrativa aos Estados (Oliveira, 2003). A fusão é realizada sob o pretexto de corrigir o histórico problema da separação entre centro e periferia, e com o compromisso do governo federal de alavancar a economia fluminense a partir de investimentos em ciência e tecnologia – o que ocorreu de forma muito limitada, principalmente em virtude da crise econômica experimentada no final dos anos 1970. Por outro lado, se a fusão não correspondeu às expectativas político-econômicas, essa criou oportunidades para mudanças institucionais que foram percebidas por parte da burocracia estadual. É o que se observa no caso da incorporação da emergente agenda ambiental. Com o auxílio de um contexto internacional favorável, foi possível introduzir uma série de ferramentas que, ainda que tivessem sua implementação limitada naquele momento, seriam a base para a construção da política nacional nas décadas seguintes (Wandesforde-Smith e Moreira, 1985).

Mesmo com a exploração da Bacia de Campos e os investimentos realizados, a década de 1980 e início dos anos 1990 são marcadas por uma profunda crise econômica que atinge o território fluminense de modo particular. Há um baixo desempenho de todos os setores, que exibem sinais de recuperação apenas em meados dos anos 90, momento no qual a cidade é obrigada a refletir ante o contraste colocado pelo fomento à indústria extrativa mineral e seu protagonismo junto às demandas ambientais internacionais. Nesse contexto, a condição oposicionista fluminense, que recupera fôlego na redemocratização, acaba também por afastar as possibilidades de ajudas mais incisivas do governo federal (Neto & Santos, 2013). Restaria, naquele momento, usufruir dos recursos oriundos da economia do petróleo, que beneficiariam, especialmente, a região Norte, e a relativa ascensão industrial no Médio Paraíba (Medeiros Junior, 2013).

Alterações nessa conjuntura política ocorrem apenas nos anos 2000, com a consolidação da aliança entre governos federal, estadual – e, mais adiante, municipal – nas figuras do Partido dos Trabalhadores (PT) e do Partido do Movimento Democrático Brasileiro (PDMB). Nesse momento, a tradicional condição oposicionista dá lugar a um movimento de convergência entre os interesses das elites cariocas e o projeto nacional neodesenvolvimentista, contribuindo para que o Estado recuperasse espaço político em Brasília. Em adição aos investimentos federais, a ascensão da economia do petróleo com a descoberta do pré-sal reposiciona o país e o Rio de Janeiro em termos geopolíticos, reconfigurando sua importância, considerando tanto o valor que a commodity experimentava no período, quanto o crescimento expressivo de sua produção. Renova-se, naquele momento, um novo ciclo de dependência do Estado tanto no que se refere aos recursos da União, quanto dos vultosos montantes derramados no território fluminense pela cadeia do petróleo. De qualquer maneira, a acentuação desse dinamismo contamina em certa medida o interior fluminense e, em paralelo, permite a formação de novas narrativas sobre a necessidade de reformas institucionais ligadas à aceleração e eficiência do Estado a fim de contribuir para o sucesso dos investimentos econômicos e, dentre tais modificações, passava-se a se pleitear a flexibilização do licenciamento ambiental.

Mesmo com a crise financeira de 2008, as intervenções anticíclicas realizadas pelo governo federal e a elevada prosperidade nacional mantiveram quase que inabalados os investimentos no Rio de Janeiro (Lima & Deus, 2013). Sob a justificativa de adequar o funcionamento da burocracia local ao ritmo acelerado dos recursos que fluíam em direção ao território fluminense, nova rodada de reformas institucionais é realizada. Com base nessa premissa, as estruturas ambientais estaduais criadas na década de 1970 são transformadas a partir de um novo conjunto regulatório que extinguiu a Fundação Estadual de Engenharia do Meio Ambiente (FEEMA), o Instituto Estadual de Florestas (IEF) e a Superintendência Estadual de Rios e Lagoas (SERLA), e viabilizou a criação do Instituto Estadual do Ambiente (INEA) e, com ele, de um novo sistema de licenciamento. Ainda que esse cenário de desenvolvimento econômico tenha suscitado um dinamismo acentuado das regiões interioranas, na melhor das hipóteses, o que se verificou foi sua configuração como ilhas, em larga medida desconectadas do seu entorno, dificultando o desenvolvimento integrado de regiões no interior fluminense (Neto & Neto, 2008). De qualquer maneira, esse curto período de bonança é atravessado por uma nova e profunda crise econômica que, uma vez mais, atinge diretamente o Estado do Rio de Janeiro (Silva, 2017). Isso se deu, principalmente, em virtude do declínio dos preços do barril de petróleo, e do recuo dos investimentos federais ante a instabilidade política que marcou o período. Tais acontecimentos contribuem para o desfazimento da aliança PT-PMDB, reduzindo a capacidade de articulação política do Rio de Janeiro em Brasília. Os anos seguintes são marcados pelo aprofundamento da crise político-econômica que leva à decretação de estado de calamidade política, bem como a intervenção do governo federal na segurança pública e a renegociação das dívidas estaduais junto à União (Pedrosa & Corrêa, 2016; Mercês & Freira, 2017; Sobral, 2017).

Em meio a esse período de incertezas, a eleição de 2018 é marcada por elevada polarização e a ascensão de candidaturas conservadoras e de extrema direita. No Rio de Janeiro, esse movimento deu a vitória para candidatos sem experiência tanto no Executivo, quanto no Legislativo, ampliando ainda mais as inseguranças nos campos político, econômico e social. Além das ameaças e dos ataques ao projeto democrático posto pela Constituição Federal de 1988, a chegada de tais grupos extremistas nos principais postos políticos do país também é marcada pela crise sanitária derivada da pandemia de Covid-19. Entre o federalismo de combate e o negacionismo científico, o território fluminense voltava a experimentar novos ciclos de penúria que, para além de impactar sua economia – provocando reajustes nas dinâmicas entre capital e interior –, passava a atingir diretamente as expectativas e esperanças de seus habitantes que, desde 2013, vêm sendo sucessivamente atropelados por crises, instabilidades e decepções de toda a sorte, e que limitam os horizontes de recuperação e estabilização do Estado.

2. A INSTITUCIONALIDADE AMBIENTAL DO ESTADO DO RIO DE JANEIRO

Ainda que o presente trabalho não tenha se proposto a constituir um resgate detalhado das mudanças institucionais experimentadas na trajetória de incorporação da agenda ambiental no Rio de Janeiro, o destaque a alguns elementos se faz necessário a fim de compreender a estrutura analisada, bem como aquela atualmente vigente. Nesse contexto, as normas que previram e organizaram a atuação das primeiras instituições executoras da política ambiental estadual foram editadas entre as décadas de 1970 e 1980, prevendo a criação da FEEMA, SERLA e IEF, bem como da Comissão Estadual de Controle Ambiental (CECA). Segundo a legislação em vigor, competia à FEEMA atuar como órgão técnico da CECA, responsável por tomar as decisões relativas à pasta ambiental. Enquanto isso, à SERLA cabia a execução de obras de drenagem, saneamento e fiscalização de questões ligadas aos corpos hídricos. Situação similar se dava em relação ao IEF que, além de funções técnicas, também exercia atividades atinentes à gestão florestal e de espaços protegidos, recuperação de áreas degradadas, formulação e avaliação de estudos técnicos etc. Nessa estrutura, a CECA, em sua dimensão colegiada (que, atualmente, inclui membros dos governos federal, estadual e municipais, setores empresariais, técnico e acadêmico), representava o órgão central da política pública e concentrava a coordenação e controle da "utilização racional do meio ambiente". Em conjunto, os referidos órgãos formavam o Sistema de Licenciamento de Atividades Poluidoras (SLAP), que permaneceu em vigor até 2009, quando há uma reestruturação institucional.

No SLAP, o processo de licenciamento deveria ser conduzido pela CECA, cabendo a ela as etapas decisórias críticas (Fontenelle & Amendola, 2006), exercendo a FEEMA uma função técnica periférica, ainda que fundamental. Essa mesma divisão se repetia no exercício de outras atividades de comando e controle, como no caso da aplicação do poder de polícia ambiental. No momento em que foi instituído, isto é, em meados da década de 1970, a principal ferramenta do SLAP era o licenciamento trifásico – composto pelas Licenças: Prévia (LP), que atestava a viabilidade ambiental do projeto; de Instalação (LI), que autorizava a sua implantação; e, finalmente, a de Operação (LO), que permitia o início das atividades. Nessa configuração, ficava à cargo da própria CECA elaborar eventuais regulamentações necessárias à implementação da ferramenta, o que foi feito via deliberação em 1977 – e permanecendo em vigor até a reestruturação de 2009. Na disposição original, as licenças ambientais seriam expedidas pela FEEMA, cabendo à CECA analisar apenas casos "não rotineiros". Com a regulamentação estadual do estudo de impacto ambiental (EIA), em 1988, passa a ser competência da CECA, aprová-los, e gerir o processo de realização de audiências públicas, devendo a FEEMA prestar o auxílio necessário à condução de tais atividades.

É também na década de 1980 que os referidos órgãos ambientais são desvinculados da Secretaria de Obras do Rio de Janeiro, ganhando uma pasta própria, a Secretaria de Estado de Meio Ambiente (SEMAM), bem como são criados o Fundo Estadual de Conservação Ambiental (FECAM) e o Conselho Estadual de Meio Ambiente (CONEMA). Esse último instituído como órgão deliberativo e normativo, voltado ao estabelecimento das diretrizes da política ambiental fluminense. Dada a relevância do FECAM e do CONEMA, a previsão de ambos foi incorporada ao texto da Constituição estadual. Importante destacar, ainda, que a regulamentação do Conselho previu uma composição relativamente plural que, além de contar com representantes do executivo e legislativo, também incluía a Federação das Indústrias do Estado do Rio de Janeiro (FIRJAN), a Federação dos Trabalhadores da Agricultura (FETAG), a Federação das Associações Fluminenses de Defesa do Meio Ambiente (FAMA), a Fundação Brasileira para a Conservação de Natureza (FBCN), a Universidade do Estado do

Rio de Janeiro (UERJ), a Sociedade Brasileira para o Progresso da Ciência (SBPC) etc. Mesmo considerando as sucessivas modificações regulatórias, a pluralidade de sua composição foi mantida. Atualmente, a legislação estadual prevê que o CONEMA deverá atuar na orientação da formulação da política ambiental fluminense, propondo objetivos e metas, definindo áreas e temas prioritários de atuação, e fixando diretrizes para o licenciamento e fiscalização, sendo essa última atribuição transferida pelo ordenamento da CECA para o CONEMA, em 2008.

Em junho de 2007, em consonância à reforma administrativa do tipo gerencialista conduzida no Estado do Rio de Janeiro no período, o poder executivo aprova na Assembleia Legislativa lei ordinária prevendo as diretrizes para a reestruturação da política ambiental estadual. Naquela conjuntura criava-se o INEA, uma autarquia especial vinculada à Secretaria de Estado do Ambiente (SEA), integrante da administração pública indireta, tendo como órgão máximo o Conselho Diretor (CONDIR), composto pelos diretores do Instituto. Isso significa dizer, com autonomia administrativa, financeira e patrimonial, sendo responsável por executar as políticas estaduais do meio ambiente, de recursos hídricos e de recursos florestais. Em paralelo, extinguiu-se a FEEMA, o IEF e a SERLA, incorporando à nova autarquia todo o acervo técnico, patrimonial e de funcionários das referidas instituições. Tais mudanças também atingiram o licenciamento ambiental, passando a ser responsabilidade do INEA a condução e a aprovação de todos os processos, exceto nos seguintes casos, que ficaram sob competência da CECA: (i) atividades e empreendimentos executados pelo INEA, (ii) o licenciamento integral de portos e terminais de minério, petróleo e produtos químicos, oleodutos, gasodutos, minerodutos e emissários submarinos de esgotos sanitários ou industriais, complexos ou unidades petroquímicas, cloroquímicas, siderúrgicas e usinas de destilação de álcool, (iii) a concessão de LP para as atividades e empreendimentos previstos no art. 1º, I, II, IV, VI, VII, VIII, IX, X, XI, XIII, XIV, XV e XVI, da Lei n. 1.356/88 (e.g., ferroviais, aeroportos, portos, barragens, extração de combustível fóssil, extração de minério, aterros sanitários, grandes projetos de zoneamento urbano e industrial, projetos agropecuários acima de 200 hectares), e (iv) outras atividades especificadas em regulamento. A partir dessa reforma, a CECA passou a licenciar apenas empreendimentos específicos, em especial, aqueles relacionados a obras de infraestrutura e de natureza industrial de grande porte, funcionando também como instância recursal para os casos de indeferimentos proferidos pelo INEA.

O Sistema de Licenciamento Ambiental (SLAM), instituído em 2009, substituindo o SLAP da década de 1970, previu outras ferramentas para além do procedimento trifásico original. É o caso das licenças que conjugam um ou mais estágios de análise, como a Licença Prévia e de Instalação (LPI), Licença de Instalação e Operação (LIO), e a Licença Ambiental Simplificada (LAS), e daquelas que visam lidar com passivos, são elas: a Licença de Operação e Recuperação (LOR) e a Licença Ambiental de Recuperação (LAR). Nesse modelo, o encurtamento do licenciamento através da LPI restringe-se aos empreendimentos isentos de EIA ou de relatório ambiental simplificado (RAS) e, no caso da LPI e LAS apenas aqueles considerados como de "baixo impacto" pela legislação. No que tange à LOR, ela tem por objetivo autorizar a operação do empreendimento em concomitância às atividades de recuperação de passivo ambiental, enquanto na LAR não há a previsão da manutenção de uma atividade operacional em paralelo à gestão da degradação em questão.

Além das licenças, o SLAM prevê também outros instrumentos como é o caso da autorização ambiental (AA), da certidão ambiental (CA), do certificado ambiental (CTA), da outorga de direito de uso de recursos hídricos (OUT), do termo de encerramento (TE) e do documento de averbação. Com relação à AA, essa volta-se à permissão de atividade ou empreendimento de curta duração, como obras emergenciais, ou outras cuja execução encontra-se condicionada à concessão de autorização pela legislação (e.g., perfuração de poços, supressão de vegetação, manejo de fauna). Derivada da AA, previu-se, ainda, ato administrativo ainda mais específico, qual seja, a autorização ambiental de funcionamento, que visa permitir a manutenção de empreendimentos ou atividades que sejam objeto de termo de ajustamento de conduta (TAC). Já a CA, tem por finalidade declarar, atestar ou certificar determinadas informações de natureza ambiental mediante solicitação da parte interessada (e.g., inserção de imóvel em espaço protegido, uso insignificante de recursos hídricos, cumprimento de condicionante ambiental), enquanto os CTAs atestam procedimentos específicos (e.g., reserva de disponibilidade hídrica, credenciamento de laboratórios, cadastro de produtos agrotóxicos). Em relação a Outorga, essa visa autorizar o uso de recursos hídricos superficiais ou subterrâneos por prazo determinado. No tocante ao TE, sua função é declarar a inexistência de passivo ambiental que apresente risco ao meio ambiente no momento do encerramento de atividade ou empreendimento. Por fim, o documento de averbação, permite a alteração de dados constantes de qualquer licença ou dos demais instrumentos do SLAM (e.g., titularidade, CPF, CNPJ).

Além da compreensão acerca da estrutura institucional e, no interior dela, daqueles competentes para decidir sobre a execução da agenda ambiental (i.e., CECA e CONDIR), explicitamos também as ferramentas disponíveis para implementação da política pública. Contudo, outros dois elementos merecem destaque na dinâmica de seleção do ente licenciador e do instrumento a ser requerido, são eles, os mecanismos de classificação do impacto ambiental da atividade ou empreendimento, bem como o método de definição dos estudos ambientais exigidos pelo poder público. No que diz respeito ao primeiro, este encontra-se explicitado em normas produzidas pelo executivo e em regulamentos técnicos próprios do INEA, estando organizado em dois eixos, porte – i.e., mínimo, pequeno, médio, grande e excepcional – e potencial poluidor – i.e., insignificante, baixo médio e alto. A partir da combinação de ambos em uma matriz se extrai a classe da atividade ou empreendimento. Para compor o conteúdo dos referidos eixos, os regulamentos se utilizam de uma série de critérios a depender da natureza daquilo que se está sendo licenciado, como, área de produção e armazenamento, número de empregados, tipo de resíduos gerados, vazão de efluentes líquidos industriais etc. Nesse formato, aqueles enquadrados como insignificantes são dispensados de licenciamento, enquanto que, para os classificados como de baixo impacto – quando sua competência não é definida como municipal – permite-se formatos mais flexíveis de licenciamento, como aqueles já comentados.

Em relação ao método de definição dos estudos ambientais exigidos, ainda que, em larga medida, esse derive da classificação de impacto anteriormente observada, há também previsão legal específica que associa determinadas atividades e empreendimentos à necessidade de elaboração de estudo de impacto ambiental. Em outras palavras, a complexidade das análises exigidas se amplia a medida em que as alterações suscitadas pela proposta se tornam mais significativas, ressalvados os casos em que a lei torna mandatório o modelo de avaliação mais complexo. Dessa maneira, empreendimentos isentos de EIA ou

RAS poderão solicitar uma LPI e aqueles considerados de baixo impacto, uma LIO ou LAS. Como resultado, tais formas mais simplificadas podem transferir as análises para instâncias inferiores do próprio INEA, como é o caso da Diretoria de Licenciamento e das Superintendências Regionais. Ajustes estratégicos nessas categorias, ou a concessão de isenção na obrigatoriedade de elaborar um EIA podem também determinar se o procedimento será decidido pelo CONDIR ou pela CECA.

3. O LICENCIAMENTO AMBIENTAL À LUZ DAS DECISÕES DO CONDIR E DA CECA

O estudo teve como foco as deliberações emitidas tanto pelo CONDIR quanto pela CECA, dado serem os órgãos responsáveis por decidir sobre os licenciamentos mais relevantes em se tratando da perspectiva ambiental. A avaliação compreendeu o período de 2009, ano de instituição do INEA, até 2017. Considerando a diversidade de atividades analisadas pelos referidos colegiados, foi necessário dividi-las em categorias (i.e., agropecuária, agrotóxico, cemitério, energia, telecomunicação, portuária, mineração, indústria, obras civis, petróleo, saneamento, serviços, transportes e outros) construídas levando em conta tanto aquilo observado quanto a própria dinâmica operacional do órgão ambiental. Considerando que se constatou demandas ligadas aos 92 municípios fluminenses, também foi necessário agrupá-los em regiões (i.e., região metropolitana, noroeste, norte, serrana, lagos/baixadas litorâneas, médio paraíba e centro-sul). Além de observar sua distribuição no tempo, no território e a partir das categorias de atividades, ainda se analisou os tipos de atos administrativos solicitados – dando atenção especial às licenças ambientais –, o conteúdo das decisões proferidas – com destaque para uma avaliação mais detida sobre os casos de indeferimentos (identificando as justificações e momento de ocorrência), e o tempo de tramitação e concessão das licenças.

Ao observarmos o número de processos administrativos analisados por CONDIR e CECA é possível verificar que entre 2009 e 2013 sua quantidade é ascendente, apresentando um significativo declínio no ano seguinte, e mantendo-se estável nesse mesmo nível até o final do período. Essa dinâmica parece estar relacionada à crise de 2013, que eclode no Rio de Janeiro em 2014, levando a um declínio econômico no Estado que se perpetua para além do tempo analisado.

Esse aumento do número de processos, no entanto, se dá de forma concentrada na região metropolitana, reforçando a ideia de que o crescimento estimulado pelos investimentos federais e da indústria do petróleo permaneceram concentrados nessa porção do território fluminense. Ainda que o montante tenha reduzido um pouco nas regiões interioranas, é possível afirmar que a inflexão experimentada a partir de 2014 foi mais intensamente percebida no espaço metropolitano, que continuou a apresentar quedas nos anos seguintes. Quando voltamos nosso olhar para as categorias de atividades licenciadas, chama atenção que, tanto na região metropolitana quanto no interior, mineração (notadamente, de areia e brita para construção civil), indústria e obras civis são categorias igualmente distribuídas entre ambos os territórios, sendo predominantes em relação às demais. As diferenças entre as regiões aparecem em outras categorias, ou seja, na metropolitana, ganham destaque as atividades petrolíferas, e de transporte de resíduos, enquanto, no interior, empreendimentos do setor de energia, saneamento e gestão de resíduos surgem como relevantes. Interessante destacar que, apesar de projetos recém iniciados (i.e., em fase de LP e LI) aparecem em número similar em ambas regiões, o uso de ferramentas simplificadas (i.e., LPI e LAS) predomina no espaço metropolitano, assim como os pedidos de novas LO e renovações. Situação essa que reitera as bases históricas da desigualdade no dinamismo econômico entre as regiões.

Importante observar que o predomínio das categorias identificadas (i.e., mineração e obras civis) também é configurado quando se analisa em separado as deliberações do CONDIR e da CECA. Enquanto o Conselho concentra licenciamento industriais, a Comissão se destaca pelas análises ligadas ao setor portuário. Como anteriormente mencionado, dada a divisão legal de atribuição entre eles, em vários casos, ambos atuam nos mesmos processos, ainda que em fases distintas – com a CECA aparecendo nas etapas iniciais e o CONDIR nas subsequentes. Ademais, dado o rol reduzido de atividades licenciáveis pela CECA, há uma tendência de concentração das categorias deliberadas, em especial, no que se refere àquelas em que a Comissão é responsável pela integralidade de seu licenciamento (e não apenas seus estágios iniciais). Importante destacar que, no caso das decisões da CECA sobre mineração, grande parte delas trata do afastamento da exigibilidade de EIA para tais atividades, a fim de permitir seu licenciamento via LPI e, portanto, autorizando a adoção de procedimento mais célere pelo CONDIR. E é no Conselho Diretor do INEA que se concentra a maior parte das deliberações, que perpassam todas as categorias analisadas, explicitando seu protagonismo. Também nas categorias originalmente de competência da CECA, é possível observar a proeminência do CONDIR, como no caso acima mencionado da mineração.

Mesmo possuindo regras de competência bem delimitadas, ambos os órgãos apresentam uma atuação relativamente similar considerando sua distribuição no território, com destaque para o norte fluminense e o médio paraíba – além da região metropolitana. De qualquer maneira, lembra-se que, diferentemente da CECA, o CONDIR tende a construir uma percepção mais integrada do território, dado que acompanha grande parte dos licenciamentos em sua totalidade. Quando restringimos nossa avaliação às categorias predominantes, no tocante à CECA, chama atenção a concentração de atividades minerárias nas regiões Noroeste e Centro Sul do Estado, em especial, se lembrarmos que grande parte dessas decisões dizem respeito à flexibilização dos critérios de avaliação de impacto ambiental. Mesmo nas áreas em que há uma maior diversidade de análises pela CECA, como na região metropolitana, a mineração ainda representa cerca de 40% de tudo aquilo deliberado pela Comissão. Já sobre as obras civis, seu elevado número tende a estar ligado a demandas executadas diretamente pelo próprio INEA, notadamente, envolvendo obras de infraestrutura (e.g., geotécnicas, drenagens, demolições). Sobre o CONDIR, o protagonismo da atividade minerária é relativizado em virtude do volume e diversidade de análises, atingindo uma concentração de no máximo 31,4% nas baixadas litorâneas. A predominância das atividades industriais revela uma grande pluralidade, tanto da sua ocorrência no território, quanto da variedade dos tipos licenciados. Sobre a categoria de obras civis, essa ocupa posições relevantes em todas as regiões, exceto na Serrana e Centro-Sul, nas quais – junto da região dos Lagos – há um grande volume de pedidos de demarcação de faixa marginal de proteção e de intervenção em áreas de preservação permanente – em especial, nas margens de corpos hídricos localizados em áreas urbanas.

No tocante ao conteúdo das deliberações, verificamos que, tanto para o CONDIR quanto para a CECA, cerca de metade delas trata da aprovação das solicitações apresentadas, as demais referem-se – em volume de ocorrência – a averbações, renovações, indeferimentos, cancelamentos e prorrogações. Aquilo que entendemos por licenciamento flexível (LAS, LPI, LOR e LAR) representa cerca de 12% das deliberações da CECA, tendo o INEA como seu principal beneficiário. Já os indeferimentos proferidos pela Comissão apresentam maior percentual de ocorrência quando da análise das Licenças de Operação e Recuperação. De todo modo, chama atenção o alto número de averbações nos atos administrativos, já que, em larga medida, esses se referem não só a alterações formais (e.g., CNPJ, endereço etc.), mas a alterações nas suas condicionantes e prorrogações nos seus prazos de validade. Essa situação é recorrente nos casos de LI, nos levando a crer que, é no momento da implementação da atividade ou empreendimento que são demandados ajustes no licenciamento, inclusive no calendário de sua execução. Sobre os indeferimentos, fica evidente que esses se concentram nas fases iniciais dos processos, reforçando a hipótese de que, quanto mais avançado o licenciamento menor é a chance de um posicionamento contrário do órgão ambiental.

No caso do CONDIR, o predomínio das decisões de aprovação das solicitações é seguido também por averbações, mas, entre essas e as demandas por renovação dos atos administrativos, chama atenção o volume de processos retirados de pauta (13,6%), indicando um possível uso estratégico da medida. Tais decisões são seguidas por indeferimentos, prorrogações e um número muito reduzido de cancelamentos e suspensões de validade. No caso do CONDIR, é possível destacar não só o alto número de pedidos de intervenção em áreas de preservação permanente, via autorização ambiental, mas também o reduzido número (5,3%) de indeferimentos, indicando uma tendência de flexibilização do seu regime de proteção. Em se tratando de licenciamento flexível, exceto por um episódio singular envolvendo uma série de LAS requeridas pela Ampla Energia S.A. em Paraty, há um baixo nível de indeferimentos nesse tipo de pedido, com destaque para as LPIs que, em grande parte, referem-se às categorias de mineração (areia e brita) e obras civis. A afirmação anterior é reforçada pelo fato de que nenhuma das LIO e LOR foi indeferida. Por fim, no que tange o licenciamento ordinário (LP, LI e LO), a dinâmica verificada no CONDIR é muito semelhante àquela da CECA. Ou seja, um alto índice de averbações na LI para alteração de condicionantes e prazos, bem como um declínio dos casos de indeferimento à medida que o procedimento avança.

Interessante notar que, quando se observam as decisões de denegação dos pedidos no conjunto das deliberações analisadas, esses representam apenas 3,7%

do total. Essa situação nos leva a imaginar uma série de hipóteses que vão desde análises técnicas insuficientes, passando por uma preferência na construção de soluções negociadas, até mesmo uma flexibilização dos mecanismos de comando e controle. De todo modo, é possível aprofundar essa tendência na medida em que identificamos as justificações desses indeferimentos. Nesse caso, apenas 22,2% das denegações se valem de argumentações técnicas, enquanto 25,7% delas têm como lastro fundamentações jurídicas. Nos demais, 44,3% das situações são baseadas em inconformidades formais, desistências, abandono ou desídia do proponente, 6,7% dos casos de indeferimento foram revertidos e, em apenas 1,1% não foi possível obter informações sobre sua justificação. Ou seja, são raras as ocasiões em que a análise sobre viabilidade ambiental do empreendimento é fator predominante para justificar o seu indeferimento. E, à ideia de que a chance de denegações é reduzida a cada estágio do licenciamento, é possível adicionar que isso também ocorre para as fundamentações técnicas e jurídicas, que perdem espaço para questões de ordem formal nas etapas mais avançadas (e.g., LO) e nos casos simplificados (e.g., LPI). Importante destacar que, nesses últimos casos, a não concessão da licença não significa a inviabilização do pedido, que pode ter sido objeto de um outro tipo de solução para garantir sua viabilidade, como é o caso da concessão de uma outra licença ou assinatura de um TAC.

Por fim, sobre o tempo médio de concessão de licenças, é evidente que a introdução do licenciamento flexível acelerou o procedimento. Na dinâmica trifásica, o estágio inicial na CECA tem levado cerca de 2 anos e 11 meses (i.e., da abertura até a emissão da LP, passando pela realização de audiência pública). Enquanto no CONDIR, o fluxo médio do licenciamento trifásico identificado foi de 3 anos e 2 meses. Acreditamos, com base na avaliação do MPF (2006), que a demora em relação aos prazos fixados na legislação federal, isto é, 6 meses para a concessão de cada licença (LP, LI, LO) mais 6 meses adicionais à fase de LP no caso de EIA, tende a estar ligada a baixa qualidade dos estudos ambientais e reiterada necessidade de revisão dos documentos. Quando se compara esses resultados com aqueles verificados para a LPI, o instrumento flexível do SLAM com maior uso, observa-se uma redução de 35% do tempo total do procedimento em relação aqueles licenciados pelo CONDIR e de 66% se observados à luz do fluxo médio combinado entre o Conselho e a CECA.

4. OS ÚLTIMOS ANOS DO SLAM (2018 A 2021) E A APROVAÇÃO DO SELCA

No trabalho originalmente conduzido, a pesquisa compreendeu a análise de todas as deliberações publicamente acessíveis produzidas pelo CONDIR e pela CECA entre os anos de 2009 a 2017. Ou seja, do ano de implementação do SLAM até os últimos dados disponíveis até então. Nesse artigo, o objetivo foi estender o estudo proposto até 24 de agosto de 2021, último dia de vigência do SLAM, dando lugar ao Sistema Estadual de Licenciamento e demais Procedimentos de Controle Ambiental (SELCA). Dessa maneira, com a adição de tais dados, é possível avaliar a trajetória completa do SLAM, oferecendo subsídios para futuras análises comparativas a partir do funcionamento do novo sistema. Tal como nas seções anteriores, não se propôs, contudo, esgotar o potencial de análise do material compilado, mas tão apenas introduzir de forma selecionada determinados elementos entendidos como prioritários tanto para o debate sobre as dinâmicas territoriais (na relação região metropolitana e interior), quanto para a observação do aprofundamento do processo de transformação do licenciamento ambiental no Estado do Rio de Janeiro, em direção a um modelo formal-flexível distinto daquilo que havia sido pensado nos anos 1970, sob o pretexto de dar dinamismo a economia fluminense. Para fazê-lo, adotamos os mesmos critérios da seção anterior, ou seja, distribuição temporal, as categorias de atividades, os tipos de atos administrativos solicitados, o conteúdo das decisões e o tempo de tramitação e concessão das licenças ambientais.

Nesse contexto, dando sequência a observação do quantitativo de processos analisados por CONDIR e CECA, verifica-se que entre 2018 e 2021 seu número é decrescente, declínio esse que é acentuado em 2020, dada as necessárias paralisações ocorridas em virtude da pandemia de Covid-19. Contudo, mesmo antes da crise sanitária, em 2018 e 2019 já era possível perceber uma tendência de queda que apenas foi reforçada no ano seguinte. Nesse contexto, os dados até agosto de 2021 sugerem que, eventual recuperação, deverá se dar de forma muito limitada, mantendo o vetor de queda dos anos anteriores. Diferente da crise de 2013, que impactou em maior quantidade dos processos na região metropolitana, na pandemia, as reduções foram verificadas em proporção similar tanto no centro quanto no interior do estado. No que tange às categorias de atividades licenciadas, a igual distribuição no território para mineração (areia e brita) e indústria se mantém na nova análise, mas, nesse caso, há um aumento do percentual dos pedidos ligados à indústria do petróleo no caso da região metropolitana e, no interior, destacam-se as solicitações relacionadas à intervenção em áreas de preservação permanente. Mantém-se também o equilíbrio regional nos projetos recém iniciados (i.e., LP e LI), mas o uso de ferramentas simplificadas (LPI e LAS), que era predominante na região central, ganha espaço no interior, assim como ampliam os pedidos de novas LO e renovações.

A atuação distribuída no território se mantém nos últimos anos analisados, inclusive no que diz respeito ao protagonismo da área metropolitana que, por sua vez, é seguido do norte fluminense e do médio paraíba. Quando observamos a atuação dos órgãos a partir das categorias de atividades predominantes, no que diz respeito à CECA, cerca de um terço dos pedidos de mineração encontram-se na região metropolitana, mantendo-se o Centro Sul em segundo lugar com quase um quarto das solicitações. Ressalte-se que, tal como nos anos anteriores, as análises envolvendo a referida categoria corresponderam a pouco mais de 40% de todas as deliberações da Comissão, sendo que cerca de três quartos delas tratavam da flexibilização dos critérios de avaliação de impacto ambiental, mantendo a trajetória identificada nos anos anteriores. No que tange às obras civis, a participação do INEA continua se caracterizando de modo representativo, isto é, cerca de um terço, também envolvido em obras de infraestrutura e apoio de unidades de conservação. Já sobre o CONDIR, a categoria mineração apresenta nova conformação, na medida em que metade das solicitações passam a ser concentradas na região metropolitana, tendo as demais distribuídas pelo interior do Estado. Em se tratando das atividades industriais, apesar de também explicitar alta concentração na capital e entorno, outro polo importante é a região do médio paraíba, que reuniu cerca de um terço dos procedimentos. Dinâmica similar ocorre com relação a categoria de petróleo e gás, surpreendendo pela baixa ocorrência de demandas na região do norte fluminense.

Uma surpresa é constatada quando tratamos do conteúdo das deliberações. Tanto no CONDIR quanto na CECA há um aumento significativo do número de indeferimentos de pedidos (representando, para o primeiro, 18,2% do total e, para o segundo, 21,4%). Essa mudança de dinâmica é dada por uma iniciativa interna da instituição de resolver os procedimentos antigos e sem andamento. Tanto é que, apenas 15,3% desses indeferimentos dizem respeito a critérios técnicos, 3,3%

tratam de questões jurídicas e os demais estão ligados a questões formais, desídia ou desinteresse do solicitante. Ainda tratando dos indeferimentos, chama atenção o alto volume de denegações em projetos em fase operacional (37,2%). Ou seja, empreendimentos ou atividades já em funcionamento optaram por encerrar suas atividades, ocorrência essa inédita em todo o período analisado. Nessa dinâmica houve uma queda relativa no número de aprovações de licença e também de averbações, ainda que questões como afastamento da aplicabilidade de EIA tenha se mantido em patamares similares aos anos anteriores, evidenciando a atuação burocrática, em especial, da CECA, o órgão competente para esse tipo de avaliação. Por último, também chama atenção as reiteradas manifestações por parte do CONDIR de ratificação das suas decisões anteriores. Especula-se que, em alguma medida, essa medida de confirmar seu posicionamento em nova manifestação esteja associada à condução das atividades no curso da crise sanitária. Entretanto, não foi possível identificar informações precisas sobre esse comportamento, que correspondeu a quase 10% de suas deliberações.

Já em relação ao uso dos instrumentos flexíveis (LAS, LPI, LIO, LOR e LAR), atestou-se sua concentração no CONDIR, representando pouco mais de um quarto das deliberações envolvendo apenas licenças ambientais. Dentre as referidas licenças, o destaque continua sendo a LPI, aparecendo em 76,6% dos casos de flexibilização do licenciamento. Seu uso continua sendo majoritariamente empregado nas atividades de mineração e obras civis que, juntas, correspondem a 65,4% das solicitações de LPI analisadas no período. Importante destacar que, como visto na pesquisa anterior, é possível identificar conexões entre as decisões da CECA de afastamento da exigência de EIA para atividades minerárias e as solicitações de LPI. Tais casos chegam a representar cerca de 40% do total de aprovações do CONDIR para esse tipo de solicitação. Em outras palavras, a combinação de ambas as deliberações leva os empreendimentos da modalidade mais restritiva de licenciamento ambiental, ou seja, trifásico sujeito à EIA, para o modelo simplificado, na qual o referido estudo não é exigido e as fases prévia e de instalação são conjugadas em uma etapa. De todo modo, faz-se necessário uma análise mais detida para compreender as bases e justificações dessas excepcionalizações.

No que se refere ao tempo médio de concessão de licenças, identificou-se um aumento da trajetória temporal entre a abertura do procedimento administrativo e a concessão da licença demandada. Acreditamos que essa dinâmica esteja relacionada tanto a menor amostragem (referente apenas aos anos de 2018-2021), quanto à política de eliminação de procedimentos antigos ainda em tramitação no órgão ambiental. Nessa perspectiva, se verificamos que uma série dessas demandas resultou em indeferimentos, por outro lado, imagina-se que isso também estimulou deferimentos. É o caso, por exemplo, das LPs e das LOs que tiveram seu tempo de emissão quase que multiplicado por quatro. Em relação às LPIs, o tempo médio quase que dobrou. Isso pode ser atribuído também a um quantitativo antigo de procedimentos que foram retomados e, no âmbito dos instrumentos oferecidos pelo SLAM, acabaram por ajustar seus antigos requerimentos em solicitações de LPI. Nesse sentido, se observarmos apenas os procedimentos iniciados a partir de 2018, verificaremos que a média das aprovações dos pedidos de LP têm sido verificadas em 1 ano e 6 meses, de LI em pouco mais de 7 meses, já as LO em menos de 8 meses e, finalmente, os de LPI em pouco mais de 10 meses. Esses resultados tanto explicitam o evidente dinamismo associado aos mecanismos flexíveis de licenciamento, como também aproximam muito a atuação do INEA aos prazos indicados na legislação federal. Isso reforça a premissa de que, em regra, a lentidão não deve ser associada à atuação do poder público, mas a uma dinâmica de interações mais complexa.

Os dados acima pincelados encerram a trajetória de vigência do SLAM, cuja revogação vinha sendo construída desde fevereiro de 2019, quando se instituiu grupo de trabalho para pensar a "simplificação do INEA". As atividades do grupo perduraram até dezembro do referido ano quando uma minuta de decreto foi enviada à Casa Civil. O novo instrumento normativo foi publicado uma semana depois, em 23 de dezembro, mas o início de sua vigência foi postergado no tempo, pela primeira vez, para junho de 2020, em seguida, para março de 2021 e, finalmente, agosto de 2021, quando entrou em vigor. O SELCA deu fim ao SLAM, e aprofundou o processo de flexibilização do licenciamento ambiental no Estado do Rio de Janeiro. Conforme noticiado, sua elaboração teria contado com a participação do Ministério Público, da FIRJAN, da Procuradoria Geral do Estado, do IBAMA, setor privado, representantes da Ordem dos Advogados do Brasil e da sociedade civil, contabilizando 384 contribuições, das quais 124 teriam sido aproveitadas. Para o grande público, sua aprovação foi alardeada como uma contribuição à otimização dos processos de licenciamento, visando maior eficiência e, nesse sentido, apoiando a retomada econômica do Estado. Em termos técnicos, o SELCA implicou no fim da obrigatoriedade do licenciamento trifásico, extinguiu a LPI, LIO e a LAS e, no seu lugar, previu três novas licenças ambientais: a Integrada (LAI), a Unificada (LAU) e a Comunicada (LAC). Enquanto a LAI, volta-se para empreendimentos de baixo a significativo impacto – isentos de EIA – e comprime as fases prévia e de instalação em uma só, a LAU, sintetiza as três fases num único momento, servindo a empreendimentos de baixo e médio impacto. Já a LAC, explicita o ápice do modelo gerencial. Nesse caso, as solicitações classificadas como de baixo impacto são automaticamente aprovadas em fase única, no ato de apresentação dos documentos solicitados.

Diferentemente do SLAM, cuja aprovação encerrou os quase 30 anos de SLAP e, dessa forma, introduziu no licenciamento ambiental elementos da reforma de tipo gerencial, com o SELCA não há uma nova ruptura, ao contrário, observa-se um aprofundamento desse modelo. Como demonstrado na seção anterior, o declínio do modelo trifásico já era uma realidade e a atuação meramente procedimental dos órgãos colegiados, em especial, da CECA, também vem se dando em uma dinâmica crescente, situação essa explicitada nas decisões de indeferimento, no elevado montante de averbações e nas disposições meramente procedimentais. Com o SELCA, acredita-se que a dinâmica de concessão de licenças para determinados empreendimentos irá ser mais rápida, dado o perfil burocrático das análises. Contudo, o acentuado declínio da quantidade de processos analisados nos últimos anos, bem como o elevado número de desistências de demandas em estágio avançado nos parece reforçar a dimensão discursiva da caracterização do processo de avaliação ambiental como gargalo econômico.

CONSIDERAÇÕES FINAIS

A trajetória político-econômica do Estado do Rio de Janeiro é marcada por uma concentração de suas dinâmicas na capital e seu entorno. Isso levou a um desenvolvimento desigual do território fluminense, no qual o crescimento do interior se caracterizou pela formação de ilhas pouco conectadas entre si ou com o espaço metropolitano. Esse cenário assume sua configuração contemporânea após a transferência do Distrito Federal, a fusão do Estado da Guanabara e a instituição de sua região metropolitana. A imposição desses modelos, bem como o declínio do regime militar estimularam a atuação oposicionista fluminense em relação ao governo federal até o início dos anos 2000. Com a reversão desse quadro a partir do alinhamento político entre PT-PMDB e tendo em vista a experimentação de bom momento econômico, o Estado vivencia um período de crescimento e otimismo capitaneado, uma vez mais, pelo afluxo de recursos federais e oriundos da indústria do petróleo. Essa conjuntura leva a reformas institucionais que também atingem as políticas ambientais. No caso do licenciamento, o modelo técnico-burocrático dos anos 1970 é reconfigurado, contribuindo para que o Estado assumisse uma função gerencial, que é reiterada em 2019 com a criação do SELCA. O novo sistema contribui para acentuar o processo de flexibilização do licenciamento ambiental, em meio a um contexto marcado por retrocessos institucionais e ataques à democracia.

Nesse cenário, os dados foram analisados a partir, principalmente, de dois eixos. Um calcado no interesse de melhor compreender em que medida as relações entre capital e periferia são expressas na dinâmica do licenciamento, e outro no qual são aprofundadas reflexões sobre o processo de transformação da política pública e do papel do Estado à luz das tentativas de flexibilização dos instrumentos de comando e controle. Sobre o primeiro, o licenciamento nos dá mais detalhes sobre como o crescimento nas primeiras décadas do século XXI manteve-se concentrado na área metropolitana, tendo seu espraiamento limitado ao modelo ilhas no interior do Estado, notadamente, a região do médio paraíba (dada a existência do polo industrial) e do norte fluminense (em virtude das atividades petrolíferas). Essa dinâmica fica ainda mais evidente quando são observados os anos de aprofundamento da crise, cujas principais inflexões negativas são verificadas na região metropolitana. Em relação ao segundo, a instituição do SLAM e a mitigação do modelo trifásico de licenciamento operam como precursores do debate contemporâneo de flexibilização. Sua implementação explicita o declínio do modelo da década 1970 de forma discreta e à margem do debate público, ainda que os critérios de indeferimento e tempo indiquem que os obstáculos à concessão de licenças não estão necessariamente nos procedimentos ou instituições públicas, mas derivam de uma dinâmica complexa que também inclui desde a qualidade dos estudos ambientais até a conjuntura político-econômica.

REFERÊNCIAS BIBLIOGRÁFICAS:

FONTENELLE, Miriam; AMENDOLA, Cynthia Marques. **Legislação Ambiental**: Licenciamento e Fiscalização no Estado do Rio de Janeiro. Rio de Janeiro: Lumen Juris, 2003.

LESSA, Carlos. **O Rio de todos os brasis**. Rio de Janeiro: Record, 2000.

LIMA, Thaís Damasceno; DEUS, Larissa Naves. A crise de 2008 e seus efeitos na economia brasileira. **Revista Cadernos de Economia, Chapecó**, v. 17, n. 32, jan./jun. 2013. p. 52-65.

MEDEIROS JUNIOR, Helcio de. Desconcentração econômica e atratividade regional no estado do Rio de Janeiro entre 2000 e 2010. **Cadernos do Desenvolvimento Fluminense**, Rio de Janeiro, n. 1. 2013. p. 23-52.

MELO, Hildete Pereira de; OLIVEIRA, Adilson de. Café e Petróleo: Um paralelo histórico. **Cadernos do Desenvolvimento Fluminense**, Rio de Janeiro, N.7, pp. 91 - 104, jan./jun. 2015

MERCÊS, Guilherme; FREIRA, Nayara. Crise fiscal dos Estados e o caso do Rio de Janeiro. **Geo UERJ**. Rio de Janeiro, n. 31, 2017. p. 64-80.

NETO, Jayme Freitas Barral; NETO, Romeu e Silva. Uma nova trajetória para a economia fluminense: inflexão positiva graças ao crescimento do interior. In Yves A. Fauré, Lia Hasenclever, Romeu e Silva Neto. **Rio de Janeiro**: E-papers, 2008. p. 25-48.

NETO, Octavio Amorim; SANTOS, Fabiano. O Rio de Janeiro e o Estado Nacional (1946-2010). **DADOS – Revista de Ciências Sociais**. Rio de Janeiro, v. 56, no 3, 2013. p. 467 a 496.

OLIVEIRA, Floriano José Godinho de. **Reestruturação produtiva e regionalização da economia no território fluminense**. Tese de doutorado. FFLCH/USP, 2003.

OSÓRIO, Mauro. VERSIANI, Maria Helena. O papel das instituições na trajetória econômico-social do Estado do Rio de Janeiro. **Cadernos do Desenvolvimento Fluminense**, Rio de Janeiro, n.2, 2013. p. 188-210.

PEDROSA, Oswaldo; CORRÊA, Antônio. A crise do petróleo e os desafios do pré-sal. **Caderno Opinião**. fev. Rio de Janeiro: FGV Energia, 2016.

PEREIRA, André da Silva. A economia do Estado do Rio de Janeiro: Ontem e Hoje. **Teoria e evidência econômica**. Ano 3. N. 5. 1995. p. 145-179.

PEREIRA, Lia Alt; PEREIRA Lia Valls. O setor público brasileiro – 1890/1945, **Texto para Discussão. n. 845**. Rio de Janeiro, IPEA, 2001.

SANTOS, Angela Moulin Simões Penalva. Economia fluminense: superando a perda de dinamismo? **Revista Rio de Janeiro**, n. 8, 2002. p. 31-58.

SILVA, Eduardo Fernandez. Evolução da economia do Estado do Rio de Janeiro na segunda década do século XXI. **Estudo Técnico**. Consultoria Legislativa. Brasília: Câmara dos Deputados, 2017.

SOBRAL, Bruno Leonardo Barth. A crise no Estado do Rio de Janeiro entendida não apenas como uma questão financeira. **Geo UERJ**. Rio de Janeiro, n. 31, 2017. p. 34-63.

VARSANO, Ricardo. A evolução do sistema tributário brasileiro ao longo do século: anotações e reflexões para futuras reformas. **Texto para Discussão. n. 405**. Rio de Janeiro, IPEA, 1996.

VASQUES, Pedro Henrique Ramos Prado. **O licenciamento ambiental no Estado do Rio de Janeiro:** uma análise a partir das deliberações colegiadas produzidas pelo Condir e CECA entre 2009 e 2017. Tese de Doutorado. Faculdade de Direito/UERJ, 2019.

WANDESFORDE-SMITH, Geoffrey & MOREIRA, Iara Verocai Dias. Subnational government and EIA in the developing world: bureaucratic strategy and political change in Rio de Janeiro, Brazil. **Environmental Impact Assessment Review**. V. 5, I. 3, September, 1985. p. 223-238.

A EFICÁCIA DA OPERAÇÃO URBANA CONSORCIADA À LUZ DO DESENVOLVIMENTO PERIFÉRICO

THE EFFECTIVENESS OF THE URBAN OPERATION CONSORTIUM IN THE LIGHT OF PERIPHERAL DEVELOPMENT

Carlos Eduardo de Souza Cruz[1]

Resumo: O objetivo deste artigo é compreender em que medida a condição periférica no espaço urbano pode comprometer a eficácia de instrumentos urbanísticos para o desenvolvimento de periferias intramunicipais. Por meio de investigação bibliográfica e de coleta de dados, analisou-se o instrumento da operação urbana consorciada (OUC), observando, em particular, as experiências dos municípios do Rio de Janeiro e de São Paulo. Com base na matriz da produção social do espaço e em uma abordagem institucionalista, a análise evidenciou que o impacto de aspectos institucionais que contribuem para a ineficácia da OUC é exacerbado pela falta de competitividade estrutural das periferias, o que compromete a viabilidade do instrumento como fator para o desenvolvimento periférico. Remanescem como desafios ao uso não regressivo da OUC à luz das necessidades de desenvolvimento periférico: o aumento do controle social; seu redesenho institucional voltado à ampliação de capacidades políticas e redistributivas; e a maior projeção das periferias urbanas como categoria de análise e de regulação institucional.

---

[1] Doutorando em Planejamento Urbano e Regional pela Universidade de São Paulo (USP), Mestre em Direito da Cidade pela Universidade do Estado do Rio de Janeiro (UERJ) e Graduado em Direito pela Universidade Federal de Minas Gerais (UFMG). Pesquisador-bolsista da CAPES, com atuação junto ao LABHAB-USP.

Palavras-chave: Direito Urbanístico. Desenvolvimento urbano. Política urbana. Periferia urbana. Cidades.

Abstract: The aim of this article is to understand to what extent the peripheral condition in the urban space can compromise the effectiveness of urban policy instruments for the development of intra-municipal peripheries. Through bibliographical research and data collection, the instrument of the consortium urban operation (OUC) was analyzed, mainly observing the experiences of the municipalities of Rio de Janeiro and São Paulo. Based on the matrix of social production of space and with an institutionalist approach, the analysis showed that the impact of institutional aspects that contribute to the ineffectiveness of the OUC is exacerbated by the lack of structural competitiveness of the peripheries, which compromises the viability of this instrument as a factor for peripheral development. Remaining challenges to the non-regressive use of OUC in light of peripheral development needs are: an increased social control; an institutional redesign aimed at expanding political and redistributive capacities; and the greater projection of urban peripheries as a category of analysis and institutional regulation.

Keywords: Urban Law. Urban Development. Urban Policy. Urban Periphery. Cities.

1. INTRODUÇÃO

Este artigo constitui um esforço de síntese e de atualização da dissertação intitulada *Desenvolvimento e Periferia: análise sobre possibilidades de eficácia de instrumentos de política urbana em periferias intramunicipais*, apresentada ao Programa de Pós-Graduação em Direito da Universidade do Estado do Rio de Janeiro (PPGD-UERJ) em 2019[2]. O trabalho tem o propósito de analisar um

---

[2] A pesquisa contou com a orientação da Prof^a. Dr^a. Angela Moulin S. Penalva Santos e com o financiamento do Conselho Nacional de Desenvolvimento Científico e Tecnológico (CNPq). O artigo também reflete a síntese sobre essa mesma pesquisa e que foi publicada pela Revista GeoUERJ em 2020, intitulada *Análise sobre a eficácia da operação urbana consorciada e da outorga onerosa do direito de construir para o desenvolvimento de periferias intramunicipais* (CRUZ, 2020). Por uma questão de espaço, optamos, neste trabalho, por focar no instrumento da

instrumento da política urbana a partir de uma preocupação fundamental, que são possibilidades de sua eficácia em periferias intramunicipais - isto é, sua capacidade de produzir os efeitos que lhes são esperados em áreas periféricas que se encontram circunscritas aos limites territoriais de grandes municípios. O interesse específico está em saber em que medida a utilização do instrumento da operação urbana consorciada (OUC) pode constituir uma função do desenvolvimento socioeconômico dessas localidades, marcadas por um quadro histórico de vulnerabilidade social.

A análise acerca dos instrumentos de política pública situa-se em campo promissor de pesquisa, ainda que relativamente pouco explorado (LASCOUMES E LE GALÈS, 2007). Os prejuízos disso são significativos, em especial por ajudar a ocultar o papel do Direito na estruturação e na dinâmica das políticas públicas (BUCCI, 2008), assim como por comprometer tanto as necessidades de aperfeiçoamento institucional quanto a compreensão de que esses instrumentos, como tipo de instituições da ação pública, comportam valores e visões de mundo, condicionam o comportamento dos atores, refletem estratégias políticas e, ao cabo, influenciam o resultado das próprias políticas públicas com as quais se relacionam (LASCOUMES E LE GALÈS, 2007)[3].

A elaboração do artigo baseou-se em pesquisa teórica e em levantamento e em coleta de dados, com a finalidade de analisar limitações sistêmicas que afetam a eficácia da operação urbana consorciada (OUC) como função do desenvolvimento socioeconômico de periferias intramunicipais. A pesquisa teórica compreendeu uma investigação bibliográfica preliminar, que conferiu ênfase à matriz de pensamento relativa à produção social do espaço e à abordagem institucionalista; compreendeu também uma investigação jurídica, que

---

operação urbana consorciada, deixando de trazer a outorga onerosa do direito de construir para a discussão.

[3] Ao tomar os instrumentos da política urbana sob esse viés, a investigação (cor)responde a **compromissos** acadêmico-científicos que estruturam não apenas o referido Programa de Pós-Graduação de maneira geral, mas, em particular, a Linha de Pesquisa em Direito da Cidade, reconhecida por sua perspectiva multidisciplinar voltada ao estudo das relações entre o *jurídico* e o *urbano*, duas proeminentes dimensões do amplo processo de produção e de reprodução social. Conecta-se, em última instância, a um horizonte científico que rompe tradições epistemológicas responsáveis por reduzir a análise e a pesquisa jurídicas a uma questão sobre legalidade, negligenciando consequências sociais e dinâmicas de poder, como se esses aspectos fossem de menor importância ao próprio pensamento jurídico.

se voltou, sobretudo, ao exame do Estatuto da Cidade (Lei Federal n. 10.257/2001) e a demais conteúdos normativos e jurisprudenciais relacionados à política urbana, tendo como principal escopo os municípios do Rio de Janeiro e de São Paulo. O levantamento e a coleta de dados priorizaram os arquivos consolidados pelo Instituto de Pesquisa Econômica Aplicada (IPEA), pelo Instituto Brasileiro de Geografia e Estatística (IBGE) e por secretarias municipais de desenvolvimento urbano.

O conceito de periferia intramunicipal adotado refere-se às áreas urbanas de maior vulnerabilidade social relativa que se encontram circunscritas ao território de grandes municípios e que simultaneamente não estejam localizadas em regiões de maior dinamismo econômico e de concentração de riqueza nem se constituam como vetores prioritários de expansão do alto mercado imobiliário ou estejam diretamente adjacentes a áreas centrais. A utilização desse recorte metodológico explica-se: 1. pela necessidade de apartar a investigação sobre periferias urbanas de suas relações com o fenômeno metropolitano; 2. por simplificar a análise das interações centro-periferia em território administrado por apenas um ente municipal; 3. por permitir a investigação de especificidades de desenvolvimento periférico em municípios de grande extensão territorial e com capacidade político-administrativa para operacionalizar instrumentos da política urbana. Por esse motivo, as referências à palavra periferia e a seus correlatos, quando estiverem relacionados a territórios municipais, vinculam-se ao sentido de periferia intramunicipal utilizado.

É importante enfatizar que o artigo não tem a pretensão de avaliar, de maneira extensiva, o caso da OUC nos municípios de referência. A proposta do trabalho está em submeter a concepção teórico-normativa acerca desse instrumento a condições gerais de desenvolvimento socioeconômico que podem ser tipicamente associadas a grandes periferias urbanas, tomando aí sim como parâmetro para a análise as experiências concretas dos municípios do Rio de Janeiro e de São Paulo. Trata-se, enfim, de investigação sobre condições gerais de eficácia dos referidos instrumentos para o desenvolvimento urbano periférico.

O artigo apresenta cinco seções, além desta introdução e das considerações finais. Na primeira seção, procurou-se compreender as relações entre a questão urbana e a questão periférica, destacando o tipo de urbanização prevalecente no país. Na segunda, a análise tratou da interação entre centro e periferia, bem como seus desdobramentos sobre a organização espacial das atividades socioeconômicas no espaço urbano. Na terceira, a análise voltou-se para o aspecto do desenvolvimento urbano, procurando identificar as especificidades que subjazem o desenvolvimento periférico. Na quarta seção, foi analisada a consolidação da ordem jurídico-urbanística brasileira e as frustrações do campo da reforma urbana. Na quinta seção, analisou-se o instrumento da operação urbana consorciada à luz do desenvolvimento periférico.

2. A QUESTÃO PERIFÉRICA: URBANIZAÇÃO E VULNERABILIDADE SOCIAL

O entendimento sobre a realidade de vida nas metrópoles brasileiras passa pela constatação de que, por aqui, a chamada "questão urbana" é, em grande medida, uma "questão periférica". Afinal, a problemática urbana ganha contornos muito particulares à medida que sejam consideradas especificidades ou aspectos tipicamente associáveis às áreas periféricas de nossas grandes cidades, não sendo possível deixar de reconhecer que, do ponto de vista histórico, o padrão de crescimento das metrópoles do país evidencia "um gradiente decrescente de condições de vida, inserção no mercado de trabalho e acesso à renda do centro para as periferias" (MARQUES E BICHIR, 2001, p. 10). Como expressão concreta das relações sociais, políticas e econômicas prevalecentes no espaço urbano, esse gradiente é justamente o que permite compreender a urbanização brasileira como uma "urbanização periférica" (HOLSTON, 2013), conceito fundado sobre a sujeição dos mais pobres no processo de expansão das cidades ao que poderíamos chamar de tríade da vulnerabilidade urbana representada pelos problemas de mobilidade, violência e de moradia precária, tríade que qualifica a natureza do acesso à terra urbana desvalorizada, isto é, a terra periférica.

O elemento periférico diferenciou os debates sobre a questão urbana no Brasil daqueles realizados em outros países, ainda que estes lhes tenham servido de influência, a exemplo da escola francesa de sociologia urbana a partir do final dos anos de 1960. A recepção das teses sobre a questão urbana tendeu à síntese, com sua consequente adaptação à realidade brasileira (TAVOLARI, 2016). A crescente precariedade das condições de vida associada à formação das periferias demonstrava que, no país, a questão urbana passava necessariamente pela dimensão da desigualdade e da marginalidade sociais, o que aproxima os conceitos de metropolização e de periferização, que se entende, em sentido estrito, como a expansão das cidades com base em cíclicos assentamentos periféricos, geralmente em loteamentos informais e por parte da população de baixa renda no contexto capitalista de competição por localizações nas cidades (SANTOS, POLIDORI et al, 2017).

Um dos pioneiros da sociologia urbana brasileira, Lúcio Kowarick (1979) concebeu nossas metrópoles como a face espacial do "subdesenvolvimento industrializado". Kowarick esteve bastante influenciado pelos debates econômicos sobre desenvolvimento e sobre dependência, que atingiram seu ápice durante o período militar. De acordo com o autor, o regime autoritário viabilizou o acentuado grau de exploração do trabalhador e impediu a reação social à precariedade das condições de vida, circunstância que está na base de seu conceito de "espoliação urbana", o qual coloca a questão da marginalidade e, em particular, o trabalho informal como elementos definidores do capitalismo periférico. Atenta à origem estrutural dessas condições, Ermínia Maricato (1996, p. 14-15) refere-se a essa etapa de modernização do território brasileiro como uma "modernização com exclusão", tendo a industrialização sido processada como "desenvolvimento moderno do atraso". A autora concebe a formação da cidade periférica como produto da "industrialização dos baixos salários", que passou por um pacto de dominação elitista.

Apesar da transição demográfica experimentada pelo país a partir dos anos de 1980 e das mudanças na taxa de crescimento das pequenas, médias e das grandes cidades, as periferias permanecem como as áreas que concentram as más condições de vida no espaço urbano (MARQUES, 2019). Em tempos mais recentes, a relativa melhora de índices que medem a situação de vulnerabilidade social e urbana (IPEA, 2017) ainda não é capaz de representar a mudança na ordem dos fatores que, do ponto de vista histórico, têm concorrido para o estabelecimento do padrão de expansão das cidades brasileiras, isto é, para a urbanização periférica (MARICATO, 2014; ROLNIK, 2015; SANTOS, A. E CRUZ, 2018).

3. ORGANIZAÇÃO ESPACIAL E O DUALISMO CENTRO-PERIFERIA

No âmbito da urbanização periférica, as relações entre áreas centrais e periféricas revela-se como divisão socioespacial, justamente por compreender amplas contradições classistas. O centro passa a ser concebido como lócus de onde se projeta influência sociopolítica e econômica, constituindo parâmetro para a reprodução cultural. A capacidade de influência e o ambiente construído das áreas centrais favorecem a formação de meios de inovação, a partir da sinergia proporcionada pela concentração de elementos produtivos no espaço urbano, como o capital humano e financeiro. A consequência disso é a caracterização da periferia como lugar daquilo que não exerce influência, isto é, espaço de residência dos mais pobres, de comunidades fragmentadas e incapazes de gerar capital social, de unidades fabris de baixa tecnologia, de serviços que requerem menor qualificação profissional e que têm menor rentabilidade.

A oposição binária entre centro e periferia, não obstante, precisa ser necessariamente relativizada ao tratarmos do espaço urbano. Processos como o da suburbanização e mesmo o da periurbanização[4] demonstram a possibilidade de formação de espaços relativamente autônomos ao centro de influência e que, do ponto de vista das condições de vida e do acesso às comodidades urbanas, pouco ou nada deixariam de apresentar em face das áreas centrais. Esses espaços constituiriam, por exemplo, as chamadas "centralidades periféricas" (MARCHAL E STÉBÉ, 2014), cujo debate tende à superação do dualismo centro-periferia conforme foi compreendido por Henri Lefebvre (1970)[5].

A despeito disso, a ausência de densidade urbana em centralidades periféricas pode resultar, no caso concreto, em uma recuperação da relação binária centro-periferia. Essa constatação é importante para que se possa distinguir

---

[4] O conceito refere-se à formação de áreas periurbanas, que são regiões equivalentes aos subúrbios ou às periferias de uma grande cidade; no entanto, a constatação de que a periurbanização, gerada pelo *urban sprawl* ou expansão urbana, pode ser acompanhada pelo aumento do número de centralidades invalidaria análises que se limitam à oposição binária entre centro e periferia.

[5] Ao trabalhar os conceitos de explosão e de implosão da cidade industrial, Lefebvre preocupou-se com a divisão sócioespacial gerada pela cidade industrial, cujo crescimento implicava uma experiência de vida periférica que se dissociava do conjunto de valores e de comodidades presentes, sobretudo, em centros de antiga ocupação. Daí vem sua ideia sobre o direito à cidade como direito à vida urbana, uma vida que se concretiza no "coração" da sociedade urbana, isto é, em suas centralidades, espaço de reprodução da vida urbana. Assim, o pensamento de Lefebvre acolhe a relação binária entre centro e periferia, que há muito serve de parâmetro para refletir sobre relações de dependência em diversos campos do conhecimento.

processos de periurbanização brasileiros daqueles que soem ocorrer em países desenvolvidos, uma vez que maiores níveis de desigualdade socioespacial tendem a inibir o desenvolvimento de "centralidades concretas" em regiões não centrais, isto é, centralidades periféricas de alta densidade urbana.

De toda sorte, na realidade brasileira, o desafio é lidar com a problemática relativa à urbanização periférica. A significativa assimetria das condições de vida entre regiões centrais e periféricas, por ser paradigmática, denota a excepcionalidade, por exemplo, de experiências como as dos loteamentos ou dos bairros voltados à população de maior renda em periferias. Como padrão do crescimento urbano, a urbanização periférica reflete não apenas as contradições classistas, mas também um processo de organização das relações econômicas que conduz à desigualdade mediante uma complexa divisão técnica do espaço (CORRÊA, 2000). Nesse sentido, se a *explosão* da cidade industrial pode ser entendida como o processo de alastramento do tecido urbano por todo o território, por outro lado, sua *implosão* pressupõe a reinvenção dos próprios centros, em processo que reafirma atributos da vida urbana e que reconfigura centralidades, hierarquias e comandos em um espaço que se pretende globalmente urbanizado (MONTE-MÓR, 2006).

De acordo com Roberto Lobato Corrêa (2000, p. 28-46), a organização espacial das atividades socioeconômicas constitui o outro lado da produção do espaço, reproduzindo as características da sociedade que a gerou, como o modo de desenvolvimento das forças produtivas, a forma dominante das relações sociais, assim como as interações entre a própria sociedade com as instituições existentes. A assimetria das condições sociais determina, por exemplo, a dinâmica de estabelecimento de centralidades urbanas; a dispersão ou a concentração espacial da indústria; o desenvolvimento de serviços de alto valor agregado ou do "circuito inferior da economia"; a instalação de órgãos públicos, centros universitários e de infraestrutura urbana; os assentamentos residenciais.

Um aspecto a ser destacado é a desigual atuação do capital sobre o espaço urbano, que reflete significativamente o diferencial das condições produtivas e de acesso aos círculos de poder. O impacto da capacidade econômico-financeira de grandes corporações, incluindo preferências pessoais dos empresários, também precisa ser ressaltado. Além disso, a existência de estruturas oligopolísticas em importantes setores do mercado tende a acentuar a socialização de custos privados derivados da atividade produtiva, o que tem significativas conexões com a problemática da renda fundiária urbana. No que se refere à intervenção estatal, ela está longe de caracterizar-se como neutra e não raramente ocorre em consonância com interesses prevalecentes da sociedade, agenciados por aqueles setores que dispõem de melhores condições de influência sobre o processo político.

No que se refere à relação entre concentração e desconcentração produtiva no contexto da organização do espaço urbano, o processo que ocorre em nível regional e nacional, também é experimentado em nível local. Se, de um lado, a formação de "subcentros comerciais" ou de "centralidades periféricas", especialmente o circuito inferior da economia, vincula-se à evolução demográfica, de outro, ela está conectada às necessidades do próprio capital de realizar uma desconcentração relativa, em que o capital excedente se rearticula em áreas periféricas que demonstram vantagens produtivas. Apesar disso, dificilmente áreas centrais e dinâmicas deixam de constituir o núcleo da produção, reafirmando, em outras bases, as relações de dependência entre centro e periferia. Por outro lado, a incidência do setor informal nas periferias, assim como do pequeno capital, também contribui para reproduzir um tipo de organização espacial que irá refletir os principais determinantes de sua condição em termos humanos, materiais e tecnológicos.

A reflexão crítica sobre a organização espacial das atividades econômicas, portanto, apresenta importância fundamental para pensar a transformação da estrutura de desigualdades que tem marcado o processo de expansão das cidades, trazendo à luz o debate sobre a política e o planejamento urbano-territorial em grandes municípios. A realidade das periferias urbanas insere-se no contexto de busca por mecanismos que possam, de um lado, auxiliar a reversão das condições de dependência e de vulnerabilidade social, que, no espaço urbano, se concentram precisamente nessas localidades; de outro, compensar falhas de mercado.

4. DESENVOLVIMENTO URBANO E DESENVOLVIMENTO PERIFÉRICO: EMPREENDEDORISMO, COMPETITIVIDADE E DEPENDÊNCIA

O fim dos *anos dourados* do capitalismo ensejou duas tendências de reformas que se tornariam bastante ascendentes nas últimas décadas do século

XX, estendendo-se à atualidade: de um lado, a superação do keynesianismo e do Estado de bem-estar pelo modelo neoliberal; de outro, a substituição da produção fordista pela pós-fordista. Nos países desenvolvidos, em especial, políticas comerciais protecionistas passaram a ser suplantadas pelo incentivo às inovações tecnológicas, como meio de gerar competitividade comercial e de aumentar a lucratividade. No atual estágio da evolução capitalista, pois, a competitividade econômico-comercial está diretamente relacionada ao nível de dotação tecnológica e humana de cada localidade, refletindo aquilo que se convencionou chamar de "economia do conhecimento".

Novas teorias econômicas, como as teorias do crescimento e a nova geografia econômica, trouxeram contribuições fundamentais, especialmente por abordarem aspectos que foram total ou parcialmente negligenciados pelos economistas clássicos, como a ênfase em tecnologia e a importância das noções sobre tempo e espaço. Nesse contexto, vertentes teóricas desenvolvimentistas, que basearam processos de modernização de tipo industrial na segunda metade do último século, foram gradualmente superadas, como ocorreu com o estruturalismo e as teorias da dependência.

Apesar da ascendência do modelo liberal, teorias econômicas como as "abordagens institucionais" e a "abordagem das capacidades" continuam a conceber importantes funções para a ação do Estado no processo de desenvolvimento econômico, desde que a atuação estatal esteja orientada para o acúmulo de tecnologia e de conhecimento, sendo esse um dos aspectos que diferencia essas abordagens das estratégias desenvolvimentistas do século XX[6]. Na atualidade, o desenvolvimentismo contrasta com mudanças ocorridas nas capacidades decisórias das administrações públicas, cada vez mais pressionadas pela necessidade de transparência, eficiência alocativa e de controle social (MAZZUCATO, 2013; GILPIN, 2016).

O desenvolvimento de periferias urbanas, portanto, passa pela consideração dos novos desafios que surgem da dinâmica subjacente ao estágio

---

[6] As políticas desenvolvimentistas ficariam conhecidas como aquelas que têm objetivos ambiciosos e expectativas de transformação do status quo em curto prazo (GOMIDES E PIRES, 2014); e o Estado desenvolvimentista, como o tipo de organização sociopolítica que pretende transformar rápida e permanentemente sua colocação no ranking global de países (SCHNEIDER, 2014).

capitalista, que tende a oferecer vantagens comparativas às áreas e às populações que protagonizam as relações socioeconômicas, em prejuízo daquelas que têm participação acessória ou mesmo que apresentam dinâmica à margem da economia principal.

A seu turno, as reformas do modelo produtivo e do próprio Estado, iniciadas em países desenvolvidos a partir dos anos de 1970, repercutiram sobre as estratégias de desenvolvimento urbano que passaram a ser adotadas nas décadas seguintes. A passagem do administrativismo ao empreendedorismo (HARVEY, 2005) é exemplo disso, evidenciando os limites do planejamento urbano ortodoxo no novo cenário. Uma das características do processo flexível de acumulação capitalista foi a emergência das cidades como importantes atores no capitalismo mundial, dada a condição privilegiada de promotores do desenvolvimento urbano. A chamada "agenda local" reforça o empreendedorismo, apoiando-se em parcerias público-privadas como solução para as maiores restrições orçamentárias de entes locais. Nesse contexto, o ambiente construído é tido como um ativo para as instituições financeiras, que investem, desinvestem ou redirecionam capital de acordo com o diferencial de rendimentos.

O Brasil não escapou às dinâmicas do chamado processo de financeirização do espaço urbano, o qual impacta as estruturas socioeconômicas de maneira abrangente (BONICENHA, 2017). Consolidou-se no país um "complexo imobiliário-financeiro" (ROLNIK, 2015), o qual se mostra incapaz de reverter o histórico déficit de moradia popular, que consiste em um dos principais fatores da própria urbanização periférica. Mas isso não pode ser inteiramente surpreendente. A ênfase conferida às estratégias de regeneração urbana, que contém essa lógica financeira, acentua a dualidade centro-periferia; afinal, o empreendedorismo tende a negligenciar as questões de fundo da problemática urbana, mediante um tipo de planejamento, chamado estratégico, que operacionaliza a atuação das instituições públicas locais às condições tidas como ideais à inserção internacional competitiva, à atração de investimentos e, em última análise, à consolidação da política urbana (COMPANS, 2005).

O foco empreendedorista na economia política do lugar, e não na do território, implica a ausência de prioridades quanto ao campo social nas ações de exploração econômica, que tendem a voltar-se aos chamados portfólios urbanos ou focos de interesse do capital produtivo e financeiro, como centros comerciais e unidades imobiliárias direcionadas às classes de média e de alta renda. O expressivo impacto do liberalismo e do empreendedorismo na dinâmica das políticas urbanas implementadas não deve ser menosprezado, constituindo aspecto que responde por limitações ao programa jurídico-urbanístico constitucional.

5. REFORMA URBANA E A CONSTITUIÇÃO DA ORDEM JURÍDICO-URBANÍSTICA NO BRASIL

A "urbanização da sociedade", a rediscussão acadêmica sobre a questão urbana e a crescente deterioração das condições de vida nas cidades revigorou, em meados dos anos de 1970, a luta por uma reforma urbana como reação ao conjunto de vulnerabilidades e de injustiças sociais. Proeminente no processo de redemocratização, o movimento destacou-se, de um lado, por vincular a reforma urbana ao ideário do direito à cidade, de caráter redistributivista e universalista em relação ao produto social; de outro, por defender um dispositivo constitucional que reconfigurasse o sistema de planejamento urbano para o enfrentamento dos problemas da urbanização periférica.

Apesar do contrarreformismo de alguns setores, o movimento pela reforma urbana contribuiu decisivamente para o capítulo sobre política urbana da Constituição, que funcionalizou socialmente a propriedade urbana e a cidade[7]. Ao regulamentar os artigos 182 e 183 constitucionais, o Estatuto da Cidade consolidou as bases do ambiente institucional relativo às políticas urbanas no Brasil, tomando-se por ambiente institucional o conjunto de regras gerais que fundamentam o funcionamento dos sistemas político, econômico e social (GOMIDE E PIRES, 2014, p. 19). Como lei geral do urbanismo, o ambiente institucional estabelecido pelo Estatuto é complementado por outras leis e atos normativos, uma vez respeitadas as respectivas competências dos entes federados,

---

[7] Para Edésio Fernandes (2006, p. 18), três eixos de reformas jurídico-políticas foram estabelecidos pela nova Constituição, particularmente quanto à gestão urbana: o da renovação da democracia, mediante o direito coletivo à participação popular; da descentralização dos processos decisórios, em consonância com a elevação dos municípios à condição de entes federativos; e o eixo de um novo arcabouço jurídico-administrativo que viabiliza o surgimento de novas formas de atuação conjunta entre os setores público e privado, como viriam a ser os casos da operação urbana consorciada e da outorga onerosa do direito de construir.

não sendo demasiado reiterar que os municípios têm predominância de interesses quanto aos assuntos locais.

Não obstante, as expectativas positivas geradas pelos avanços jurídico-urbanísticos têm sido revertidas por sentimento de crescente frustração diante da significativa falta de eficácia e mesmo de efetividade (respectivamente, a não geração de resultados esperados e a não implementação) do quadro urbanístico institucional que foi consolidado nas últimas três décadas e com o qual se esperava fazer avançar a agenda da reforma urbana (MARICATO, 2011; CALDAS, 2015; SANTOS, A., 2017). Ainda que melhorias nas condições de vida das grandes cidades tenham sido verificadas, o sentimento de frustração explica-se pela continuidade e, em alguns casos, até pelo agravamento da questão urbana, na medida em que, em termos estruturais, permanecem as tendências de reprodução da urbanização periférica.

Desafios técnicos, financeiros e mesmo federativos relacionam-se, sem sombra de dúvidas, à situação de significativa ineficácia ou até de inefetividade do quadro urbanístico que foi consolidado (GOMIDE E PIRES, 2014; SANTOS, A. 2017). Sem embargo, outro conjunto de aspectos costuma receber menor atenção, embora se encontrem na base da dinâmica de poder que compreende o processo de elaboração e de implementação de políticas públicas, inclusive daquelas que operacionalizam instrumentos urbanísticos. Esses aspectos evidenciam os limites de uma perspectiva ortodoxa e funcionalista sobre a instrumentação da ação pública e sobre a atividade urbanística de modo geral, uma perspectiva que pretende segregar a política urbana à esfera técnico-burocrática, como se ela não tratasse de uma realidade atravessada por padrões institucionalizados de comportamento da sociedade (PERISSINOTTO, 2004; LASCOUMES E LE GALÈS, 2007).

É preciso enfatizar a presença de uma tradição jurídica civilista que dificulta a realização do potencial da função social da propriedade urbana (FERNANDES, 2006); do elitismo das classes hegemônicas, que esvazia as instâncias de democracia participativa e naturaliza, por meio de uma racionalidade de mercado, a ampla dimensão alcançada pela segregação socioespacial (SANTOS E AVRITZER, 2002); o anacronismo de uma ainda ampla perspectiva modernista sobre o Urbanismo, que inscreve as conformidades urbanísticas no referencial de eticidade da vida urbana (MAGALHÃES, 2013); e a continuidade de uma "gramática política brasileira", que, ao evidenciar uma transição capitalista incompleta pelo país, é responsável por preservar privilégios comumente confundidos com direitos meritocráticos e padrões de comportamentos que aumentam as possibilidades de corrupção urbanística, como o clientelismo, o corporativismo e o insulamento burocrático (NUNES, 2003; PRESTES, 2018).

Com efeito, esses aspectos impactam sobremaneira as possibilidades de efetividade e de eficácia de instrumentos urbanísticos, em particular aqueles que foram pensados como meio de induzir o desenvolvimento socioeconômico e de equilibrar as cidades. Não sem razão, parte da literatura relativa à temática urbana passou a ressaltar que a solução para a crise urbana é essencialmente *política* (HARVEY, 2012).

Partindo do viés institucionalista, é oportuno lembrar que o êxito de políticas de desenvolvimento não pode ser relacionado apenas ao ambiente institucional a que elas se encontram vinculadas, sendo necessário viabilizar arranjos institucionais eficazes para esse fim também, porque esses arranjos definem a forma concreta por meio da qual as políticas públicas operam, uma vez referenciadas pelo ambiente institucional (GOMIDE E PIRES, 2014)[8]. De acordo com essa perspectiva, os arranjos institucionais determinam a capacidade estatal de implementar políticas públicas, que, em regimes democráticos, pode ser: i. burocrática, no sentido weberiano, associada à dimensão técnico-administrativa; ii. política, que consiste no aspecto da negociação e da interlocução da burocracia com a sociedade civil. Para Gomide e Pires (2014), as capacidades políticas têm a função de legitimar a atuação estatal em regimes democráticos, na medida em que rompem o insulamento burocrático e tecnicista, respondendo, de maneira significativa, pela possibilidade de eficácia das políticas públicas[9].

---

[8] Os arranjos institucionais consistem no "conjunto de regras, mecanismos e processos que definem a forma particular como se coordenam atores e interesses na implementação de uma política pública específica" (GOMIDE E PIRES, 2014, p. 19). Tais arranjos proporcionam o enfoque analítico acerca do processo de implementação de políticas públicas, evidenciando, no campo político-administrativo, as interações entre os diferentes agentes, instituições e a burocracia estatal, como ocorre no âmbito das contratações públicas ou mesmo das operações urbanas consorciadas.

[9] A concepção de capacidades políticas, associada ao conceito de arranjos institucionais, sustenta a noção de que a maior abertura da burocracia estatal à participação e ao controle sociais auxiliam o

6. O CASO DA OPERAÇÃO URBANA CONSORCIADA À LUZ DO DESENVOLVIMENTO PERIFÉRICO

Diante da complexidade dos desafios de gestão e de governança urbanas, cumpre analisar o instrumental de política urbana do Estatuto da Cidade a partir de uma perspectiva que considere o desenvolvimento socioeconômico das periferias intramunicipais. Em seu art. 4º, o Estatuto enumera instrumentos que têm especial relevância à análise sobre o desenvolvimento periférico com base na atuação dos entes municipais, como é o caso da operação urbana consorciada (OUC), que remonta a experiências institucionais dos anos de 1980[10].

Prevista nos artigos 32, 33, 34 e 34-A do Estatuto da Cidade, a OUC é definida como conjunto de intervenções e de medidas de caráter urbanístico que, coordenado pelo poder público, contará com a participação da sociedade no processo de sua formulação, execução e de seu controle, com o objetivo de alcançar transformações urbanísticas estruturais, melhorias sociais e valorização ambiental em determinada área da cidade. O ânimo quanto a essa forma de parceria público-privada sempre respondeu às limitações da política de zoneamento, ao quadro de carência de recursos públicos para financiar a política urbana e ao avanço de concepções que defendem o controle do potencial construtivo pelo poder público para recuperar parte da valorização imobiliária.

O Estatuto estabelece a necessidade de determinar uma área específica do território municipal que será objeto da OUC, de modo que a operacionalização do instrumento passa não apenas por uma parceria público-privada, mas também pela aprovação legislativa de um *projeto urbano*, em conformidade com o macroplanejamento municipal, que trate sobre as

---

processo de implementação de políticas públicas, sobretudo no que se refere à superação de problemas e à geração de inovações. A pluralidade, nos processos decisórios, ampliaria a qualidade e a legitimidade das políticas públicas; o consenso acerca das ações a serem realizadas, por exemplo, facilitaria a própria execução dessas ações, ao passo em que decisões tomadas sem o alcance desse consenso poderiam enfrentar, na fase executória, óbices significativos à sua eficiência e à sua eficácia.

[10] Sua própria denominação como *operação urbana* permite relacionar a OUC a experiências jurídico-políticas passadas, estrangeiras e nacionais, como foi o caso das operações urbanas interligadas e integradas do município de São Paulo (OLBERTZ, 2011).

intervenções a serem executadas na área objeto da OUC. Assim como ocorria com as operações urbanas integradas e interligadas, o principal mecanismo pensado para induzir o desenvolvimento da área objeto da OUC consiste na possibilidade de manejo de parâmetros urbanísticos em prol dos parceiros privados. A essa superveniência de uma regulação urbanística especial atribui-se a capacidade de gerar a autossuficiência econômico-financeira das operações urbanas consorciadas, precisamente porque o gozo da flexibilização da legislação urbanística pressupõe a realização de contrapartidas do setor privado, as quais devem, por força da lei, serem revertidas exclusivamente para o perímetro da própria operação.

Não obstante, esse mecanismo de indução aos investidores privados tem-se revelado insuficiente. Conforme a experiência com as antigas operações urbanas demonstrou (MARICATO E FERREIRA, 2003; FIX, 2004), o pressuposto sistêmico para a atração de investimentos privados para a área objeto da OUC é, sobretudo, a expectativa de mercado quanto à rentabilidade da exploração da área da operação. Essas expectativas estão conectadas à própria dinâmica do mercado imobiliário, cujo funcionamento independe, em grande medida, do real impacto financeiro da regulação urbanística associada às operações urbanas.

Nesses termos, o custo de oportunidade de investimentos realizados em uma OUC que se encontre em uma periferia pode simplesmente ser superior ao custo de oportunidade dos investimentos feitos em áreas centrais ou em centralidades de alta densidade urbana, com ou seu o benefício da flexibilização da legislação urbanística. Por esse motivo, as operações urbanas tendem a concentrar-se onde existe interesse do mercado, como as áreas de expansão do mercado imobiliário (FIX, 2004). Afinal, os cálculos de risco e de retorno que, ao cabo, condicionam o investimento privado representam óbice considerável para que o instrumento da OUC possa apresentar-se, com eficácia, nas grandes periferias inframunicipais.

Constatou-se, com a prática das operações urbanas, que a realidade da "gramática política brasileira" (NUNES, 2003) também constitui obstáculo para que esse instrumento urbanístico seja realmente autossuficiente do ponto de vista financeiro e, mais do que isso, para que ele possa representar uma alternativa concreta de desenvolvimento periférico nas grandes cidades. Uma das justificativas apresentadas quanto a esse instrumento é o de que o aumento de inversões privadas nos perímetros da OUC, ao tornar desnecessário o investimento público nessas áreas, habilitaria o poder público municipal a utilizar o excedente financeiro, daí derivado, em outras regiões da cidade.

Apesar disso, a pretensa autossuficiência da OUC deve ser questionada, mediante a evidência de que, com frequência, o poder público financia obras estruturantes nas áreas compreendidas pelas operações urbanas tanto antes como após a aprovação do instrumento, como forma de tornar a própria operação mais atrativa[11]. Ademais, a incapacidade estatal de assegurar contrapartidas do setor privado por benefícios concedidos como estímulo às atividades privadas marca a história do planejamento brasileiro, não devendo surpreender que a OUC também se revela problemática nesse aspecto.

Os efeitos regressivos da concentração de recursos públicos e privados nas áreas e no entorno de operações urbanas devem ser ressaltados. As operações urbanas compreendem articulações institucionais que colocam o poder público na posição de principal responsável pelos riscos da operação, o que pode ocorrer, ao menos, de duas formas. Em primeiro lugar, em decorrência do insucesso do projeto, a despeito de eventuais investimentos que o poder público tenha realizado com recursos próprios para estimular o investimento privado na área que é objeto da operação, incluindo ações prévias de urbanização. Em segundo, em razão de mecanismos financeiros associados à emissão de títulos mobiliários, de acordo com o previsto no art. 34 do Estatuto da Cidade. A emissão desses títulos, chamados certificados de potencial adicional de construção (CEPAC), foi pensada como meio de dinamizar as possibilidades de financiamento das operações urbanas, seja por ampliar as possibilidades de negociação do potencial adicional construtivo, seja porque os recursos provenientes da venda de CEPAC também precisam ser aplicados na área objeto da operação.

---

[11] Mariana Fix (2004, p. 03) referiu-se a essas intervenções, financiadas com recursos públicos, como "âncoras" ou "projeto motor" das operações urbanas. Laisa E. M. Stroher (2017, p. 469) destaca que, na década de 1990, 85% dos investimentos públicos voltados à infraestrutura urbana no município de São Paulo concentrou-se na própria área abrangida pelas operações Faria Lima e Água Espraiada ou em seu entorno imediato.

Apesar disso, as consequências da inserção da OUC no chamado complexo financeiro-imobiliário não podem ser ignoradas. Na condição de título mobiliário, o CEPAC somente será exitoso caso ele seja valorizável. A ausência de perspectiva de rentabilidade compromete a viabilidade do título, o que reforça o pressuposto sistêmico de funcionamento da OUC: a existência de interesse de investimento por parte do mercado, sem o qual não existirá parceria público-privada. A preocupação com a rentabilidade do CEPAC exacerba lógicas decorrentes da relação entre a esfera pública e a economia, como a constatação de que um elevado número de restrições normativas induz à fuga dos agentes privados ou à procura por brechas regulatórias (PINHEIRO E SADDI, 2005). O efeito disso sobre o espaço urbano tende a ser o relaxamento da legislação urbanística em termos mais abrangentes do que os que foram planejados durante a elaboração do projeto da OUC.

O quadro de vulnerabilidade socioeconômica das periferias urbanas constitui, ademais, elemento determinante da rentabilidade desses títulos mobiliários, uma vez que a proximidade da população de baixa renda constitui fator de desvalorização imobiliária (MARICATO E FERREIRA, 2002, p. 09). Por fim, há estímulo à socialização de custos por meio de despesas públicas voltadas à valorização dos títulos mobiliários, especialmente à vista das conexões entre o uso especulativo desses certificados e as pressões agenciadas por setores mais influentes da sociedade. Não se deve ignorar também que as operações urbanas exigem ativa participação da máquina pública, que tende a ficar comprometida com operações realizadas em áreas valorizadas das cidades.

Nesse sentido, apontamos a existência de uma relação diretamente proporcional entre 1. os custos de oportunidade associados aos investimentos privados nas operações urbanas consorciadas e 2. a distância da área objeto da operação consorciada relativamente às regiões dotadas de maior dinamismo econômico ou que se constituem como vetores da expansão do mercado imobiliário. Essa constatação decorre da lógica de mercado em um sistema capitalista. A consequência dessa relação é o desestímulo, de natureza econômica, à ocorrência de operações urbanas consorciadas nas periferias inframunicipais, sobretudo diante dos razoáveis limites, com vistas ao interesse social, que se devem impor ao manejo da legislação urbanística para a atração de investimentos privados.

Não obstante, na sociedade brasileira, essa relação de proporcionalidade tende a acentuar-se, quando se considera o padrão prevalecente de comportamento entre agentes públicos e privados, marcado por práticas clientelistas e corporativistas e pelo insulamento da burocracia estatal. O padrão histórico de interações entre as instituições políticas e a sociedade brasileira torna não apenas incerto, como improvável que o instrumental da OUC constitua alternativa viável de indução do desenvolvimento socioeconômico das periferias.

Em alusão à teoria dos jogos da Economia, é improvável que agentes de mercado tenham como estratégia ótima o gozo dos incentivos existentes em OUCs realizadas nas periferias urbanas, se o padrão de interações entre a sociedade civil e as instituições políticas do país facilita, por meio da influência sobre o setor público, o gozo de benefícios semelhantes, mas com menores custos de oportunidade, em OUCs realizadas em regiões economicamente dinâmicas ou de expansão imobiliária. Nesse caso, portanto, a matriz de *payoffs*, isto é, o conjunto de opções, de benefícios e de recompensas dos jogadores, é claramente desfavorável à eficácia das operações urbanas consorciadas realizadas nas periferias. As fragilidades regulatórias, assim como as de controle e de participação social tendem a ampliar a capacidade de setores hegemônicos e com grande poder de mercado de fazerem valer seus interesses no processo de formulação e de execução de políticas públicas, sobretudo se considerarmos o pressuposto institucionalista de que os agentes privados são oportunistas na busca pela redução de custos transacionais.

Esse quadro demonstra que as OUCs são aplicadas, no Brasil, em circunstâncias particularíssimas, que decorrem do processo de formação histórica do país. Naturalmente, as características marcantes da "gramática política" não ocorrem da mesma maneira em todos os municípios, variando sua intensidade e sua complexidade, conforme variem aspectos locais, como a localização regional, a rede de influências urbanas em que essas cidades se inserem, as dimensões territoriais e demográficas, assim como o processo interativo entre instituições formais e informais.

Uma particularidade da sociedade brasileira quanto ao uso de instrumentos baseados na parceria público-privada, como as operações urbanas, é o grau de vulnerabilidade socioeconômica que marca as periferias, grau que não encontra paralelos entre países desenvolvidos que utilizam ou que utilizaram o tipo de estratégia de desenvolvimento urbano subjacente a essas operações. Em outras palavras: no que se refere à funcionalidade das instituições formais do país, que incluem os instrumentos urbanísticos, a pobreza urbana pode ser significativamente distorcida. Assim sendo, as possibilidades de eficácia das OUCs para o desenvolvimento das periferias, precisa ser seriamente questionada em face de uma dinâmica sistêmica que tende a gerar a concentração de investimentos públicos e privados em áreas centrais ou em centralidades com significativo dinamismo econômico ou que se constituam como vetores de expansão do mercado, acarretando efeitos regressivos para áreas periféricas[12].

7. CONSIDERAÇÕES FINAIS

A proposta do trabalho foi a de investigar condições gerais de eficácia de um instrumento urbanístico como fator para o desenvolvimento urbano periférico. Nesses termos, foi possível verificar que o impacto de aspectos institucionais, inclusive sociopolíticos, que contribuem para a ineficácia da operação urbana consorciada (OUC) é exacerbado pela falta de competitividade estrutural das periferias, quando comparadas ao sentido concêntrico dos investimentos e da dinâmica produtiva no espaço urbano. Em quase vinte anos desde que prevista pelo Estatuto da Cidade, a OUC ainda não foi utilizada como instrumento de indução direta de desenvolvimento das periferias. No contexto sociopolítico e econômico em que têm sido utilizadas, e a depender de suas específicas regulações, as OUCs apresentam-se potencialmente funcionais apenas para áreas que correspondem a seu pressuposto sistêmico de funcionamento; assim sendo, é preciso situar esse instrumento de política urbana como mecanismo de indução de investimentos para áreas não periféricas das cidades, afastando uma compreensão errônea segundo a qual, da utilização dos instrumentos de política urbana do Estatuto da Cidade, decorrem necessariamente benefícios para toda a cidade.

Da análise realizada, verificou-se que a utilização de CEPACS reforça o pressuposto sistêmico de funcionamento das OUCs, que é a existência de interesse de investimento por parte do mercado, sem o qual não existirá parceria público-privada. Isso significa, na prática, a concentração das operações em áreas

---

[12] A análise que realizamos sobre OUCs atualmente em vigor, nos dois maiores municípios do país, corroboram essas conclusões (CRUZ, 2019).

dotadas de maior dinamismo econômico relativo ou que se constituam como vetores de expansão do mercado imobiliário. A obrigatoriedade de utilização das contrapartidas privadas no perímetro que é objeto das OUCs apresenta ainda um caráter regressivo à luz das necessidades de desenvolvimento das periferias.

Por certo, existem índices alarmantes de pobreza fora das periferias urbanas, isto é, em áreas onde a OUC apresenta-se viável e pode vir a constituir fator de desenvolvimento econômico, o que ajudaria a atenuar, em alguma medida, os índices de vulnerabilidade social nessas localidades e, em termos absolutos, de toda a cidade; não obstante, os efeitos regressivos da utilização desse instrumento contribuirão para a reprodução do paradigma da urbanização periférica nas cidades que ainda se expandem horizontalmente. Apesar disso, haja vista que o poder público, ao se valer das operações urbanas consorciadas, não está obrigado a exigir contrapartida em forma financeira nem a utilizar a outorga de direito adicional de construção como mecanismo de atração de investimentos privados, é possível cogitar usos alternativos para a OUC, sobretudo em contexto de aperfeiçoamento do controle social no processo de regulação e de execução desse instrumento.

Por fim, podem ser considerados como desafios remanescentes da utilização da OUC: a) efetivos mecanismos de participação e de controle social; b) ampliação de desenhos institucionais que gerem maior impacto e redistribuição espacial da captação de mais-valias; c) a projeção da periferia como efetiva categoria de análise e de referência no processo de revigoramento da democracia participativa e do exercício das capacidades políticas em arranjos institucionais; d) instituir uma regulação alternativa que, não descaracterizando a OUC como outros instrumentos, como a outorga onerosa do direito de construir, viabilize seu uso não regressivo à luz das necessidades de desenvolvimento periférico.

REFERÊNCIAS BIBLIOGRÁFICAS:

BONICENHA, Rodrigo Cardoso. Financeirização e Território: uma revisão da literatura recente. **ANPUR**. São Paulo, 2017.

BUCCI, Maria Paula D. Notas para uma metodologia jurídica de análise de políticas públicas. In: FORTINI, C., ESTEVES, J. C., DIAS, M. T. F. (orgs.). **Políticas Públicas: possibilidades e limites**. Belo Horizonte: Editora Fórum, 2008, p. 225-260.

CALDAS, Maria Fernandes. **Política urbana, ação governamental e a utopia da reforma urbana no Brasil** [manuscrito] / Maria Fernandes Caldas. Belo Horizonte: UFMG, 2015.

COMPANS, Rose. **Empreendedorismo urbano: entre o discurso e a prática**. São Paulo: Editora UNESP, 2005.

CORRÊA, Roberto Lobato. **Região e organização espacial**. São Paulo: Ática, 2000.

CRUZ, Carlos Eduardo de S. **Desenvolvimento e Periferia: análise sobre possibilidades de eficácia de instrumentos de política urbana em periferias intramunicipais**. Dissertação de Mestrado [manuscrito]. Rio de Janeiro: UERJ, 2019.

______. Análise sobre a eficácia da operação urbana consorciada e da outorga onerosa do direito de construir para o desenvolvimento de periferias intramunicipais. **Revista GeoUERJ**, n. 36, Rio de Janeiro, 2020.

FERNANDES, Edésio. A nova ordem jurídico-urbanística no Brasil. In: Betânia Alfonsin; Edésio Fernandes (orgs.). **Direito Urbanístico: estudos brasileiros e internacionais**. Belo Horizonte: Del Rey, 2006, pp. 3-21.

FIX, Mariana. **A "fórmula mágica" da parceria público-privada: operações urbanas em São Paulo**. Urbanismo: dossiê São Paulo-Rio de Janeiro. Campinas, PUCCAMP/PROURB, 2004, p. 185-198.

GILPIN, Robert. **The political economy of International Relations**. Princeton: Princeton University Press, 2016.

GOMIDE, Alexandre de Ávila; PIRES, Roberto Rocha C. Capacidade estatais e democracia: a abordagem dos arranjos institucionais para análise de políticas públicas. In:

A. A. Gomide; R. C. Pires (ed.). **Capacidade estatais e democracia: arranjos institucionais de políticas públicas**. Brasília: IPEA, 2014, p. 15-31.

HARVEY, David. **A Produção Capitalista do Espaço**. São Paulo: Annablume, 2005.

IPEA. **Atlas da Vulnerabilidade Social**. 2017. Disponível em: <http://ivs.ipea.gov.br/index.php/pt/sobre>. Acesso em: 12 jun. de 2019.

KOWARICK, Lúcio. **A espoliação urbana**. Rio de Janeiro: Paz e Terra, 1979.

LASCOUMES, Pierre, LE GALÈS, Patrick. Introduction: Understanding Public Policy through Its Instruments: From the Nature of Instruments to the Sociology of Public Policy Instrumentation. In **Governance: An International Journal of Policy, Administration, and Institutions**, vol. 20, n. 1, 2007, pp. 1-21.

LEFEBVRE, Henri. **La Révolution urbaine**. Paris: Gallimard, 1970.

MAGALHÃES, Alex. **O Direito das Favelas**. Rio de Janeiro: Letra Capital, 2013.

MARCHAL, Hervé; STÉBÉ, Jean-Marc. From the city to crumbling urbanism: Beyond centre/periphery dualism. A re-Examination of Henri Lefebvre's concept of centrality. In: Gülçin Erdi-Lelandais (org.). **Understanding the city: Henri Lefebvre and Urban Studies**. New Castle: Cambridge Scholars Publishing, 2014, pp. 117-139.

MARICATO, Ermínia. **Metrópole na periferia do capitalismo: ilegalidade, desigualdade e violência**. São Paulo: Hucitec, 1996.

______. **O impasse da política urbana no Brasil**. Petrópolis: Vozes, 2014.

MARICATO, Ermínia; FERREIRA, João Sette Whitaker. **Operação Urbana Consorciada: diversificação urbanística participativa ou aprofundamento da desigualdade?** In: Letícia Marques Osório (org.). Estatuto da Cidade e reforma urbana: novas perspectivas para as cidades brasileiras. Porto Alegre: Sergio Antonio Fabris Editor, 2002.

MARQUES, Eduardo C., BICHIR, Renata M. Estado e Espaço Urbano: revisitando criticamente as explicações sobre as políticas urbanas. **Rev. Sociologia Política**, n. 16, 2001, pp. 9-29.

MARQUES, Eduardo C. Housing and Urban Conditions in Brazil. In: Martha Arretche (ed.). **Paths of inequality in Brazil: A Half-Century of Changes**. Cham, Springer, 2019.

MAZZUCATO, Mariana. **The Entrepreneurial State: debunking public vs. private sector myths**. London: Anthem, 2013.

MONTE-MÓR, Roberto Luís. **O que é o urbano?** 2006. Disponível em: <http://www.cedeplar.ufmg.br/pesquisas/td/TD%20281.pdf>. Acesso em: 06 jun. 2019.

NUNES, Edson. **A gramática política no Brasil: clientelismo e insulamento burocrático**. Rio de Janeiro: Jorge Zahar, 2003.

OLBERTZ, Karlin. **Operação Urbana Consorciada** [manuscrito] / Karlin Olbertz. São Paulo: USP, 2011.

PERISSINOTTO, Renato Monseff. Política e sociedade: por uma volta à sociologia política. Florianópolis: **Política & Sociedade: Revista de sociologia política**, v. 3, n. 5, 2004, p: 203-232.

PINHEIRO, Armando Castelar; SADDI, Jairo. **Direito, Economia e Mercados**. Rio de Janeiro: Elsevier, 2005.

PRESTES, Vanesca Buzelato. **Corrupção urbanística: da ausência de diferenciação entre Direito e Política no Brasil**. Belo Horizonte: Fórum, 2018, pp. 145-182.

ROLNIK, Raquel. **Guerra dos lugares: a colonização da terra e da moradia na era das finanças**. São Paulo: Boitempo, 2015.

SANTOS, A. P.; POLIDORI, M. C.; PERES, O. M.; SARAIVA, M. V. O Lugar dos Pobres nas Cidades: explorações teóricas sobre a integração da periferização e pobreza na produção do espaço urbano. **Revista Brasileira de Gestão Urbana**, 2017.

SANTOS, Boaventura de Sousa; AVRITZER, Leonardo. **Para ampliar o cânone democrático.** In: Boaventura de Sousa Santos (org.). Democratizar a democracia: os caminhos da democracia participativa. Rio de Janeiro: Civilização Brasileira, 2002, pp. 39-82.

SANTOS, Angela Moulin Simões Penalva. **Política urbana no contexto federativo brasileiro: aspectos institucionais e financeiros**. Rio de Janeiro: EdUERJ, 2017.

SANTOS, Angela M. S. Penalva; CRUZ, Carlos Eduardo de S. Regularização Fundiária: de seu avanço institucional à reprodução crescente do problema que a originou. In: Arícia Fernandes Correia. In: CORREIA, Arícia F. (org.), **Direito da Regularização Fundiária Urbana Sustentável: pesquisa, teoria e prática sobre a Lei Federal n. 13.465/2017**. Juiz de Fora: Editar, 2018, pp. 35-53.

SCHNEIDER, Ben R. O Estado desenvolvimentista no Brasil: perspectivas históricas e comparadas. In: A. A. Gomide; R. C. Pires (ed.). **Capacidades estatais e democracia: arranjos institucionais de políticas públicas**. Brasília: IPEA, 2014, pp. 31-56.

STROHER, Laisa Eleonora Maróstica. **Operações urbanas consorciadas com Cepac: uma face da constituição do complexo imobiliário-financeiro no Brasil?** Caderno da Metrópole, São Paulo, v. 19, n. 39, pp. 455-477, maio/ago 2017.

TAVOLARI, Bianca. Direito à Cidade: uma trajetória conceitual. **Novos Estudos - Cebrap**, n. 104, 2016, pp. 93-109.

VILLAÇA, Flávio. **Espaço intra-urbano no Brasil**. São Paulo: Studio Nobel, 1998.

CIDADE E PATRIMÔNIO CULTURAL: A EVOLUÇÃO DE UM CONCEITO

CITY AND CULTURAL HERITAGE: THE EVOLUTION OF A CONCEPT

Thiago Serpa Erthal[1]

Resumo: O presente artigo tem por objetivo apontar a evolução do conceito de patrimônio cultural no Brasil. A partir de ampla revisão bibliográfica, aponta-se como essa definição foi se desenvolvendo em âmbito internacional, em especial com as premissas teóricas e práticas fixadas a partir da Revolução Francesa. Em seguida, analisa-se a influência do movimento modernista na instituição dessa política pública no Brasil e a subsequente superação desse paradigma teórico em favor da noção de referência cultural. Como resultado, aponta-se algumas consequências positivas dessa mutação definicional e se indica como isso pode também impactar no conhecido déficit de gestão dos bens culturais acautelados pelo Estado.

Palavras-chave: Cidade. Patrimônio Cultural. Conceito. Evolução.

Abstract: This article aims to point out the evolution of the concept of cultural heritage in Brazil. From an extensive bibliographical review, it is pointed out how this definition was developed internationally, especially with the theoretical and practical premises established after the French Revolution. Then, it analyzes the

---

[1] Doutor em Direito da Cidade pela Universidade do Estado do Rio de Janeiro (UERJ). Procurador Federal naAdvocacia-Geral da União (AGU).

influence of the modernist movement in the institution of this public policy in Brazil and the subsequent overcoming of this theoretical paradigm in favor of the notion of cultural reference. As a result, it points out some positive consequences of this definitional mutation and indicates how this can also impact the well-known deficit in the management of cultural goods taken care of by the State.

Keywords: City. Cultural heritage. Concept. Evolution.

1. INTRODUÇÃO

O presente artigo tem por objetivo apontar a evolução do conceito de patrimônio cultural no Brasil, desde sua origem na sociedade moderna e pós-moderna ocidental até sua consolidação em âmbito interno marcada pela promulgação da Constituição Federal de 1988, notadamente através de seu art. 216.

Para tanto, a pesquisa empreendida tomou por base a revisão da bibliografia existente sobre o assunto. O primeiro capítulo abordou a inter-relação entre cidade e patrimônio cultural para, em seguida, apontar os valores internacionalmente reconhecidos nas duas principais escolas de pensamento que ainda hoje influenciam a proteção patrimonial respectivamente nos países de origem anglo-saxã e da Europa ocidental.

No capítulo subsequente, indicou-se a influência do movimento modernista na instituição dessa política pública nacional e como as premissas teóricas então consolidadas foram sendo progressivamente substituídas pela perspectiva da referência cultural. A conclusão obtida foi que, no nível conceitual, o atual paradigma teórico amplia o conceito de patrimônio cultural para abranger todos os grupos formadores da sociedade brasileira, com as consequências positivas e negativas daí advindas.

2. CIDADE E PATRIMÔNIO CULTURAL

Cidade é um termo que admite diversos significados, por vezes sendo entendida como sinônimo de um município específico ou de um aglomerado de pessoas em torno de serviços de infraestrutura. Outro sentido que se lhe pode atribuir é o de "projeção da sociedade sobre um local", abrangendo todas as complexas relações sociais inerentes a esse conceito, dentre elas as singularidades da vida urbana, os modos de viver, enfim, o *habitar* propriamente dito[2].

Para Henri Lefebvre, *habitar* é participar de uma vida social, de uma comunidade, aldeia ou cidade, e não apenas residir em determinada localidade. A simples moradia, descompromissada e dessocializada, chamada por ele de *habitat*, seria decorrência de uma estratégia de classe que, ao mesmo tempo em que permite maior acesso à propriedade privada, principalmente nos subúrbios, segrega os usos e aliena o homem da vida pública[3].

A redução do *habitar* para o *habitat* retira do citadino a condição de cidadão. Ele reside em um local, trabalha em outro e o lazer muitas vezes pressupõe uma viagem para uma terceira localidade. Isso reduz sobremaneira o senso de pertencimento social, a ideia de acolhimento por uma comunidade, de compartilhamento de valores e de fortalecimento dos vínculos sociais que marcam a vida urbana.

Nessa esteira é que, tomada no sentido de projeção da sociedade sobre um local, do *habitar* propriamente dito, cidade e patrimônio cultural estão intimamente conectados. Desde o reconhecimento histórico do núcleo urbano de Ouro Preto como Monumento Nacional às atuais discussões sobre gestão participativa do Cais do Valongo e ocupação do solo urbano marginal, há sempre um complexo emaranhado de relações sociais, políticas e econômicas envolvidas, que ora pesam para um lado, ora para outro, e progressivamente vão moldando a dinâmica do tecido urbano.

Com efeito, patrimônio cultural é uma expressão que deriva do conceito de cultura, mas cujo sentido não pode ser confundido. Patrimônio, em sua origem, estava ligado diretamente ao conceito de herança. Resultado da associação de duas palavras – *pater*, pai; e *monium*, recebido –, sua acepção é resultado e ao

---

[2] LEFEBVRE, Henri. *O direito à cidade*. São Paulo: Centauro, 2001, p. 62.

[3] Ibid., p. 23. Conforme ressalva do próprio autor, estratégia de classe não deve ser entendida como uma sequência de atos coordenados, planificados para atingir um objetivo. Cuida-se muitas vezes de conduta inconsciente e de boa-fé, mas que termina por perenizar e até mesmo acirrar a desigualdade.

mesmo tempo pressuposto de uma sociedade econômica e juridicamente estável, enraizada no espaço e no tempo.

O termo isolado permeia praticamente todas as esferas jurídicas, mas os adjetivos que lhe qualificam (genético, natural, histórico etc.) muitas vezes o fazem de maneira tão intensa que chegam a torná-lo "nômade"[4]. Essa significação e ressignificação – decorrente da qualificação do termo patrimônio – passa pelo direito, arquitetura, histórica, sociologia, antropologia, arqueologia, paleontologia, geografia, biologia e tantas outras áreas de pensamento.

Para o que aqui interessa, patrimônio histórico é uma expressão que designava[5] uma universalidade destinada ao usufruto de uma comunidade que se ampliou a dimensões planetárias, constituída pela acumulação contínua de uma diversidade de objetos que secongregam por seu passado comum[6]. Significa olhar para a história através de símbolos, não necessariamente de palavras, de forma a manter viva determinada cultura.

A adjetivação institucional de patrimônio pelos termos histórico, artístico e cultural é relativamente recente. Mas isso não significa que não se possam identificar origens históricas não institucionalizadas dessa atividade. Em uma das principais obras sobre o tema, Francoise Choay aponta dois períodos que antecederam essa consagração do patrimônio histórico como atividade organizada: a fase "antiguizante" do *quattrocento* e a época dos antiquários[7].

---

[4] Sobre a ideia de conceitos nômades, que migram de uma ciência à outra, cf. STENGERS, Isabelle. *D'unescience à l'autre*: Des concepts nomades. Paris: Éditions du Seuil, 1987.
[5] O verbo foi utilizado no pretérito imperfeito ante as mutações que ainda serão apontadas.
[6] CHOAY, Françoise. *A alegoria do patrimônio*. 6. ed. São Paulo: UNESP, 2017, p. 11.
[7] Ibid., p. 31-94

Segundo a autora, numerosos depoimentos permitiriam fixar por volta de 1430 o excepcional despertar do olhar distanciado e esteta, despojado das paixões medievais, que, pousado sobre os edifícios antigos, transformar-nos-iam em objetos de reflexão e contemplação.

Assim, após um movimento iniciado especialmente na Itália, na segunda metade do século XIV, os anos subsequentes marcaram uma primeira conceituação da história como disciplina e da arte como atividade autônoma, ambos requisitos para a posterior compreensão do monumento histórico (e artístico) em sua acepção moderna e pós-moderna.

Naquele momento, os monumentos antigos eram vistos não a partir de um possível simbolismo do passado ou à luz de padrões estéticos, mas sim como verdadeiras pedreiras, ou seja, fonte de matéria-prima para subsidiar as novas construções. Nesse sentido, veja-se a descrição feita pelo humanista Poggio Bracciolini do cenário que então se observava:

> Há uma abundância quase infinita de edifícios, às vezes esplêndidos, de palácios, de residências, de túmulos e de ornamentos diversos, mas completamente em ruínas. É uma vergonha e uma abominação ver os pórfiros e os mármores arrancados de seus antigos edifícios e transformados continuamente em cal. A situação presente é bem triste, e a beleza de Roma está sendo destruída[1].

Alguns exemplos dessa prática são notórios. Dentre eles, sabe-se que a Catedral de São Pedro foi construída com mármore retirado do Coliseu e, mais tarde, o material da antiga Basílica foi utilizado para a edificação da nova São Pedro. O resultado sobre o monumento vilipendiado é sentido no relato de Flavio Biondo:

> Ao lado do Capitólio e diante do Fórum fica o pórtico de um templo da Concórdia que, quando vim pela primeira vez a Roma, vi quase inteiro, faltando-lhe apenas os revestimentos de mármores. Depois, os romanos reduziram-no totalmente a cal e demoliram esse pórtico, deitando-lhe por terra suas colunas[2].

---

[1] Citado por MÜNTZ, E. *Les Arts à la cour des papes pendant le XVe et XVIe siècle*, 3 vol., Paris: Thorin 1878-1882, Vol. 1, De Martin V à Pie VII (1417-1464), *apud* CHOAY, op. cit., p. 52-53.
[2] Ibid., p. 53.

A igreja católica, que em diversas oportunidades destruiu monumentos antigos para viabilizar suas próprias construções, teve também papel crucial nessa mudança de atitude. Sucessivos papas adotaram medidas normativas – como a publicação da bula *Cum alman nosran urbem* em 1462 – e práticas visando à conservação dos monumentos históricos. Dentre essas últimas, e retomando o exemplo citado acima, Pio II mandou substituir o Coliseu por Carrara como centro de exploração de mármore.

Esse movimento capitaneado pela igreja católica não foi linear, contando com avançose retrocessos, e não se confunde com a prática preservacionista como hoje se entende. Um dos pontos principais dessa distinção diz respeito ao distanciamento temporal entre sujeito e objeto, sendo certo que a conservação monumental do *quattrocento* pressupunha um considerável lapso entre a prática de preservação e o período de edificação. Por isso a denominação de fase "antiguizante", em que só o antigo era valorizado.

Essa primeira fase, orientada pelo humanismo italiano, representou uma mudança paradigmática de tratamento dos monumentos históricos (e artísticos), mas ainda assim a representatividade desses objetos no relato dos fatos pretéritos era hierarquicamente inferior se comparada aos escritos da época. Entre a interpretação contemporânea dada a um monumentoe o registro escrito, a história sempre era contada a partir desse, não daquela.

Essa hierarquização, porém, foi colocada em xeque por um grupo de eruditos que levavam adiante pesquisas meticulosas e pacientes, os chamados antiquários[3]. Esses eruditos passaram a desconfiar dos livros, em especial aqueles escritos por historiadores gregos e latinos, que podiam conter interpretações tendenciosas e quiçá inverídicas dos fatos. Para os antiquários, não só os objetos não têm como mentir sobre sua época, como também dão informações originais sobre tudo o que os escritores da antiguidade deixaram de relatar.

Essa diferenciação de fontes originais e derivadas, hoje plenamente aceita pelos historiadores, permitiu aos antiquários – pessoas das mais distintas origens,

---

[3] Para aprofundamento sobre as diferenças metodológicas e finalísticas entre historiadores e antiquários, cf. MOMIGLIANO, Arnaldo. Ancient history and the antiquarian. *Journal of the Warburg and Courtauld Institutes,*London, v. 13, n. 3-4, p. 285-315, 1950.

classe social, nacionalidade etc. – contestar a história escrita e até então indiscriminadamente aceita. Naturalmente, isso também catapultou a importância da arqueologia, numismática e tantas outras áreas de saber, que passaram a fornecer material para confirmação ou reinterpretação dos fatos. Como não poderia deixar de ser, também os monumentos deixaram de ser vistos como fontes historiográficas inferiores.

Não obstante a relevância dessas nomeadas fases, foi a revolução francesa que marcou o início da política pública como hoje se entende, não mais de maneira fragmentária e por vezes assistemática, mas sim sob as premissas atualmente adotadas. Como se sabe, o movimento eclodiu como uma contraposição da sociedade civil – notadamente da burguesia – ao governo do rei Luís XVI e aos privilégios do alto clero da aristocracia feudal. Os anos que se seguiram foram conturbados e revelaram uma disputa de forças na consolidação do novo sistema políticoe dos ideais que o norteariam, ora prevalecendo pensamentos mais radicais, ora conservadores.

Com efeito, ainda que em proporções diferentes, a destruição e pilhagem de monumentos não foi novidade da revolução francesa, seja sob a perspectiva de eliminação simbólica ou para fins exclusivamente práticos (por exemplo, coleta de matéria prima). O que diferenciou esse movimento daqueles que lhe precederam foi exatamente o conjunto de medidas institucionais adotadas para evitar essa prática.

Nessa esteira, uma medida paradigmática merece referência, qual seja, a disponibilização dos bens do clero aos interesses da nação, em outubro de 1789. Essa transferência de propriedade e perda brutal de destinação não tinha antecedente e trouxeram problemas também sem precedentes[4]. Mais do que isso, num momento em que a propriedade se consolidava como um direito individual quase intocável, criava-se também uma ideia de Estado-nação que até mesmo a ela se sobrepunha.

O patrimônio histórico e artístico ganhava *status* de riqueza nacional, um valor primário que era devolvido ao povo para identificá-lo e gerenciá-lo,

---

[4] CHOAY, op. cit., p. 98.

notadamente através de seus representantes. Nesse contexto é que se criou a famosa Comissão dos Monumentos, que em primeiro lugar teria a incumbência de *tombar*[5] as diferentes categorias de bens recuperados pela Nação. Em seguida, caber-lhe-ia inventariar e estabelecer o estado de conservação dessesbens e retirá-los provisoriamente de circulação, para guarda e controle.

No que tange aos bens móveis, a Comissão determinou sua guarda em museus nacionais, como o Museu do Louvre, inaugurado em 1793. Quanto aos imóveis, os problemas de gestão adquiriram outra escala, afinal, o governo então instaurado não dispunha de estruturatécnica, humana e financeira para se substituir aos proprietários, seja na conservação dos edifícios ou mesmo na atribuição de uso compatível com as características da construção.

Daí a necessidade de se construir um instrumento intermediário – com facetas públicas e privadas – que permitisse a salvaguarda desses bens imóveis tanto contra atos de vandalismodeclarado, como da ausência deliberada ou não de conservação, que culminaria no mesmo resultado destrutivo. Nesse contexto é que a preservação do patrimônio histórico começa a ser visto como uma atividade eminentemente técnica, tendência que se consolida nos séculos seguintes, e passa a ser exercida de forma distanciada, técnico-científica, imparcial, pretensamente liberta de concepções ideológicas ou estilísticas.

Tem-se, com isso, também uma necessidade de sistematização teórico-conceitual objetiva do que comporia essa categoria. No primeiro momento, essa formatação girou em torno do primeiro e fundamental aspecto: o valor nacional. Esse era o critério básico de seleção dos bens a serem objeto de especial proteção, tanto contra a destruição direta (conservaçãoprimária) como indireta (secundária), havendo por mais de um século norteado a atuação das políticas públicas nesse campo específico.

Foi somente no final do século XIX e início do século XX que esse quadro veio a ser mitigado. Atribui-se a Alois Riegl as bases teóricas daquilo que viria a ser conhecido como uma teoria dos valores[6]. Para o historiador austríaco, todo

---

[5] Em francês, o termo utilizado foi *classement*, cuja tradução literal seria *classificação*

[6] RIEGL, Alois. *O culto moderno dos monumentos*: a sua essência e a sua origem. São Paulo: Perspectiva, 2014[1903].

monumento teria necessariamente uma dimensão histórica e uma estética. No entanto, a primeira faceta seria predominante sobre a segunda, na medida em que chamamos de histórico tudo que foi, e hoje não é mais. Por isso, não haveria que se falar em monumento artístico, mas sempre em monumento histórico.

Essa premissa põe em xeque uma noção advinda do Renascimento de que as dimensões históricas e artísticas estariam imbricadas, mas com prevalência dessa sobre aquela. E, ao propor tal inversão, Riegl enfraquece a ideia de universalismo, ou seja, da existência de um cânone artístico ideal, objetivo e universalmente válido. Para ele, o aspecto histórico dos monumentos na modernidade abrangeria

> o interesse de todos, mesmo por fatos e acontecimentos os mais insignificantes de povos separados da nossa própria nação por inconciliáveis diferenças de características; um interesse pela história da humanidade, na qual reconhecemos cada indivíduo em particular como parte de nós mesmos[7].

Esse relativismo inovador permitiu ao autor apontar, além dos conhecidos valores histórico e de arte, também valores de antiguidade, de memória (ou comemoração) e de uso, todos ligados a uma noção de tempo transcorrido, de dinâmica da relação entre sujeito e objeto, em contraposição à perspectiva estática até então predominante.

Especificamente quanto ao valor de antiguidade (ou ancianidade), preconizado por Riegl ainda em 1903, sua introdução ao campo do patrimônio resultou em uma significativa ampliação desse conceito. Em razão disso, notadamente no segundo pós-guerra, passaram a ser identificados bens ligados a uma "história esquecida", é dizer, aqueles pertinentes a grupos sociais minoritários – escravos, operários, camponeses, imigrantes etc. – e que até então eram obliviados da história oficial da nação.

Essa ampliação conceitual – que leva à superposição entre as noções de bem patrimoniale bem cultural – não se deu independente de críticas. Nessa toada, para Chastel e Babelon, a ideia de patrimônio não poderia ser dissociada de uma

---

[7] RIEGL, op. cit., p. 41.

sacralidade que só os grandes monumentos podem provocar[8]. E, com esse ceticismo, os autores chegam até mesmo a contestar a existência de "novos patrimônios", inclusive quanto à extensão dessa categoria aos países do então chamado Terceiro Mundo.

Retornando à teoria dos valores de Riegl, na apresentação da tradução da obra para a língua portuguesa, a pesquisadora Annateresa Frabris explica que, apesar de não declarado notexto, o historiador austríaco tinha por alvo o arquiteto francês Eugène Emannuel Viollet-le- Duc, defensor da prática da restauração integral, que, ao apagar do monumento as marcas do tempo, acabava criando obras fictícias[9].

De fato, o final do século XIX foi marcado pela contraposição de duas principais teoriasda conservação: a francesa, capitaneada por Viollet-le-Duc[10]; e a inglesa, aduzidaprincipalmente pelo crítico de arte John Ruskin[11]. Essa oposição influenciou e continua influenciando as práticas institucionalizadas e não institucionalizadas de preservação do patrimônio.

Com efeito, Ruskin via na arquitetura uma maneira de conservar o passado, não apenas no tocante à sua produção material, mas também em suas virtudes morais. Ele propunha um não intervencionismo radical, chegando mesmo a afirmar que:

> A maior glória de um edifício não está nas suas pedras ou ouro. Está em sua idade e naquele profundo sentido de discurso, de severa vigilância, de misteriosa simpatia, oumelhor, mesmo de aprovação ou condenação, que sentimos em paredes há muito lavadas pelas ondas passageiras da humanidade. [...] Não falemos então de restauração. Restauração é uma mentira do início ao fim[12].

---

[8] CHASTEL, André; BABELON, Jean-Pierre. La notion de patrimoine. *Revue de l'Art*, Paris, n. 49, p. 5-32,1980.

[9] FABRIS, Annateresa. *Os valores do monumento*. In: RIEGL, op. cit., pp. 9-21.

[10] VIOLLET-LE-DUC, Eugène. *L'Écletisme raisonné*. Choix de textes et préface de Bruno Foucart. Paris:Denoèl, 1984.

[11] RUSKIN, John. *The seven lamps of architecture*. Londres: J. M. Durst & Sons Ltd., New York: E. D. Button& Co. Inc., 1956.

[12] RUSKIN, op. cit, p. 172. Tradução livre do original: "The greatest glory of a building is not in its stones, or in its gold. Its glory is in its Age, and in that deep sense of voicefulness, of stern

Para o crítico inglês, os vestígios do passado eram relíquias, valiam em si mesmo como objetos sagrados, insubstituíveis, e, exatamente por isso, também intocáveis. Não nos pertenceriam, mas sim em parte àqueles que os construíram e em outra às futuras gerações. Daí porque não caberia à sociedade alterá-los, mas sim fruir de sua existência em seu estado naturale permitir que os outros também o fizessem.

Por outro lado, Viollet-le-Duc propunha que a arquitetura mirasse, a partir de critérios técnicos, em monumentos ideais que podiam até mesmo diferir do projeto original. Nas suas palavras, "restaurar um edifício não é mantê-lo, repará-lo ou refazê-lo, é restaurá-lo a um estadocompleto que pode nunca ter existido em um determinado momento"[13].

Essa definição do termo restauração, constante em seu dicionário, é uma caracterização eloquente de sua teoria. Enquanto Ruskin acreditava que os monumentos deveriam ser conservados em seu estado original, mesmo quanto às marcas do tempo, o arquiteto francês propunha que o papel do restaurador seria tão importante quanto – ou até mais que – o do criador.

Essa contraposição de ideias, associada a outros fatores históricos, consolidou dois modelos de política de conservação: o modelo anglo-saxão, com o apoio de associações civis, voltado para o culto do passado e para a valoração ético-estética dos monumentos; e o modelofrancês, estatal e centralizador, que se desenvolveu em torno da noção de patrimônio, de forma planificada e regulamentada, visando ao atendimento de interesses políticos do Estado[14].

Essas escolas ainda hoje influenciam a proteção patrimonial respectivamente nos paísesde origem anglo-saxã e da Europa ocidental, tendo esse último sido exportado para os países latino-americanos, notadamente para o

---

watching, of mysterious sympathy,nay, even of approval or condemnation, which we feel in walls that have long been washed by the passing wavesof humanity. [...] Do not let us talk then of restoration. The thing is a Lie from beginning to end.".

[13] VIOLLET-LE-DUC, Eugène. *Dictionnaire raisonné de l'architecture française du XI au XVI siècle*. Paris, Morel et Co., 1854-1868. Tradução livre do original: "Restaurer un édifice, ce n'est pas l'entretenir, le réparer oule refaire, c'est le rétablir dans un état complet qui peut n'avoir jamais existé à un moment donné.".

[14] Nesse sentido, cf. FONSECA, Maria Cecília Londres. *O Patrimônio em processo*: trajetória da política federalde preservação no Brasil. 4. ed. Rio de Janeiro: Editora UFRJ, 2017, p. 63.

Brasil. A partir desses conceitos e contexto é que se passa a estudar o surgimento e evolução dessa política pública em âmbito nacional.

3. DO MOVIMENTO MODERNISTA À REFERÊNCIA CULTURAL

No Brasil, a política pública de proteção do patrimônio histórico e artístico tem marco jurídico-histórico bem definido: a edição do Decreto-lei nº 25, de 30 de novembro de 1937.

Para a compreensão do contexto que permitiu essa normatização, há que se analisar dois fatos contemporâneos e imbricados, quais sejam, o movimento modernista e a instauração do EstadoNovo.

O modernismo foi uma tendência artístico-cultural surgida na primeira metade do séculoXX, que se manifestou em diversos campos das artes, tais como a pintura, literatura, e arquitetura, dentre outros. No início do século XX, o mundo testemunhou mudanças assombrosas. A Europa estava mergulhada no caos político do pós-primeira guerra mundial e da Revolução Russa de 1917. A tecnologia disparava mudanças aceleradas e profundas, transformando agrário em industrial, rural em urbano.

Os artistas procuravam novas formas para expressar essas e outras reviravoltas. Nesse contexto é que o modernismo – como síntese dos diversos movimentos surgidos no mundo ocidental – trouxe a ruptura mais radical até hoje experimentada no campo da arte. No Brasil, ele se deu como um misto dos extremos vivenciados no México e na Argentina, adotando feições simultaneamente nacionalistas e internacionalistas.

A percepção sensível em relação à nossa realidade local se daria, contraditoriamente, em decorrência da ampliação dos horizontes culturais pela vivência europeia dos principais expoentes nacionais dessa tendência[15], como Anita Malfatti, Oswald de Andrade, Mario de Andrade, Menotti del Picchia e Tarsila do Amaral[16].

---

[15] AMARAL, Aracy. O modernismo brasileiro e o contexto cultural dos anos 20. *Revista USP*, São Paulo, n. 94,p. 9-18, jun./ago. 2012, p. 11.

[16] Esse grupo ficou conhecido como Grupo dos Cinco que, junto com outros artistas de renome, lideraram aSemana de Arte Moderna de 1922.

Com efeito, apesar de ser reconhecido como um movimento tipicamente artístico, o modernismo se expandiu também para a seara político-ideológica e burocrática[17]. E mais, a Semana de Arte Moderna de 1922, famosa exposição comemorativa do centenário da independência do Brasil, foi um marco da expansão desse pensamento, então situado no eixo sudeste (RJ, SP e MG), para todo o Brasil.

Na oportunidade, o movimento se apresentou ao país como antiburguês, apesar de ter recebido expressivo apoio da aristocracia cafeeira paulista. Esse fato é apontado pelo próprio Mario de Andrade ao explicar o porquê de o evento ter sido feito em São Paulo, e não no Rio de Janeiro:

> Uma coisa dessas seria impossível no Rio, onde não existe aristocracia tradicional mas apenas alta burguesia riquíssima. E esta não podia encampar um movimento que lhe destruía o espírito conservador e conformista. A burguesia nunca soube perder, e é isso que a perde. Se Paulo Prado, com a sua autoridade intelectual e tradicional, tomou a peito a realização da Semana, abriu a lista das contribuições e arrastou atrás de si os seus pares aristocratas e mais alguns que a sua figura dominava, a burguesia protestou e vaiou[18].

O pensamento modernista entrou em definitivo na política e na burocracia brasileira a partir da Revolução de 1930, quando os Estados de Minas Gerais, Paraíba e Rio Grande do Sul lideraram um golpe de Estado que pôs fim à República Velha, depondo o presidente da República Washington Luís e impedindo a posse do presidente eleito Júlio Prestes. Com isso, Getúlio Vargas assumiu a chefia do governo provisório em 03 de novembro de 1930.

Já no início de seu governo, Vargas criou o Ministério dos Negócios da Educação e Saúde Pública, liderado por Francisco Campos, para tratar das questões que antes eram geridaspelo Departamento Nacional do Ensino, ligado ao Ministério da Justiça. Naquele momento, Mario de Andrade já ocupava o cargo de

---

[17] Uma análise profunda da influência do modernismo no campo político consta em RACHUM, Ilan. *The Dismantling of Brazil's Old Republic*: Early Twentieth-Century Cultural Change, Intergenerational Cleavages,and the October 1930 Revolution. New York: UPA, 2018.

[18] ANDRADE, Mário de. *Aspectos da literatura brasileira*. 4. ed. São Paulo: Martins; Brasília: INL, 1972, p.237.

diretor do Departamento de Cultura da Prefeitura de São Paulo e Lucio Costa a posição de diretor da Escola Nacional de Belas Artes.

Essa tendência se consolidou em definitivo com a nomeação de Gustavo Capanema parao Ministério da Educação e Saúde (MES), em 23 de julho de 1934, e a instauração do Estado Novo poucos anos depois, em 10 de novembro de 1937. Capanema incorporou em definitivo opensamento modernista ao MES, formando uma equipe de notáveis, encabeçada pelo seu chefede gabinete Carlos Drummond de Andrade.

Modernismo e política patrimonial, portanto, estão intrinsecamente ligados, tanto no que se refere à construção dessa atividade estatal quanto às premissas teóricas que lhe orientaram. Nesse sentido, a conjunção desse movimento intelectual com as circunstâncias político-administrativas viabilizou a criação, em 1936, na estrutura do Ministério da Educaçãoe Saúde, do Serviço do Patrimônio Histórico e Artístico Nacional (SPHAN)[19].

Para dirigir o órgão, foi nomeado Rodrigo Melo Franco de Andrade, advogado mineiro,que ficaria à frente dessa função nas três décadas seguintes, até sua aposentadoria em 1967, período que mais tarde ficaria conhecido como fase heroica. Para auxiliá-lo nessa atividade, Rodrigo M. F. de Andrade também trouxe para o SPHAN – à exemplo do que fizera Capanema - outros intelectuais modernistas, como Mario de Andrade e Lucio Costa.

Nesse contexto e apenas 20 dias depois de instaurado o Estado Novo, foi publicado o Decreto-lei (DL) nº 25, de 30 de novembro de 1937, que marca formal e normativamente o início da política patrimonial brasileira. Já em seu art. 1º, o DL nº 25/37 evidencia sua íntima relação com os ideais modernistas, ao dispor que o patrimônio histórico e artístico nacional seconstituiria pelo conjunto de bens móveis e imóveis cuja conservação fosse de interesse público, quer por sua vinculação a fatos memoráveis da história do Brasil, quer por seu excepcional valor arqueológico, etnográfico, bibliográfico ou artístico.

---

[19] O SPHAN foi formalmente incorporado à estrutura do MES através da Lei nº 378, de 13 de janeiro de 1937.

Tal diploma criou quatro categorias, dentro das quais o bem selecionado deveria se enquadrar, cada uma delas associada a um livro de tombo: (i) arqueológico, etnográfico e paisagístico; (ii) histórico; (iii) das Belas Artes; e (iv) das Artes Aplicadas. Além dessa rígida categorização, a criação de signos da cultura nacional pressupunha uma *monumentalidade* do bem acautelado, sua vinculação a fatos *memoráveis* ou *excepcional* valor arqueológico ou etnográfico, bibliográfico ou artístico[20].

O que não estava escrito no DL n° 25/1937, mas marcou essas três primeiras décadas depolítica pública, foi a absoluta preferência dada à arte erudita, notadamente à arquitetura de pedra-e-cal, que resultou na sobrevalorização do livro de tombo das belas artes em detrimentodos demais. Basta ver, por exemplo, que das 1.699 inscrições que constam atualmente na lista de bens tombados, apenas quatro são do livro de artes aplicadas[21].

Analisando esse período histórico, Fonseca observa que os critérios de seleção, autenticação e restauração dos bens que passaram a compor o patrimônio histórico e artístico nacional eram sustentados basicamente na autoridade e notório saber dos integrantes doSPHAN[22]. Por consequência, durante toda a fase heroica, prevaleceu a visão modernista do que significava patrimônio cultural e, mais especificamente, de quais bens seriam dignos deproteção direta ou indireta pelo Poder Público.

A União, portanto, manteve por pelo menos três décadas o monopólio dessa política pública, de sua concepção à execução, ainda que a Constituição Federal de 1937 já determinasse a competência material comum de todos os entes federativos[23]. E, como nessas três décadas o SPHAN foi dirigido pelo grupo de

---

[20] Apesar de já haver referências na época, em especial feitas por Mario de Andrade, o patrimônio cultural imaterial só veio a ser institucionalmente acautelado com a edição do Decreto n° 3.551, de 04 de agosto de 2000.

[21] Disponível em: <http://portal.iphan.gov.br/uploads/ckfinder/arquivos/BENS%20TOMBADOS%20E%20PROCES SOS%20EM%20ANDAMENTO%202019%20MAIO.pdf>. Acesso em: 02 set. 2019.

[22] FONSECA, op. cit., p. 114.

[23] CF/1937, Art. 134. Os monumentos históricos, artísticos e naturais, assim como as paisagens ou os locais particularmente dotados pela natureza, gozam da proteção e dos cuidados especiais da

intelectuais modernistas do eixo RJ-SP-MG, essa foi a perspectiva teórica que orientou toda a fase heroica, até a aposentadoria de Rodrigo M. F. de Andrade em 1967.

Com a aposentadoria de Rodrigo M. F. de Andrade, evidenciou-se a fragilidade institucional da Diretoria do Patrimônio Histórico e Artístico Nacional (DPHAN)[24]. Suaapregoada autonomia técnica, que de certa forma o havia deixado ao largo de disputas políticasnessas três décadas, mostrou-se fraca e associada ao carisma e trânsito político de seu até entãoúnico diretor[25].

Frente ao desafio de se reinventar, o órgão federal – através de seu novo diretor, o arquiteto Renato Soeiro – recorreu à Organização das Nações Unidas para a Educação, a Ciência e a Cultura (UNESCO) para reformular suas premissas de atuação institucional. Em resposta, a UNESCO enviou ao Brasil o inspetor principal dos monumentos franceses Michel Parent, que em duas viagens percorreu praticamente todo o território nacional para elaborar seu diagnóstico e proposta[26].

Parent observou a necessidade de compatibilização da proteção dos bens acautelados com o desenvolvimento econômico. Ao invés de isolar o monumento, propunha-se sua conservação pelo uso sustentável, em associação com duas outras políticas públicas: de fomentoao turismo e de habitação. O seguinte trecho do seu relatório é eloquente:

> Por um lado, existe um banco da Habitação, por outro um ministério de Obras Públicas e Transportes, mas não, propriamente falando, um ministério da Construção e do Urbanismo. A existência de projetos urbanísticos globais é raríssima. E, nesse ponto, a descentralização das iniciativas se traduz em uma lentidão crescente. Sem dúvida, por ter sido ao mesmo tempo o país mais bem dotado do continente americano em arquitetura tradicional e que o próprio desequilíbrio de sua expansão

---

Nação, dos Estados e dosMunicípios. Os atentados contra eles cometidos serão equiparados aos cometidos contra o patrimônio nacional.

[24] Por meio do Decreto-lei nº 8.534, de 02 de janeiro de 1946, o SPHAN foi transformado na DPHAN, mantendosuas atribuições junto ao MES.

[25] FONSECA, op. cit., p. 150.

[26] SANT'ANNA, Marcia. *Da cidade-monumento à cidade-documento*. Salvador: Oiti Editora, 2014, p. 207.

tenha deixado subsistir amplos conjuntos dessa arquitetura antiga, o Brasil detém uma riqueza arquitetônica que é, no fundo, ainda mais útil do que decorativa, mas que ao mesmo tempo também está mais ameaçada hoje pela expansão do que se pertencesse a uma esfera da cultura separada da vida cotidiana, como as jazidas arqueológicas. Para essa arquitetura, o problema é de fácil solução: é uma questão de vontade, de cota do esforço nacional a consagrar ao passado e à cultura, é uma aposta em sua rentabilidade turística; o México está resolvendo de forma exemplar esse problema, e o Peru se prepara para tanto (não que esses dois países não possuam cidades de arte, mas ofenômeno é mais restrito e secundário no contexto).[27]

Indicava-se, assim, que a política pública deveria ser executada em cooperação com outras setoriais (habitação e turismo), visando a uma compatibilização entre proteção do patrimônio cultural e o desenvolvimento econômico. Para a consecução desse objetivo, Parent propôs que a DPHAN atuasse junto com os governos dos estados para cumprir a tarefa preconizada[28].

No âmbito prático, isso se deu, dentre outras medidas, com a instituição junto à Secretaria de Planejamento da Presidência da República (SEPLAN) do Programa Integrado de Reconstrução das Cidades Históricas (PCH). Com efeito, em 1970 e 71, dois encontros de governadores – que culminaram respectivamente nos Compromissos de Brasília e Salvador – já anunciavam a proposta de atuação dos estados na política pública patrimonial.

Nesse cenário, a partir de um grupo de trabalho interministerial, a Exposição de Motivos nº 076-B, de 21 de maio de 1973, criou o PCH como um programa regional, que objetivava gerar renda para o nordeste brasileiro através do incremento da atividade turística e da conservação do patrimônio histórico nacional. Segundo Sant'anna, o universo inicial doprograma abrangia os Estados de Alagoas, Bahia, Ceará, Maranhão, Paraíba, Pernambuco, Piauí, Rio Grande do

---

[27] PARENT, Michel. Proteção e valorização do patrimônio cultural brasileiro no âmbito do desenvolvimento turístico e econômico. 1968. In: LEAL, Claudia Feierabend Baeta (Org.). *As Missões da UNESCO no Brasil*:Michel Parent. Rio de Janeiro: IPHAN, 2008, p. 160.

[28] Ibid., p. 163. Em âmbito internacional, essa proposta pode ser observada também nas Normas de Quito, publicadas em novembro/dezembro de 1967, por ocasião da reunião técnica organizada no Equador pela Organização dos Estados Americanos.

Norte e Sergipe e seus recursos foram destinados basicamente à execuçãode obras de restauração e infraestrutura turística[29].

Os recursos do PCH advinham em sua maioria do Fundo de Desenvolvimento de Programas Integrados e eram repassados pela SEPLAN sempre a fundo perdido[30]. Isso estimulou que os estados do nordeste criassem estruturas administrativas que lhe permitissem propor e executar projetos de preservação do patrimônio cultural praticamente à revelia do IPHAN[31], o que até então parecia improvável.

Nos três anos que se seguiram, o programa conseguiu criar, no nível estadual, toda umaestrutura governamental para a proteção do patrimônio cultural, incluindo finalmente os estados na execução de uma política pública cuja competência já lhe era conferida há mais de 30 anos. Data desse período a implantação de órgãos estaduais na Bahia[32], Sergipe, Alagoas, Pernambuco, Paraíba, Rio Grande do Norte, Ceará, Piauí e Maranhão.

Em 02 de fevereiro de 1977, o PCH foi estendido também para o Espírito Santo, Minas Gerais e Rio de Janeiro. Mas a Exposição de Motivos nº 024 não trouxe apenas a expansão territorial, alterou também a ênfase do programa do turismo para projetos que visassem à solução de problemas urbanos de uma maneira mais ampla. A Exposição de Motivos nº 320, de 08/11/1979, marcou em definitivo essa mudança de paradigma.

Outra iniciativa que baliza essa abertura institucional da política pública patrimonial foia criação do Centro Nacional de Referência Cultural (CNRC). No entanto, à diferença do PCH, essa estrutura não surgiu no interior da burocracia estatal, nem se propôs no primeiro momentocomo alternativa ao IPHAN. Foi fruto de encontros espontâneos de um pequeno grupo de pessoas, que se propunha a atualizar a discussão sobre a questão do patrimônio à luz de valoresmais atuais da sociedade.

---

[29] SANT'ANNA, op. cit., p. 217.
[30] Cf. Portaria SEPLAN nº 49, de 30/07/1973, que regulamentou o fundo.
[31] O Decreto nº 66.967, de 27 de julho de1970, transformou a DPHAN no IPHAN.
[32] Especificamente na Bahia, não se pode atribuir diretamente ao PCH a criação da Fundação do PatrimônioArtístico e Cultural da Bahia, eis que concretizada em 1967.

Não obstante essa origem, não tardou a que esse grupo se ressentisse de institucionalização formal. Com efeito, o grupo de trabalho para a implantação do CNRC foi estabelecido em 01/06/1975, fruto de um convênio firmado entre o Ministério da Indústria e Comércio e a Fundação Cultural do Distrito Federal, e posteriormente passaria a contar também com a SEPLAN, o Ministério da Educação e Cultura (MEC), o Ministério do Interior, o Ministério das Relações Exteriores, a Caixa Econômica Federal (CEF) e a Fundação Universidade de Brasília[33].

Desde sua gênese, o CNRC definia como seu objetivo "o traçado de um sistema referencial básico para a descrição e análise de dinâmica cultural brasileira"[34], contando para tanto com a liderança do designer gráfico Aloísio Magalhães. Já na matéria inaugural, escrita por ele, pelo ministro Severo Gomes e pelo diplomata Wladimir Murtinho, publicada na Revista Visão de 24/02/1975, apregoava-se a proposta do CNRC:

> Não [era] apenas salvar a 'memória nacional', mas compor uma instituição capaz de exercer uma atuação dinâmica no sentido de impedir que o desenvolvimento econômico acelerado atropele e esmague a identidade nacional e de fazer com que sepreservem, nesse processo, os valores da formação cultural do país.[35]

Aloísio Magalhães propunha que o Centro desenvolvesse um banco de dados onde fosse possível acessar todas as referências culturais autenticamente brasileiras, de modo a fornecer "elementos para a orientação de um processo evolutivo social, tecnológico, cultural e até mesmo econômico"[36]. E essa constatação do que era ou não autêntico seria um processo a cargo do CNRC, a partir da revelação de uma realidade sociocultural até então desconhecida.

---

[33] FERREIRA, Luiza de Cavalcanti Azeredo. *E a cultura?* O Centro Nacional de Referência Cultural e a identidade do Brasil. 2015. 132 f. Dissertação (Mestrado) – Universidade Federal do Rio de Janeiro, Instituto deCiências Humanas e Filosofia, Departamento de História, 2015, p. 57.
[34] MEC/SPHAN/FNPM. *Proteção e Revitalização do Patrimônio Cultural no Brasil*: uma trajetória. Brasília:MEC/SPHAN/FNPM, 1980.
[35] *Apud* FERREIRA, op. cit., p. 58.
[36]MAGALHÃES, Aloísio. Para a defesa da cultura, Revista Visão, 24 fev. 1975, *apud* FERREIRA, op. cit., p.60.

Em quatro anos de trabalho, o CNRC – que contava em 1977 com cerca de 50 colaboradores – desenvolveu 27 projetos, classificados dentro de seus quatro programas de estudo: Mapeamento do Artesanato Brasileiro; Levantamentos Socioculturais; História da Tecnologia e Ciência no Brasil; e Levantamentos de Documentação sobre o Brasil[37].

Sem desconsiderar a importância desses projetos, tem-se como uma das maiores contribuições do CNRC a institucionalização da ideia de referência cultural, que viria a se consolidar juridicamente com a promulgação da Constituição Federal de 1988. As referências que o CNRC se propunha a apreender eram as da cultura em sua dinâmica (produção, circulação e consumo) e em sua relação com os contextos socioeconômicos. Com isso, inseria na categoria de patrimônio aqueles bens considerados – à luz dos critérios da fase heroica – fora de sua escala de valores[38].

Essas duas iniciativas – o PCH e o CNRC – representam, sob o prisma institucional, alternativas a um único órgão centralizador da política patrimonial brasileira. Se, em 1979, ambas as estruturas foram absorvidas pela então criada Secretaria do Patrimônio Histórico e Artístico Nacional (SPHAN)[39], que passou a contar com a Fundação Nacional pró-Memória (FNpM)[40] como braço executivo, isso não obstou que as premissas práticas e teóricas fossem internalizadas na estrutura burocrática, ainda que não de forma acrítica.

Na década de 1980, a comunidade, e não mais o turismo, passou a ser o foco da atuaçãopública visando à preservação dos bens acautelados. Nessa esteira,

---

[37] ANASTASSAKIS, Zoy. *Dentro e fora da política oficial de preservação do patrimônio cultural no Brasil*: Aloísio Magalhães e o Centro Nacional de Referência Cultural. 2007. 156 f. Dissertação (Mestrado) – Universidade Federal do Rio de Janeiro, Museu Nacional, Programa de Pós-Graduação em Antropologia Social,2007, p. 98-99.

[38] FONSECA, Maria Cecília Londres. Referências Culturais: Base para novas políticas de patrimônio. In: BRASIL. *O registro do patrimônio imaterial*. Dossiê final das atividades da Comissão e do Grupo de Trabalho Patrimônio Imaterial. Brasília: MinC, 2000, p. 59-69.

[39] O IPHAN foi transformado na SPHAN através do Decreto nº 84.198, de 13 de novembro de 1979.

[40] A Lei nº 6.757, de 17 de dezembro de 1979, autorizou o Poder Executivo federal a instituir a Fundação Nacional Pró-Memória, com personalidade jurídica de direito privado, destinada a contribuir para o inventário, a classificação, a conservação, a proteção, a restauração e a revitalização dos bens de valor cultural e natural existentes no país.

logo no início da sua gestão do sistema SPHAN/FNpM, Aloísio Magalhães afirmou que a solução dos problemas de conservação do patrimônio arquitetônico residia na conscientização social. Em suas palavras, "o melhor guardião de um bem cultural é o seu dono"[41].

O tombamento do Terreiro Casa Branca do Engenho Velho, em Salvador, foi um importante marco na guinada conceitual da política patrimonial. Tendo perdido, em 1970, parte do terreno que já ocupara com a construção de um posto de gasolina, e ante a ameaça de despejo por parte do proprietário para a construção de um conjunto habitacional, em 1983 a Associação São Jorge do Engenho Velho, representante da comunidade *Ilê Axé Iyá Nassô Oká*, apresentou uma carta solicitando formalmente o tombamento do tradicional terreiro de candomblé[42].

O acautelamento desse terreiro seria impensável à luz das premissas da fase heroica, não porque os intelectuais modernistas fossem pessoalmente contra tal cultura, mas sim porque isso não comporia, na visão deles, o espectro de atuação do órgão federal. Daí porque o referido tombamento, acatado pelo Conselho Consultivo em 31 de maio de 1984, depois de acalorada discussão, consolida internamente um novo paradigma: a referência cultural.

A partir dessa concepção, tem-se uma verdadeira abertura da política patrimonial para além da arte erudita e da história oficial da nação. Indagações sobre quem teria legitimidade para selecionar o que deve ser preservado, a partir de que valores, em nome de que interesses e de que grupos, passaram a pôr em destaque a dimensão social e política de uma atividade que costumava ser vista como eminentemente técnica[43].

A ideia de referência cultural retira do objeto acautelado um suposto valor intrínseco, objetivamente revelado, e traz a máxima de que tais valores são sempre atribuídos por sujeitos particulares e em função de determinados critérios e interesses historicamente condicionados. A abertura conceitual da política

---

[41] MAGALHÃES, Aloísio. *E Triunfo?*: a questão dos bens culturais no Brasil. Rio de Janeiro: Nova Fronteira, 1985, p. 186.
[42] DOURADO, Odete. Antigas falas, novas aparências: o tombamento do Ilê Axé Iyá Nassô Oká e a preservação dos bens patrimoniais no Brasil. *Risco: Revista de Pesquisa em Arquitetura e Urbanismo (on line)*, v. 14, p. 6-19, 2011, p. 14.
[43] FONSECA, op. cit., nota 45, p. 111-112.

patrimonial era influenciada e ao mesmo tempo ecoava em um movimento muito maior.

Essa premissa teórica veio a se consolidar com a promulgação da Constituição Federal de 1988, que em seu art. 216 abandonou em definitivo a noção de patrimônio cultural fulcrada na ideia de monumentalidade e excepcionalidade – termos do próprio DL nº 25/1937 – e abraçou a premissa da referência cultural como critério determinante de seleção e acautelamento.

4. CONSIDERAÇÕES FINAIS

Com a promulgação do art. 216 da CF/88, restou consolidada, na lei máxima do ordenamento jurídico, a superação do paradigma modernista que dominou a fase heroica da política de proteção do patrimônio cultural pela noção de referência cultural apregoada, dentre outros, por Aloísio Magalhães. Com isso, tem-se um marco jurídico que conduz a duas tendências atuais.

Em primeiro lugar, tem-se uma descentralização federativa e administrativa da política pública patrimonial, com a atuação cada vez mais necessária e crescente não só do IPHAN[44] como também de outros órgãos federais, estaduais e municipais na execução dessa atividade de natureza comum, além dos demais Poderes da República (Legislativo e Judiciário).

Além disso, é possível observar também uma progressiva inclusão da sociedade civil nessa seara, não apenas influenciando a tomada de decisão político-administrativa através do voto, da participação passiva e ativa em audiências públicas, na composição de conselhos consultivos e deliberativos, na propositura de ações populares etc., mas, para o que aqui mais interessa, na execução direta de ações pertinentes, sejam específicas ou mesmo estruturais.

Contudo, se por um lado essas decorrências da evolução do conceito de patrimônio tendem a ser consideradas positivas, não se pode desconsiderar que a

---

[44] Em 1994, por meio da Medida Provisória nº 610, de 08 de setembro, a instituição recém-nominada de Instituto Brasileiro do Patrimônio Cultural (IBPC) retomou o nome IPHAN. Essa denominação e estrutura permanecem até a presente data.

ampliação definicional também aumentou significativamente o espectro de atuação do Poder Público, sem o devido aparelhamento para tanto. Daí surgiram ou foram potencializados sérios problemas de gestão dos bens culturais acautelados pelo Estado, impondo não raras vezes um desafio quase instransponível às instituições públicas, particulares e mesmo aos cidadãos envolvidos.

Em algum momento próximo, o problema da expansão conceitual acima exposto contraposta aos conhecidos déficits de gestão há de ser enfrentado. Do contrário, cidade e patrimônio cultural tenderão a se separar de maneira que onde haja proteção desse, aquela tenderá a sucumbir na burocracia e excesso de custos.

REFERÊNCIAS BIBLIOGRÁFICAS:

AMARAL, Aracy. O modernismo brasileiro e o contexto cultural dos anos 20. *Revista USP*,São Paulo, n. 94, p. 9-18, jun./ago. 2012.

ANASTASSAKIS, Zoy. *Dentro e fora da política oficial de preservação do patrimônio cultural no Brasil*: Aloísio Magalhães e o Centro Nacional de Referência Cultural. 2007. 156

f. Dissertação (Mestrado) – Universidade Federal do Rio de Janeiro, Museu Nacional, Programa de Pós-Graduação em Antropologia Social, 2007.

ANDRADE, Mário de. *Aspectos da literatura brasileira*. 4. ed. São Paulo: Martins; Brasília:INL, 1972.

CHASTEL, André; BABELON, Jean-Pierre. La notion de patrimoine. *Revue de l'Art*, Paris,n. 49, p. 5-32, 1980.

CHOAY, Françoise. *A alegoria do patrimônio*. 6. ed. São Paulo: UNESP, 2017.

DOURADO, Odete. Antigas falas, novas aparências: o tombamento do Ilê Axé Iyá Nassô Oká e a preservação dos bens patrimoniais no Brasil. *Risco: Revista de Pesquisa em Arquitetura e Urbanismo (on line)*, v. 14, p. 6-19, 2011.

FERREIRA, Luiza de Cavalcanti Azeredo. *E a cultura?* O Centro Nacional de Referência Cultural e a identidade do Brasil. 2015. 132 f. Dissertação (Mestrado) – Universidade Federaldo Rio de Janeiro, Instituto de Ciências Humanas e Filosofia, Departamento de História, 2015.

FONSECA, Maria Cecília Londres. *O Patrimônio em processo*: trajetória da política federalde preservação no Brasil. 4. ed. Rio de Janeiro: Editora UFRJ, 2017.

________. Referências Culturais: Base para novas políticas de patrimônio. In: BRASIL. *O registro do patrimônio imaterial*. Dossiê final das atividades da Comissão e do Grupo de Trabalho Patrimônio Imaterial. Brasília: MinC, 2000.

LEFEBVRE, Henri. *O direito à cidade*. São Paulo: Centauro, 2001.

MAGALHÃES, Aloísio. *E Triunfo?*: a questão dos bens culturais no Brasil. Rio de Janeiro:Nova Fronteira, 1985.

________. Para a defesa da cultura, Revista Visão, 24 fev. 1975, *apud* FERREIRA, op. cit., p.60.

MOMIGLIANO, Arnaldo. Ancient history and the antiquarian. *Journal of the Warburg andCourtauld Institutes*, London, v. 13, n. 3-4, p. 285-315, 1950.

PARENT, Michel. Proteção e valorização do patrimônio cultural brasileiro no âmbito do desenvolvimento turístico e econômico. 1968. In: LEAL, Claudia Feierabend Baeta (Org.). *AsMissões da UNESCO no Brasil*: Michel Parent. Rio de Janeiro: IPHAN, 2008.

RACHUM, Ilan. *The Dismantling of Brazil's Old Republic*: Early Twentieth-Century CulturalChange, Intergenerational Cleavages, and the October 1930 Revolution. New York: UPA, 2018.

RIEGL, Alois. *O culto moderno dos monumentos*: a sua essência e a sua origem. São Paulo:Perspectiva, 2014 [1903].

RUSKIN, John. *The seven lamps of architecture*. Londres: J. M. Durst & Sons Ltd., New York: E. D. Button & Co. Inc., 1956.

SANT'ANNA, Marcia. *Da cidade-monumento à cidade-documento*. Salvador: Oiti Editora,2014.

STENGERS, Isabelle. *D'une science à l'autre*: Des concepts nomades. Paris: Éditions du Seuil, 1987.

VIOLLET-LE-DUC, Eugène. *Dictionnaire raisonné de l'architecture française du XI au XVIsiècle*. Paris, Morel et Co., 1854-1868.

________. *L'Écletisme raisonné*. Choix de textes et préface de Bruno Foucart. Paris: Denoël,1984.

A FACE DO TECIDO URBANO E AS MAZELAS AO ACESSO À MORADIA SOCIAL: COMO O CASO DO MUNICÍPIO DE PETRÓPOLIS DESVENDA A CONSTRUÇÃO DE UMA LENDA URBANA

THE FACE OF URBAN TISSUE AND THE MALADIES REGARDING TO THE ACCESS OF SOCIAL HOUSING: AS IN THE CASE OF PETROPOLIS MUNICIPALITY UNVEILS A CONSTRUCTION OF A URBAN LEGEND.

Carmem Sílvia Matos de Magalhães[1]

Resumo: A política habitacional de interesse social sofre com as limitações de se impor a terra urbana um tratamento vil de capital a ser valorizado. Essa abordagem mercantil subjaz no Programa Minha Casa Minha Vida e tem contribuído para intensificar a periferização das cidades sob o argumento da escassez de terras nas áreas centrais. Este estudo coloca em xeque esse argumento com base em pesquisa de campo realizada na área central do município de Petrópolis (RJ), onde foram identificados imóveis ociosos edificáveis e suficientes para impactar o déficit habitacional do 1º distrito em 60%. A partir disto, e baseado no pensamento de Rolnik, Bonduki, Schimbo e Cardoso, sinaliza-se a necessidade do poder municipal conhecer profundamente o próprio tecido urbano por meio de um cadastro multifinalitário, para com isso respaldar de forma

---

[1] Mestre e doutoranda em Direito da Cidade - UERJ, advogada.

articulada e coerente o planejamento da política de moradia incluindo na sua base de dados os imóveis que não cumprem a função social da propriedade.

Palavras-chave: Política habitacional. Moradia social. Gestão municipal do território urbano

Abstract : The social interest housing policy suffers from the limitations of imposing on urban land a vile treatment of capital to be valued. This mercantile approach underlies the Minha Casa Minha Vida Program and has contributed to intensifying the peripheralization of cities under the argument of the scarcity of land in central areas. This study calls into question this argument based on field research carried out in the central area of the municipality of Petrópolis (RJ), where idle buildings that can be built and sufficient to impact the housing deficit in the 1st district by 60% were identified. From this, and based on the thought of Rolnik, Bonduki, Schimbo and Cardoso, the need for municipal authorities to deeply know the urban fabric itself through a multipurpose registry is indicated, in order to support the planning of the city in an articulated and coherent manner. housing policy including in its database the properties that do not fulfill the social function of the property.

Key-words: Housing policy. Social housing. Municipal management of urban land.

1. INTRODUÇÃO

Este artigo trata da relação entre a gestão do território e o planejamento de moradia, isto se dá a partir de um mapeamento completo do tecido urbano com o objetivo de oferecer soluções viáveis à diminuição do déficit habitacional. A construção de um cadastro com base de dados ampla e diversificada permite que o planejamento habitacional seja integrado ao conhecimento do território, e com isso, as áreas centrais, mais valorizadas em razão de sua infraestrutura e de seus serviços essenciais, seriam aproveitadas pela produção de habitação social favorecendo às camadas mais vulneráveis da população que alcançariam moradia em locais dotados com melhores equipamentos públicos.

Neste sentido, o cadastro imobiliário não deve ser visto apenas para fins de arrecadação tributária, mas sim como instrumento essencial ao conhecimento e planejamento do território urbano. Trata-se de uma condição preliminar à atuação das prefeituras na política habitacional, possibilitando a identificação dos imóveis que não estejam cumprindo sua função social e tem grande potencial à produção de moradia social.

O mapeamento multifinalitário contribui também para o protagonismo do município no desenvolvimento e crescimento da cidade, sem que este mantenha-se refém do mercado de construção, que, por sua vez, se antecipa em determinar para onde a cidade deve crescer produzindo o espaço urbano de acordo com seus empreendimentos e interesses de lucro.

Diante disto, caberia ao poder público entrar nessa produção diretamente ou por meio de mecanismos jurídicos e urbanísticos de planejamento, com o fim de interferir incisivamente no direcionamento do crescimento da cidade e seu desenvolvimento social. Se a resposta ao *déficit* habitacional restar exclusivamente nas mãos do mercado, que visa somente ao lucro, cai por terra a ideologia constitucional da função social e todas as suas conquistas.

Ressalta-se, ainda, que o direcionamento da política urbana pode influenciar na diminuição da alta dependência de recursos advindos das transferências de outros níveis governamentais. Isso fragiliza a autonomia dos municípios e estimula os administradores a desempenharem um papel passivo diante das dificuldades financeiras, aderindo a política nacional a fim de solucionar os problemas enfrentados em nível local.

Ao observar o "passo a passo" para a reestruturação da habitação social, percebe-se que esta deve ser iniciada pelos imóveis ociosos que compõem o tecido urbano já infraestruturado, a fim de aproveitar os serviços e equipamentos públicos disponíveis nas áreas centrais das cidades a camada mais vulnerável da população que sofre os desmandos de residir de forma precária e periférica.

Uma dinâmica personalizada do território permite romper com o formato único e industrial de produção de habitação social estabelecido pelo Programa Minha Casa Minha Vida (PMCMV), baseado na construção de grandes condomínios nas periferias das cidades nos moldes do antigo BNH.

A omissão do poder público em relação ao planejamento do tecido urbano relega-o ao arbítrio das construtoras que atuam no mercado imobiliário. Esta inversão de funções levou o mercado a tratar a produção de moradia social como um *grande nicho* de mercado, e por consequência as empresas do ramo passaram a protagonizar a política habitacional por meio do PMCMV, controlando a sua produção, a terra urbana, o financiamento e quem se beneficia (SCHIMBO, 2010).

Esse estudo defende que a legitimidade do planejamento urbano passa pela identificação dos imóveis ociosos como fonte de potencial fundiário essencial à construção da política de moradia social, e também que estes seriam elementos frequentes no tecido urbano, que, ao invés de aproveitados pela função social, seriam estruturados como instrumentos de especulação imobiliária, ou, simplesmente, retratam bens destituídos de funcionalidade.

Logo, buscou-se explorar essa possibilidade por meio de um estudo de caso no município de Petrópolis - Estado do Rio de Janeiro, como referência. O artigo está composto desta introdução como o primeiro capítulo. Em seguida, no segundo capítulo traçamos um breve perfil do Município de Petrópolis, destacando a sua normatização em relação à política habitacional. No terceiro, apresentamos o estudo de caso onde foram identificados imóveis ociosos em três bairros do Primeiro Distrito, área central do Município. Ao final, tece-se algumas considerações à guisa de conclusão.

2. IMÓVEIS OCIOSOS: O MUNICÍPIO DE PETRÓPOLIS COMO CASO DE REFERÊNCIA

Este artigo explora os resultados de uma pesquisa de campo realizada na cidade de Petrópolis, Região Serrana do Rio de Janeiro, com o objetivo de utilizá-la como caso de referência neste estudo. A pesquisa estabelece um parâmetro exemplificativo que possibilite demonstrar, de forma prática, a incoerência provocada pelo desconhecimento do tecido urbano da política habitacional.

Apesar da enorme importância de todos os tipos de ociosidade imobiliária apresentada no tecido urbano das cidades, a pesquisa limita-se à identificação de terrenos vagos (não construídos) nos referidos bairros centrais. Esta escolha explica-se em função da grande dificuldade em identificar o não uso ou a subutilização sem o auxílio do poder público.

2.1 Desafios da política habitacional em Petrópolis

Em 2012, o Município de Petrópolis apresentou um *déficit* quantitativo habitacional acumulado de 11.828 moradias, sendo 5.213 em assentamentos precários e 6.616 fora destes.[2] Segundo o seu Plano Local de Habitação de Interesse Social (PLHIS), elaborado no mesmo ano, estimou-se uma inadequação habitacional (qualitativa) de 21.395 domicílios com algum tipo de carência ligada a infraestrutura ou regularização fundiária, e ainda 11.568 residências classificadas como unidades de Risco Alto ou Muito Alto, em relação ao escorregamento de encostas (PETRÓPOLIS, 2012).

A situação de risco surge em razão de a cidade ter sido construída entre montanhas que apresentam um alto índice de risco geológico por condicionantes naturais, e ainda pela densa ocupação de suas encostas após a década de 1950. Esta soma de fatores transforma parte do território urbano em uma grande área de situação de risco, principalmente, aquela compreendida pelo Primeiro Distrito, local que concentra a maior parte da população (63%), cujo relevo é mais acidentado. Em que pesem as peculiaridades descritas, essa área abriga no seu tecido urbano seis favelas, classificadas como não consolidáveis, em razão do risco de desabamento das encostas, contabilizando 2.786 habitações em risco muito alto e 4.290 em risco alto, apresentando os piores níveis de risco do município (PETRÓPOLIS, 2012, p. 129 e 130).

O Plano Local de Habitação de Interesse Social (PLHIS) define uma demanda de terra de 362.625m² para combater o *déficit* de 2.994 moradias (PETRÓPOLIS, 2012, p. 153) dentro dos assentamentos precários do Primeiro Distrito. Acontece que as moradias em situação de risco situadas naquela área, segundo os dados acima apresentados, somam 7.076 residências, restando, portanto, um saldo de 4.082 moradias em risco sem respaldo no planejamento municipal.

---

[2] Plano Local de Habitação Social de Petrópolis. 2012, p. 138, 144 e 145.

A partir dos dados apresentados acima, percebe-se que a maioria dos imóveis em situação de risco não consta no planejamento de habitação do Município. Da mesma forma, não consta no PLHIS o manejo de imóveis ociosos, ou ao menos a identificação destes, para compor a política habitacional. Com isso, retira a possibilidade de incluir um importante potencial fundiário da cidade para contemplar a promoção de moradia social. Cabe salientar a existência de imóveis ociosos em áreas centrais do Primeiro Distrito, contando com infraestrutura e serviços públicos sedimentados, como adiante será demonstrado.

Parece claro que um dos elementos fundamentais para a produção de Habitação de Interesse Social é a disponibilidade de terra urbana apta a receber os empreendimentos. O PLHIS de Petrópolis define "terras aptas" como os terrenos bem localizados na cidade que possuam boa acessibilidade e suficientes equipamentos públicos para servir à população moradora. Além disso, devem apresentar uma infraestrutura urbana compatível com o adensamento que será provocado pelos novos empreendimentos habitacionais.

Observa-se que o *déficit* de moradia é uma questão urbana complexa que deve ser enfrentado com a utilização de todos os recursos locais possíveis, mas, apesar disto, o PLHIS não inclui a identificação dos imóveis ociosos como mais um mecanismo apto a compor a política habitacional. Para aproveitar o potencial fundiário do seu tecido urbano, o caminho a ser percorrido pelo poder público é a implementação de um cadastro territorial que permita a identificação dos vários tipos de imóveis ociosos que compõem o território do Município. Esta identificação facilitaria a articulação de formas personalizadas de produção do espaço urbano mais adaptadas às condições e características locais, isso contribuindo para romper com o padrão único de moradia oferecido pelo mercado e a autoconstrução desordenada das áreas urbanas.

Não é essa a experiência da política habitacional no Brasil. Nas palavras de Raquel Rolnik para o Jornal Folha de São Paulo em publicação de 05.10.2015.

> Na arquitetura das edificações predominam os "puxadinhos" ou os "edifícios-carimbo", reproduzidos *ad infinitum*, independentemente do lugar e do clima onde estão inseridos. São, de um lado, casas e comércios construídos pelos próprios moradores, de outro, no setor privado e nos programas

governamentais de habitação, são projetos elaborados não sob a lógica da qualidade arquitetônica, mas da garantia da rentabilidade do negócio frente aos valores subsidiados pelos programas e os limites de renda dos compradores.

Petrópolis revela a realidade presente em grande parte dos municípios brasileiros, isto é, uma gestão municipal que desconhece o próprio tecido urbano ao planejar sua política habitacional, e, com isso, parte de diagnósticos incompletos para executar um planejamento habitacional que frequentemente está desvinculado das condições locais da cidade. Esta dinâmica contraria o sentido da Portaria 511/09 do Ministério das Cidades que instituiudiretrizes para a criação, instituição e atualização do Cadastro Territorial Multifinalitário (CTM) nos municípios brasileiros[3] como instrumento útil à gestão pública municipal.

Como já referido, a cidade de Petrópolis possui um relevo acidentado com diferentes situações topográficas e movimentos de terra que tornam a maior parte de seu território inadequado à construção de grandes conjuntos habitacionais. Estes demandam uma paisagem uniforme, de pouca diversidade, bem diferentes da realidade territorial petropolitana, que impõe a técnica de projetos desenvolvidos especificamente para o aproveitamento do seu relevo. Com isso, observa-se uma relação de virtual impossibilidade entre a reprodução da lógica de construção de grandes condomínios e a escassez de terra adequada a este padrão que o Município oferece.

---

[3]Art. 32. A adoção de um Cadastro Territorial Multifinalitário completo e atualizado auxiliará os Municípios brasileiros a exercerem suas competências prescritas nos artigos 30 e 156 da Constituição Federal de 1988, cumprindo a função social do seu território, prevista no texto constitucional, artigos 5º, inciso XXIII, 3º, incisos I a IV, 30, inciso VIII, 170, inciso III, 182 e 183, atendendo ao princípio da igualdade, nos termos dos arts. 5º, caput e 150, inciso II da Constituição Federal de 1988.
Art. 34 O Sistema de Informações Territoriais destina-se a fornecer as informações necessárias para a utilização dos instrumentos da política urbana previstos no art. 4º da Lei 10.257, de 10 de julho de 2001 - Estatuto da Cidade.
Art. 37 A existência de um Cadastro Territorial Multifinalitário atende às Diretrizes Gerais de Política Nacional de Desenvolvimento Urbano, Diretriz No - 125 e Resoluções da 2ª e da 3ª Conferência Nacional das Cidades, instrumentalizando a construção de um "Sistema Nacional de Política Urbana", por meio das quatro vertentes: planejamento territorial; habitação; saneamento ambiental; trânsito, transporte e mobilidade urbana, com controle e participação social.

Frequentemente, o Município sofre com desabamentos provocados pelas chuvas de verão, o que resulta em graves perdas sociais e muitos desabrigados[4]. No ano de 2011, uma catástrofe assolou parte do seu território e de outros 19 municípios da Região Serrana, o que resultou em918 mortes, mas estima-se que esse número é bem superior[5]. Por sua vez, o governo municipal, rendendo-se ao PMCMV como forma de política habitacional, justificou sua inércia em produzir moradia com a verba federal disponibilizada sob o argumento de que faltavam

---

[4]**Petrópolis se desmancha: com obras paradas, município tem 27 mortos e mais 366 famílias desabrigadas**. Desde a noite de domingo, já são 498 as ocorrências registradas pela Defesa Civil. Há dois anos, 876 famílias vivem do aluguel social na cidade. O total de mortos desde a noite de domingo, em Petrópolis, chegou a 27 na tarde desta terça-feira. Ainda há cerca de 10 desaparecidos que, de acordo com equipes da Defesa Civil, podem ser de pessoas que ficaram sob os escombros em uma das 21 áreas desmoronadas. Em meio a medidas emergenciais, busca de corpos e anúncios de liberação de verba, a população de Petrópolis assiste, mais uma vez, ao triste espetáculo da cidade que se desmancha: mais encostas rolaram, mais casas estão sendo interditadas e até o momento não houve entrega – ou construção – de uma casa sequer, entre os 112 apartamentos prometidos pelos governos federal e estadual. Desde a chuva de janeiro de 2011, 876 famílias recebem aluguel social – mas dentro de pouco tempo não haverá sequer o que alugar, dado o ritmo do trabalho de reconstrução.já são 498 as ocorrências registradas pela Defesa Civil. O local mais atingido pelas chuvas, o bairro Quitandinha, recebeu em 36 horas um volume de chuva equivalente a 499 milímetros, quase o dobro do esperado para todo o mês de março, que era de 270 milímetros. Os números e estimativas não cabem mais na realidade da Região Serrana do Rio. Desde a madrugada de 12 de janeiro de 2011, Nova Friburgo já teve ruas alagadas diversas vezes; Teresópolis teve novas mortes, em 1ª de maio de 2012; e, agora, Petrópolis revive a tragédia. RITTO, Cecília. Petrópolis se desmancha: com obras paradas, município tem 27 mortos e mais 366 famílias desabrigadas. **Veja.com,** Rio de Janeiro,19 mar. 2013. Disponível em: http://veja.abril.com.br/brasil/petropolis-se-desmancha-com-obras-paradas-municipio-tem-27-mortos-e-mais-366-familias-desabrigadas/

[5]**Nº de vítimas em tragédia no RJ pode ser 10 vezes maior, dizem entidades.** Lista oficial diz que 918 morreram em Petrópolis, Teresópolis e Friburgo.Enchentes de 2011 fizeram cerca de 10 mil vítimas, segundo associações.A suposta subnotificação de mortes foi identificada através de relatos de pessoas que moravam nas áreas atingidas e que não conseguiram oficializar a perda de parentes.

Divergência de números. Além do relato de parentes, as entidades levam em conta a divergência entre o número computado de mortos em determinadas localidades e a quantidade de "relógios de luz" que havia nestes locais, segundo a própria concessionária de energia elétrica, a Ampla."Acreditamos que aproximadamente 10 mil pessoas foram afetadas. Haver pouco mais de mil [mortos e desaparecidos], como é divulgado, é um número irreal pela proporção da tragédia". CANEJO, Andressa. Nº de vítimas em tragédia no RJ pode ser 10 vezes maior, dizem entidades. **Portal G1.** 10 de ago. de 2015. Diponível em: http://g1.globo.com/rj/regiao-serrana/noticia/2015/08/entidades-apontam-subnotificacao-de-vitimas-da-tragedia-de-2011-na-serra.html.

terrenos adequados para a construção de moradias no formato do programa. Afinal, os empresários negavam-se a empreender na cidade, diante do alto custo para preparar os terrenos (HAUBRICH, 2015). Isso revela como o poder municipal comporta-se de forma dependente diante do governo federal e suas fórmulas prontas das políticas públicas.

Um cadastro territorial bem elaborado detém em seus registros uma grande base de dados, e com isso, instrumentaliza o planejamento da política urbana e facilita o controle do território municipal, além de contribuir com a elaboração e gestão de políticas públicas. Essa dinâmica fortalece o protagonismo do poder municipal na mediação de projetos habitacionais com a iniciativa privada, uma vez que, por meio da gestão dos instrumentos disponíveis o município pode formar seu próprio "banco de terras" oferecendo aos incorporadores terrenos mais centrais para moradia social.

Da mesma forma, o fundo municipal para habitação de interesse social poderia ser alimentado pela gestão social do seu território por meio da aquisição de terrenos e a produção de moradia. Além disso, o fortalecimento da autonomia municipal nesta política possibilitaria o rompimento da lógica de concentração da produção habitacional em poucas empresas, prática mercantil que impõe a padronização de preços no mercado imobiliário visando o aumento da rentabilidade do negócio. Nessas condições, a diminuição da mercantilização da política habitacional de interesse social contribuiria para maior diversificação da produção, assim como do barateamento de seus custos (CARDOSO; ARAGÃO, 2013).

Essa concentração de mercado pode ser exemplificada no caso do Rio de Janeiro, onde apenas dez empresas foram identificadas como responsáveis por 65% da produção habitacional (CARDOSO; ARAGÃO, 2013), e ainda, no caso de Fortaleza, em que apenas duas construtoras detêm 70% desse mercado. Segundo Rufino (2013), as grandes empresas de construção nacionais e locais tendem a associar-se, criando Sociedades de Propósitos Específicos para gerenciar os empreendimentos. Isso fortalece ainda mais a concentração do mercado e, assim, as soluções em grande escala a que já fizemos referência.

A adaptação de projetos habitacionais à realidade local com custos reduzidos é viável, como sugere o estudo de Frajndlich (2012). Este ocorreu no

Município de Caruaru (PE), onde o escritório Jirau Arquitetura elaborou um projeto específico para a construção de um bairro popular[6] utilizando conceitos construtivos da tradicional técnica local, além de uma boa leitura do terreno, de suas condicionantes de implantação e da criação de uma nova fachada. Esse conjunto de decisões resultou em um empreendimento personalizado que rompe com a lógica repetitiva da habitação social. O exemplo citado sugere a possibilidade de que o poder público exerça o controle efetivo do planejamento urbano, promovendo uma política habitacional coerente e estimulando projetos que se adaptem às condições e realidades locais. Um compromisso municipal dessa natureza com a gestão social de seu território daria maior efetividade à política local de habitação de interesse social.

3. PESQUISA DE CAMPO: MAPEANDO IMÓVEIS OCIOSOS EM ÁREAS CENTRAIS DE PETRÓPOLIS

Petrópolis elaborou seu diagnóstico sobre a situação de moradia no Primeiro Distrito do Município, mas não fez referência à atualização de cadastro territorial nem à inclusão de imóveis ociosos na estrutura da sua política habitacional. Observa-se que um cadastro bem elaborado identifica as várias categorias de ociosidade imobiliária do tecido urbano, isto é, indica, de acordo com a legislação local, os imóveis classificados como terrenos vagos, edificados, mas desocupados e subutilizados.

Nesse contexto, percebe-se que o poder público municipal ao elaborar o PLHIS mostra desconhecimento no potencial fundiário da própria cidade. Isso pode ser observado pela falta de mapeamento da área urbana, e também pela

---

[6]Bairro habitacional desenhado pela Jirau Arquitetura em Caruaru, Pernambuco, cria nova referência de casas econômicas na cidade.O projeto optou por paredes altas e coberturas inclinadas formando uma sucessão de cores. As casas foram implementadas de modo escalonado no terreno acidentado permitindo ao observador que sinta o movimento das paredes e o volume colorido das caixas d'água ao caminhar pela vila. As residências foram construídas em forma de "S" com dois dormitórios, sala e cozinha. O formato desalinhado traduz-se como uma estratégia para controlar a funcionalidade da planta e a linha estética original do projeto diante das possíveis alterações que os moradores geralmente fazem. A proposta do projeto comporta a abertura de um quarto extra que se abriria para o quintal, assim as alterações não descaracterizam a fachada nem interferem na alvenaria e cobertura do conjunto.

listagem de terrenos apresentados para compor a política habitacional do Município, vinte e dois ao todo,[7] distribuídos por todos os seus distritos. Nota-se que essa lista não inclui os imóveis ociosos identificados pela pesquisa de campo, o que leva à possibilidade de existir mais terra urbana compatível com a gestão social da valorização fundiária.

As palavras inscritas no PLHIS do Município de Petrópolis (2012, p. 154) confirmam o desconhecimento do seu potencial fundiário ao afirmar que:

> a população, por sua vez, também afirmou conhecer terrenos vazios que poderão ser utilizados para a provisão de novas unidades habitacionais de interesse social. A Prefeitura deverá aprofundar as informações sobre os terrenos vazios aptos no intuito de reservá-los para futuros empreendimentos de HIS.

Diante disso, observa-se que o poder municipal atua em função de um plano incompleto, por desconhecer o próprio tecido urbano. Cabe ainda destacar que os terrenos selecionados pela listagem seguem o perfil adotado pela lógica do mercado de construção, isto é, grandes terras afastadas dos centros para sediar conjuntos habitacionais. Tal abordagem é reveladora de um comportamento que impede uma gestão social integrada às potencialidades locais ao preferir selecionar de forma aleatória terrenos que atendam ao planejamento do mercado.

Ao tratar dessa forma a política habitacional, o Município não correlaciona a realidade do *déficit* habitacional com a sua competência sobre a gestão de seu

---

[7] Estrada União e Indústria, 12.089, Pedro do Rio (15.000m²); Fazenda San Joaquim, gleba 05, Vale do Cuiabá (10.000m²); Estrada João de Oliveira Botelho, Itaipava-Santa Mônica (10.000m²); Estrada Caetitu, s/n, bairro Caetitu (15.000m²); Estrada Luiz Gomes da Silva, 893, Caetitu (15.000m²); Estrada Philuvio Cerqueira, Itaipava (10.00m²); Rua Henrique Paixão, morro do Calango, bairro Itamarati (2000m²); BR 040, Pedro do Rio (50.000m²); Estrada Philuvio Cerqueira, 2016, Itaipava (20.000m²), Estrada Ministro Salgado Filho, Vale do Cuiabá (20.000m²); Estrada Caetitu, Eduardo Silverio, (8.000m²); Rua João Xavier, 1015, bairro Duarte da Silveira (10.000m²); Rua Ângelo João Brandt, Quarteirão Italiano (48.000m²); Estrada do Caetitu/Vale dos Esquilos, bairro Retiro (40.000m²); Pista de Esqui, bairro Floresta (15.000m²); Estrada Independência , clínica Pedras Brancas (25.000m²); Rua Vassouras, quadra 83, bairro Quitandinha (6.000m²); Rua Quissamã, s/n, depósito da Seobras, bairro Quissamã (6.000m²); Rua Quissamã, floricultura, bairro Quissamã (8.000m²); Estrada Almeida Amado, bairro Caxambú (20.000m²); Alberto de Oliveira, bairro Mosela (8.000m²). (PLHIS do Município de Petrópolis, 2012, p. 154.)

território para fins de moradia. Isso seria possível com a elaboração de um cadastro territorial atualizado de toda área urbana, o que permitiria selecionar terrenos para habitação de acordo com o *déficit* de cada região, a fim de alocar os moradores em local próximo à sua morada de origem. Essa correspondência de fatores facilitaria o alcance da inclusão socioespacial da cidade e o reconhecimento da população empobrecida.

Na busca de escolher terrenos que atendam ao perfil do mercado, o poder municipal desconsidera outros tantos que podem compor uma política habitacional diversa do padrão do mercado imobiliário, como será adiante demonstrado pela pesquisa de campo realizada em três bairros de Petrópolis.

Ao render-se à produção habitacional planejada pelo mercado, a administração municipal confirma o processo de periferização da moradia e o crescimento extensivo da cidade. Esse ciclo vicioso exemplifica-se pelos dois terrenos desapropriados pela Prefeitura para a construção de conjuntos habitacionais do PMCMV para a faixa de renda até R$ 1.600,00.

O primeiro terreno encontra-se localizado na Estada do Caetitu, uma área distante do 2º distrito, sem infraestrutura e equipamentos públicos básicos, mas que atende ao padrão das construtoras por possuir uma superfície de 15.000m² e contar com o apoio do poder público para levar a infraestrutura necessária aos futuros moradores[8]. Essa iniciativa reproduz com nitidez o antigo processo de

---

[8]**Prefeito vistoria obra de pavimentação da Estrada do Caetitu.** O prefeito Rubens Bomtempo vistoriou nesta semana as obras de pavimentação e drenagem da Estrada Luiz Gomes da Silva. As intervenções vão permitir a ligação entre os bairros Carangola e Corrêas, abrindo uma rota alternativa entre as duas importantes regiões do município. Ambas receberão novos conjuntos habitacionais. O investimento é superior a R$ 1,696 milhão e faz parte do convênio com o governo do Estado, por meio do Programa Somando Forças. **"Queremos aproximar esses dois conjuntos e agregar valor aos bairros não só com as melhorias em infraestrutura, como também com a instalação de novos equipamentos públicos. A ideia é que a escola, o centro de educação infantil, o posto de saúde e o centro de referência em assistência social que serão construídos pela Prefeitura atendam de forma integrada as duas comunidades"**, disse o prefeito. PETRÓPOLIS. Prefeitura Municipal. **Prefeito vistoria obra de pavimentação da Estrada do Caetitu**. Petrópolis, 14 abril 2014. Disponível em: http://petropolisnews.com.br/?p=3626.

periferização e crescimento horizontal das cidades do antigo Sistema BNH, o que sugere a urgência em romper com essa lógica[9].

Na mesma linha de atuação, encontra-se o segundo empreendimento, também do PMCMV. Este se localiza na Rua Vicenzo Rivetti, em área distante dos centros urbanos, mas relativamente próxima ao projeto citado acima, o que possibilita o aproveitamento da infraestrutura aos dois empreendimentos. Cabe ressaltar que a contrapartida da Prefeitura com relação a esse conjunto habitacional é a abertura de uma rua ligando o novo conjunto habitacional à localidade do Caetitu, além da preparação do terreno com terraplanagem e fundação.[10]

---

[9]Sistema estruturado a partir da construção de conjuntos habitacionaisnos pontos mais distantes da periferia, criando verdadeiros bairros dormitório, com o pretexto de que aqueles eram os únicos lugares que ofereciam, ao mesmo tempo, terra barata e adequada à produção em larga escala. Esta lógica leva ao forçado crescimento horizontal das cidades representado tanto pelos investimentos em infraestrutura básica para alcançar tais conglomerados, quanto pelo natural desenvolvimento das dinâmicas urbanas advindas da população transferida. Nas palavras de Bonduki (2000, pg 21) "caracterizam-se, em geral, pela monotonia de sua arquitetura; pela ausência de relação com o entorno; por sua localização periférica, estendendo horizontalmente as cidades; pela despreocupação com a qualidade dos projetos e com o meio físico, resultando na depredação ambiental [...]"

[10]**Bomtempo vistoria andamento das obras do novo Conjunto Habitacional do VicenzoRivetti.**O prefeito Rubens Bomtempo vistoriou nesta sexta-feira as obras de construção das 778 unidades habitacionais do Programa Minha Casa Minha Vida que serão erguidas no VicenzoRivetti, no bairro Carangola. No terreno, o serviço de terraplanagem já está sendo concluído e aexpectativa é que a partir do mês de junho seja iniciada a fase de fundação. O investimento é de R$ 63 milhões. A obra está sendo executada pela Construtora Andrade Almeida e durante a visita, acompanhado pelos secretários de Habitação, Rodrigo Seabra e o de Obras, Aldir Cony, Bomtempo discutiu a contrapartida do município. Um dos pontos foi o terreno a ser utilizado para a abertura de uma rua ligando o novo conjunto habitacional a localidade do Caetitu, onde também existe aprevisão de implantação do Programa Minha Casa Minha Vida. "São medidas importantes, pois garantirão toda a infraestrutura necessária para a população. Fazer um pouco mais pelo povo é o que justifica o nosso terceiro mandato. Somos um governo popular e que tem como prioridade atender a quem está por último na fila", ressaltou. Além de Centro de Educação Infantil, uma nova escola com capacidade para atender quase mil alunos, um Posto de Saúde e um Centro de Referência em Assistência Social (Cras) também serão implantados no local.PETRÓPOLIS. Prefeitura Municipal. **Bomtempo vistoria andamento das obras do novo Conjunto Habitacional do VicenzoRivetti**. Petrópolis, 18 maio 2014. Disponível em:<http://www.petropolis.rj.gov.br/pmp/index.php/imprensa/noticias/item/2247-bomtempo-vistoria-andamento-das-obras-do-novo-conjunto-habitacional-do-vicenzo-rivetti.html>. Acesso em: 17 jun. 2014.

Essas iniciativas evidenciam que a pouca iniciativa municipal para executar projetos habitacionais não está vinculada, necessariamente, à ausência de recursos financeiros: afinal os custos em infraestrutura e preparação do terreno são altos. Portanto, parece possível à Prefeitura implementar políticas de habitação próprias, geradas a partir uma gestão social da valorização fundiária. Essa autonomia em relação ao mercado imobiliário poderia romper com o paradigma do crescimento urbano extensivo e permitir o maior adensamento de áreas centrais.

A força que o mercado da construção exerce sobre o controle e a produção da habitação reflete-se na padronização urbanística, periferização da moradia, protagonismo na política habitacional e direcionamento do crescimento das cidades. O objetivo de todas essas ações é produzir com rentabilidade unidades habitacionais. Nestas condições, não causa estranheza verificar, com Lucia Schimbo (2010), que os empreendedores preferem produzir moradias para as faixas superiores de renda, dado que geram maior rentabilidade, motivo pelo qual evitam aquela faixa onde se concentra o maior déficit habitacional, voltada para aqueles adquirentes com renda inferior aos R$ 1.600, 00.

Essa realidade não é diferente no Município de Petrópolis, já que, dos oito empreendimentos do PMCMV planejados para a cidade, seis contemplam a faixa de renda 02 do Programa[11]. Os dois projetos de habitação social que conferem moradia para a faixa 01 localizam-se na Estrada do Caetitu e na Rua VicenzoRivetti como já mencionado.

---

[11]O PMCMV vai garantir mais 840 apartamentos em Petrópolis, através de três empreendimentos: um no Bingen, outro no Morin e em Pedro do Rio. O Programa é voltado para famílias com renda bruta até R$ 1,6 mil e R$ 3,275 mil. A prefeitura já recebeu os projetos e decretou os terrenos área de especial interesse social, abrindo caminho para que sejam realizados pelo programa. "Estes projetos somam-se a outros três, já licenciados pelo Município. Estamos avançando nesta questão", frisou o prefeito, fazendo referência aos empreendimentos Cenário de Monet, Bosque de Montreal e Palmeiras do Prado, que receberam incentivos fiscais da prefeitura e garantirão a construção de 814 novas unidades habitacionais na região de Correas.Equipe acontece Petrópolis. Bingen, Pedro do Rio e Morin receberão empreendimentos do Minha casa, Minha vida.**Portal Acontece Petrópolis.** Petrópolis, 03 nov. 2015. Disponível em: http://www.aconteceempetropolis.com.br/2015/11/03/bingen-pedro-do-rio-e-morin-receberao-empreendimentos-do-minha-casa-minha-vida/

Esta preferência pelas faixas de maior renda também afeta a política habitacional petropolitana, pois corre-se o risco de perder um dos empreendimentos destinados à faixa 01 do programa. De acordo com uma publicação da imprensa local,[12] desde novembro de 2015 tramita, na Câmara dos Vereadores, um projeto de lei que determina a desafetação do terreno da Estrada do Caetitu, para que este passe a sediar um conjunto habitacional destinado à faixa 02 do PMCMV. O argumento utilizado pelo legislativo municipal está respaldado no fato de que a desapropriação tem mais de dois anos e as obras ainda não foram iniciadas (BARROSO, 2015).

Essas dificuldades, ligadas à opção de produzir moradia por meio de um formato único, leva ao questionamento da manutenção dessa escolha. Afinal, apesar do PMCMV guardar diferenças em relação ao Sistema BNH, suas semelhanças também se refletem diante do padrão de produção, localização na periferia urbana e o não alcance da população de baixa renda. Mudar tal orientação e definir uma gestão social da valorização fundiária, possibilitaria construir uma política habitacional coerente às condições locais de cada cidade, o que poderia levar a execução de projetos alternativos de habitação social de menor monta. Dessa forma, além de desvincular a produção de moradia do formato de grandes condomínios, também seria facilitada a administração e a conservação das moradias pelos moradores.

O Município de Petrópolis possui um *déficit* habitacional quantitativo de 11.828 moradias (Tabela 1 - Resumo do déficit habitacional), sendo que 5.213 destas localizam-se em assentamentos precários, e dentre estas, 2.994 estão no Primeiro Distrito. Portanto, o PLHIS de Petrópolis dispõe que o déficit habitacional em assentamentos precários no 1º Distrito é de 2.994 moradias, além disso, estabelece uma contrapartida de 362.625m² em terra urbana para resolver a

---

[12]**Vereadores discordam sobre Minha Casa Minha Vida.**Tramita na Câmara há pouco mais de 15 dias um projeto de lei na Câmara para desafetação de um terreno destinado ao Minha Casa Minha Vida (MCMV) faixa 1. O objetivo é passar uma área no Caititu para a faixa 2 do programa de construção moradias populares. O motivo é que as obras não tiveram início mesmo após dois anos após a desapropriação do local.BARROSO, Romulo. Vereadores discordam sobre Minha Casa Minha Vida. **Jornal Diário de Petrópolis.** Petrópolis, 30 nov. 2015. Disponível em: <http://diariodepetropolis.com.br/integra/vereadores-discordam-sobre-minha-casa-minha-vida-76728>. Acesso em: 01 dez. 2015.

demanda de domicílios nos assentamentos dessa área (PETRÓPOLIS, 2012, p. 144, 145, 153).

A listagem apresentada pelo PLHIS indica vinte e dois terrenos, distribuídos em todo o Município, adaptáveis ao perfil do mercado com seus grandes conjuntos habitacionais. Dentre esses terrenos, dez[13] estão localizados no Primeiro Distrito, medindo o total de 186.000m². Sendo assim, faltam 192.625m² de terra urbana para zerar o *déficit* habitacional de 2.994 moradias em assentamentos precários localizados no 1º Distrito. Cabe lembrar que o *déficit* real de moradias nos assentamentos precários do primeiro distrito é superior ao apresentado pelo PLHIS quando consideradas as residências em situação de risco naquela área.

Diante desse quadro, nota-se a imprescindibilidade de o poder municipal selecionar terra urbana apta a compor a sua política habitacional, o que leva ao dever de conhecer a totalidade do seu tecido urbano e incluir os imóveis ociosos como instrumentos de gestão urbana.

A partir desse contexto, a pesquisa de campo procurou identificar vazios urbanos classificados como terrenos vagos. A opção por essa categoria de imóvel ocioso explica-se pela dificuldade em identificar e comprovar, documentalmente, os imóveis edificados, mas desocupados e aqueles subutilizados, o que exigiria a máquina do poder público como elemento de apoio. Além disso, a abrangência da pesquisa tornar-se-ia de tal forma complexa que ultrapassaria os limites possíveis a uma investigação acadêmica.

A pesquisa foi realizada nos bairros Quitandinha, Bingen e Duarte da Silveira por situarem-se no Primeiro Distrito de Petrópolis onde há a maior concentração demográfica, circulação de riquezas e demandas de trabalho do

---

[13]Rua João Xavier, 1015, bairro Duarte da Silveira (10.000m²); Rua Ângelo João Brandt, Quarteirão Italiano (48.000m²); Estrada do Caetitu/Vale dos Esquilos, bairro Retiro (40.000m²); Pista de Esqui, bairro Floresta (15.000m²); Estrada Independência , clínica Pedras Brancas (25.000m²); Rua Vassouras, quadra 83, bairro Quitandinha (6.000m²); Rua Quissamã, s/n, depósito da Seobras, bairro Quissamã (6.000m²); Rua Quissamã, floricultura, bairro Quissamã (8.000m²); Estrada Almeida Amado, bairro Caxambú (20.000m²); Alberto de Oliveira, bairro Mosela (8.000m²). (PLHIS do Município de Petrópolis, 2012, p. 154).

Município, e também por localizarem-se em áreas centrais da cidade dotadas com equipamentos públicos, infraestrutura e serviços básicos à população.

3.1 Metodologia da pesquisa de campo

O trabalho de campo iniciou-se nas ruas dos bairros selecionados a partir da identificação visual de terrenos vagos. Constatando-se tal ociosidade passava-se a anotação do número, lote ou quadra do imóvel se existisse, e ainda, de seus respectivos confrontantes para servir como material inicial à coleta de dados, e posteriormente como referência à localização dos imóveis nos arquivos municipais.

Após a seleção *in loco* foi realizada uma busca nos arquivos dos órgãos públicos a fim de encontrar registros que confirmem a ociosidade antes identificada. Os documentos examinados fazem parte dos arquivos municipais da Secretaria de Fazenda, do Cadastro Imobiliário e da Assessoria de Cadastro e Edificação (ACADE), e consubstanciam-se em desenhos isolados dos locais pesquisados (croquis), mapa da Companhia Terrenos Quitandinha S.A., formulários de cadastro e plantas de situação.

Após muita pesquisa foram localizados os imóveis vagos nos arquivos além de outros encontrados nos próprios registros municipais. A partir da identificação dos terrenos dentro dos arquivos foi possível levantar o espelho do IPTU de cada um deles contendo a informação da metragem e de que são terrenos sem uso no solo urbano. Dessa forma, foi confrontada a realidade fática com os registros da prefeitura.

No decorrer da pesquisa foi observada a precariedade do cadastro municipal que opera com arquivos físicos compostos por formulários e desenhos antigos e amarelados cuja atualização é igualmente precária. Muitas áreas da cidade não possuem mapas de identificação territorial com lotes e quadras definidas a fim de facilitar a administração e fiscalização do solo urbano. Na realidade, apenas o bairro Quitandinha possui um mapeamento definido do seu solo com o respectivo plano geral de loteamento, elaborado em 1950, pela Companhia Terrenos Quitandinha S.A.

Dentre os imóveis que compõem o tecido urbano do Primeiro Distrito foram catalogados sessenta e três terrenos vagos, ao todo. Destes, trinta e nove estão localizados no bairro Quitandinha e vinte e quatro nos bairros Duarte da Silveira e Bingen. Esses terrenos somam a metragem de 216.782,352m², representando 60% dos 362.625 m² de terra urbana necessária para eliminar o déficit habitacional dos assentamentos precários do primeiro distrito, de acordo com o PLHIS do Município.

Dos terrenos pesquisados, constata-se que trinta e um deles estão com o IPTU em atraso há mais de três anos. Além disso, foi detectados que dois imóveis inicialmente considerados como vagos são, na realidade, áreas industriais que possuem grandes terrenos subutilizados. Essa realidade foi constatada após a coleta de dados nos registros do cadastro imobiliário. Além dessas, foi identificada uma área utilizada para estacionar poucos carros, que também poderia ser classificada como subutilizada, localizada ao lado de um terreno vago, o que permitiria um planejamento em conjunto para os dois terrenos.

Cabe acrescentar que vários lotes identificados na pesquisa são confrontantes uns dos outros, o que significaria a existência de grandes terrenos disponíveis, o que muito contribuiria para o plano habitacional da gestão municipal.

Observa-se, pelos dados apresentados, que o rastreamento de imóveis vagos em apenas três bairros do Primeiro Distrito do Município representa a maior parte da terra urbana necessária para a eliminação do seu *déficit* habitacional em assentamentos precários. Isso leva à indagação de quantos imóveis vagos, não utilizados e subutilizados existem na área urbana de toda a cidade. Um cadastro territorial atualizado certamente poderia constituir-se num instrumento que potencializaria a gestão social da valorização fundiária que visasse a moradia social como vetor principal.

4. CONCLUSÕES

Um estudo preliminar de campo indicou, sem contar com mais recursos do que o empenho acadêmico, a existência de terras urbanas ociosas dotadas de adequada infraestrutura urbana, portanto, em flagrante desrespeito às regras constitucionais que determinam nos artigos 5º, inciso XXIII, e 170, inciso III que a propriedade deve cumprir sua função social.

O Programa Minha Casa Minha Vida tem a importante virtude de mobilizar valores significativos e inéditos para subsidiar a moradia social. Apresenta, contudo, muitas deficiências, algumas das quais foram destacadas nesse artigo. Mas nunca é demais lembrar que se trata de um programa formulado e financiado pelo governo federal. Os governos estaduais e, principalmente, os municipais precisam atuar na política habitacional, que, como as demais políticas sociais, são de responsabilidade das três esferas de governo.

A política urbana, no entanto, está expressamente normatizada como de competência municipal. Considerando que a moradia é parte da política urbana, os municípios deveriam atuar no sentido de conciliar o programa federal às particularidades do seu território, e não apenas recepcionar o PMCMV em flagrante reducionismo de adesão ao programa.

O estudo apresentado sugere a necessidade de uma atuação mais propositiva dos governos municipais, caso sejam exploradas as possibilidades que um cadastro territorial atualizado lhes ofereceria. Afinal, identificamos terrenos ociosos, correspondendo a um total de aproximadamente 60% do solo urbano necessário para enfrentar o déficit habitacional naquela localidade.

REFERÊNCIAS BIBLIOGRÁFICAS:

BONDUKI, Nabil. Do projeto moradia ao programa minha casa minha vida. **TD. Teoria e Debate**, São Paulo, v. 82, p. 8 – 14, maio 2009.

BONDUKI, Nabil. **Habitar São Paulo**: reflexões sobre a gestão urbana. São Paulo: Estação Liberdade, 2000. 167 p.

BRASIL. Portaria Ministerial n. 511, de 07 de dezembro de 2009. Institui diretrizes para a criação, instituição e atualização do Cadastro Territorial Multifinalitário (CTM) nos municípios brasileiros. **Diário Oficial da União**, 08 de dezembro de 2009.

BARROSO, Romulo. Vereadores discordam sobre Minha Casa Minha Vida. **Jornal Diário de Petrópolis.** Petrópolis, 30 nov. 2015. Disponível em: <http://diariodepetropolis.com.br/integra/vereadores-discordam-sobre-minha-casa-minha-vida-76728>. Acesso em: 01 dez. 2015.

BRASIL. Constituição (1988). **Constituição brasileira, 1988.** Texto constitucional de 5 de outubro de 1988. Brasília: Senado Federal, Centro Gráfico, 292 p.

CANEJO, Andressa. Nº de vítimas em tragédia no RJ pode ser 10 vezes maior, dizem entidades. **Portal G1.** 10 de ago. de 2015. Diponível em: http://g1.globo.com/rj/regiao-serrana/noticia/2015/08/entidades-apontam-subnotificacao-de-vitimas-da-tragedia-de-2011-na-serra.html.

CARDOSO, A. Lúcio; ARAGÃO, T. Amorim. Do fim do BNH ao Programa Minha Casa Minha Vida: 25 anos da política habitacional no Brasil. In: Cardoso, A. L. (Org.). **O Programa Minha Casa Minha Vida e seus efeitos territoriais.** Rio de Janeiro: Letra Capital, 2013. p. 17-65.

EQUIPE ACONTECE PETRÓPOLIS. Bingen, Pedro do Rio e Morin receberão empreendimentos do Minha casa, Minha vida. **Portal Acontece Petrópolis**. Petrópolis, 03 nov. 2015. Disponível em: http://www.aconteceempetropolis.com.br/2015/11/03/bingen-pedro-do-rio-e-morin-receberao-empreendimentos-do-minha-casa-minha-vida/

FRAJNDLICH, Rafael Urano. Jirau Arquitetura desenha nova proposta de habitação social para o Programa Minha Casa Minha vida em Caruaru, PE. **aU - Arquitetura e Urbanismo**, [S. l.], ano 27, n. 224, 2012. Disponível em:

<http://au.pini.com.br/arquitetura-urbanismo/224/modernas-referencias-bairro-habitacional-desenhado-pela-jirau-arquitetura-em-273187-1.aspx>. Acesso em: 14 set. 2014.

HAUBRICH, Gabriela. Falta oferta de moradias populares em Petrópolis. Verbas do "Minha Casa, Minha Vida" não atraem empreiteiras devido ao alto custo da construção na cidade. **Jornal Diário de Petrópolis**, Petrópolis, 15 jun. 2015. Disponível em: <http://diariodepetropolis.com.br/Integra/falta-oferta-de-moradias-populares-em-petropolis-66954>

PETRÓPOLIS. **PLHIS – Plano Local de Habitação de Interesse social**. Petrópolis: SEHAB. 2012.

PETRÓPOLIS. Prefeitura Municipal. **Bomtempo vistoria andamento das obras do novo Conjunto Habitacional do VicenzoRivetti**. Petrópolis, 18 maio 2014. Disponível em:<http://www.petropolis.rj.gov.br/pmp/index.php/imprensa/noticias/item/2247-bomtempo-vistoria-andamento-das-obras-do-novo-conjunto-habitacional-do-vicenzo-rivetti.html>. Acesso em: 17 jun. 2014.

PETRÓPOLIS. Prefeitura Municipal. **Prefeito vistoria obra de pavimentação da Estrada do Caetitu**. Petrópolis, 14 abril 2014. Disponível em: http://petropolisnews.com.br/?p=3626.

RITTO, Cecília. Petrópolis se desmancha: com obras paradas, município tem 27 mortos e mais 366 famílias desabrigadas. **Veja. Com.**, Rio de Janeiro,19 mar. 2013. Disponível em: http://veja.abril.com.br/brasil/petropolis-se-desmancha-com-obras-paradas-municipio-tem-27-mortos-e-mais-366-familias-desabrigadas/

ROLNIK, Raquel. Arquitetura: direito de todos. **Jornal Folha de São Paulo**, São Paulo, 05 out. 2015. Disponível em: <http://www1.folha.uol.com.br/colunas/raquelrolnik/2015/10/1690164-arquitetura-direito-de-todos.shtml>. Acesso em: 22 nov. 2015.

SHIMBO, Lúcia Zanin. **Habitação social, habitação de mercado:** a confluência entre Estado, empresas construtoras e capital financeiro. 2010. 363 f. Tese (Doutorado em Teoria e História da Arquitetura e do Urbanismo) - Escola de Engenharia de São Carlos, Universidade de São Paulo, São Carlos, 2010. Disponível em: <http://www.teses.usp.br/teses/disponiveis/18/18142/tde-04082010-100137/>. Acesso em: 10 jun. 2014.

O PENSAMENTO COMPLEXO COMO PRESSUPOSTO PARA JUSTIÇA CLIMÁTICA NAS CIDADES

EL PENSAMIENTO COMPLEJO COMO PRESUPUESTO PARA JUSTICIA CLIMÁTICA EN LAS CIUDADES

Maria Rita Rodrigues[1]

Resumo: A crise climática é um dos maiores, senão o principal, impasse enfrentado pela humanidade nos últimos anos. A despeito da consolidação da governança climática há aproximadamente três décadas, os relatórios científicos consolidados pelo IPCC apresentam cenários nos quais a agenda do clima e as negociações multilaterais não têm logrado êxito nas medidas mitigatórias e adaptativas para fazer frente as consequências adversas das alterações do clima. É indubitável que as atividades humanas são responsáveis pelo aquecimento do planeta e demais mudanças, que já se verificam de forma rápida e generalizada, no clima da terra. Segundo Beck (2011) a matriz de desenvolvimento moderno consolidou uma irresponsabilidade institucional organizada, uma vez que não há mecanismos que controlem ou disciplinem os riscos. Há consciência dos riscos e de suas gravidades, todavia, não há políticas de gestão que respondam a tal conjuntura. Sob este enfoque, o pensamento complexo, do sociólogo Edgar Morin (2015), pode superar o paradigma da racionalidade linear, simplista e cartesiana que pauta o ordenamento jurídico, a fim de promover a integração da agenda

---

[1] Doutoranda e mestra em Direito da Cidade pela Universidade do Estado do Rio de Janeiro (UERJ). Bolsista CAPES. Professora de Direito Civil do Centro de Estudos Superiores Aprendiz Barbacena/MG.

urbana à ambiental, e auxiliar na consecução de justiça climática nas cidades? O presente artigo, cuja metodologia é de cunho bibliográfico, parte da hipótese de que a racionalidade ocidental moderna é reducionista, orientada pela separação e hiperespecialização, assim, não dá conta das complexidades que se deflagram através de crises de diversas ordens, mas que, encontram-se, de alguma forma, conectadas. Desta feita, objetiva contribuir para que as políticas públicas urbanoambientais na era do Antropoceno extrapolem a esfera da retórica, nos princípios e diretrizes dos instrumentos legislativos, e, alcancem a concretização de políticas públicas que ofereçam justiça climática nas cidades, como uma dimensão de direitos humanos emergentes.

Palavras-Chave: Pensamento Complexo; Justiça Climática; Cidades Resilientes; Direitos Humanos Emergentes.

Resumen: La crisis climática es uno de los mayores, seno el principal, impase enfrentado por la humanidad en los últimos años. En despecho de la consolidación de la gobernancia climática hacen aproximadamente tres décadas, los reportes científicos consolidados por el IPCC presentan escenarios en los cuales la agenda del clima y las negociaciones multilaterales no han tenido éxito en las medidas mitigatorias y adaptativas para hacer frente a las consecuencias adversas de las alteraciones del clima. Es indubitable que las actividades humanas son responsables por el calentamiento del planeta y otros cambios, que ya se verifican de forma rápida y generalizada, en el clima de la tierra. De acuerdo con Beck (2011) la matriz de desarrollo moderno se consolidó una irresponsabilidad institucional organizada, una vez que no hay mecanismos que controlen o disciplinen los riesgos. Hay consciencia de los riesgos y de sus gravedades, todavía no hay políticas de gestión que respondan a tal conjuntura. Bajo este enfoque, el pensamiento complejo, del sociólogo Edgar Morin (2015), puede superar el paradigma de la racionalidad linear, simplista y cartesiana que pauta el ordenamiento jurídico, con el objetivo de promover la integración de la agenda urbana a la ambiental, ¿y auxiliar en la consecución de justicia climática en las ciudades? El presente artículo, cuya metodología es bibliográfica, parte de la hipótesis de que la racionalidad occidental moderna es reduccionista, orientada por la separación e hiperespecialización, así, no soporta las complejidades que se deflagran a través de la crisis de diversas órdenes, pero que, se encuentran, de alguna manera, conectadas. Por lo tanto, objetiva contribuir para que las políticas públicas urbano ambientales en la era del Antropoceno extrapolen la esfera de la retórica, en los principios y directrices de los instrumentos legislativos, y, alcancen la concretización de políticas públicas que ofrezcan justicia climática en las ciudades, como una dimensión de derechos humanos emergentes.

Palabras-Clave: Pensamiento Complejo; Justicia Climática; Ciudades Resilientes; Derechos Humanos Emergentes.

1. INTRODUÇÃO

A sociedade no Antropoceno é marcada por riscos e incertezas que cada vez mais deixam de ser intangíveis. O paradigma desenvolvimentista e de crescimento econômico sobre crescimento econômico tem dilapidado com os recursos naturais ao ponto que um desequilíbrio ecológico de escala planetária se mostra iminente. Desde a década de 1970 a humanidade tem uma demanda anual de recursos que supera a biocapacidade da terra (GLOBAL FOOTPRINT NETWORK, 2020). Até 2019, a cada ano o dia da sobrecarga da terra tem se antecipado, o que prejudica o planeta e acelera os efeitos das mudanças climáticas.

Noutro tempo, identificar o adversário a ser enfrentado e as formas pelas quais fazê-lo era uma tarefa relativamente simples, já que as dinâmicas de identificação do inimigo basicamente atestavam o antagonista, necessariamente, como um ser corpóreo e visualmente identificável. Na sociedade de riscos transfronteiriços, contudo, as relações, instituições e limites políticos territoriais de um modo geral têm sido metamorfoseadas, inclusive, o conceito do político e a racionalidade amigo/inimigo (BECK, 2016) (SCHIMITT, 2009).

A complexidade ambiental surge no mundo não somente como corolário das relações de conhecimento. Não se trata unicamente do conhecimento sobre a relação entre um organismo e seu meio ambiente, mas de relações amplas, ecológicas, de um mundo tocado e alterado. A civilização ocidental foi amplamente moldada pelo paradigma do pensamento cartesiano, o qual influenciou e estruturou os sistemas técnicos, pedagógicos e científicos. A influência do discurso do método de René Descartes, foi sim uma importante contribuição para guiar a razão no processo de investigação científica e na busca da verdade no campo da ciência. Todavia, não se mostra suficiente para uma genuína compreensão da realidade na sociedade de risco.

Cumpre observar que, a princípio, a proposta da presente obra coletiva tem o fito de compilar pesquisas de pós-graduados e pós-graduandos, frutos de suas dissertações de mestrado e teses de doutorado, como um esforço na disseminação do conhecimento produzido na Universidade Pública. Além disso, trata-se de uma cerimônia bibliográfica em comemoração ao aniversário de 30 anos da linha de pesquisa Direito da Cidade, que é a primogênita, do Programa de Pós Graduação em Direito, da Universidade do Estado do Rio de Janeiro.

Contudo, tendo em vista a urgência da crise planetária que se instaura, e o teor das informações técnico-científicas apresentadas no último relatório do IPCC, entende-se necessário adaptar o escrito que nesta obra se veicula às atuais circunstâncias. Assim sendo, o presente artigo não se trata simplesmente de uma síntese da dissertação de mestrado defendida no ano de 2018, sob o título Gestão de Risco de Desastres: Implicações da Governança sobre o panorama das reformas legislativas.

Paralelamente, evidencia-se neste texto uma prévia da pesquisa de doutorado, que aborda a temática da justiça climática nas cidades e o aspecto da resiliência urbana como uma das dimensões do direito à cidade na era do Antropoceno. A tese fruto da pesquisa de doutorado que se menciona, tem previsão de ser defendida até o findar de 2022.

Há, na verdade, um esforço de atualização do tema dos desastres socioambientais, bem como do necessário aclaramento de sua conjugação à outras dimensões, o que na atual conjuntura merece ser objeto de reflexão. É este o caso do Estatuto da Cidade, Lei nº 10.257/2001, que recentemente completou 20 anos de vigência. Articulando, portanto, a dimensão urbanística à ambiental, em um esforço acadêmico para a compreensão da lógica da gestão de risco de desastres pelo viés jurídico.

2. O PARADIGMA DO PENSAMENTO COMPLEXO NA SOCIEDADE DE RISCO

Há décadas a comunidade científica tem alertado os governantes, os tomadores de decisão e a sociedade num geral que a humanidade está frente a uma crise planetária sem precedentes. Esta crise planetária tem potencial para desdobrar-se em uma crise civilizacional. A despeito da robustez científica das pesquisas, as quais a cada relatório publicado, aparam as arestas sobre as incertezas de que a crise que se instaura decorre predominantemente da atividade antrópica; o negacionismo climático e a dificuldade de mudança de paradigma nos modos de produção e consumo obstaculizam o enfrentamento deste desafio, que sem dúvidas, é um dos maiores impasses enfrentados pela humanidade nos últimos séculos.

Antes o homem interpretava a incidência de eventos extremos como castigos divinos impostos por uma entidade à humanidade. Tal concepção que precedia o iluminismo, em certo sentido, contribuía para uma postura de resignação e conformidade, de maneira que não havia nada o que podia ser feito em termos de prevenção e proteção. No entanto, mesmo com o avanço e desenvolvimento científico dos tempos modernos, enquanto humanidade, ainda estamos distantes do efetivo cumprimento das metas estabelecidas pela governança climática internacional, a fim de que os riscos não se concretizem em desastres.

Hodiernamente tem sido frequente a veiculação nos mecanismos de comunicação acerca da incidência de eventos extremos (tempestades, inundações, secas, ondas de calor, queimadas, entre tantos outros). Há um certo senso comum, no que toca a compreensão do homem médio, de que nos últimos anos o clima tem se instabilizado, de que as estações do ano, por exemplo, já não seguem a mesma racionalidade natural de outrora. Isso tem gerado, inclusive, alterações nos períodos e nos modos da dinâmica da agricultura.

No dia 09/08/2021 o Painel Intergovernamental sobre Mudanças Climáticas (IPCC) publicou o relatório do grupo de trabalho I ao Sexto Ciclo de

Avaliação[2] (AR6). O relatório mencionado é um marco histórico na governança climática global, e, em certo sentido, um último chamado, já que o tempo para adaptação está cada vez menor, aos governantes, às empresas, e as instituições da sociedade de um modo geral, de que a situação vivenciada pelo planeta é grave e urgente.

Com o lançar de luzes à crise climática percebe-se que a conjugação entre a dimensão ambiental e a dimensão urbanística, é, por assim dizer, frágil. Isso porque, é relativamente recente a aglutinação que se depreende através da expressão urbano-ambiental. Tradicionalmente, o aspecto ambiental, de um lado, e o aspecto urbano, de outro, em grande medida, foram objeto de estudo isolado um do outro. Prova disso é a consolidação tardia da dimensão urbanística como disciplina autônoma no campo do direito.

E, não obstante o surgimento hodierno da expressão urbano-ambiental na literatura, o aspecto prático e efetivo, que concerne a implementação de políticas públicas, a articulação de legislações de natureza jurídica ambiental e urbanística, e igualmente, a própria concepção da sociedade acerca do enredamento dessas dimensões é fraco e incipiente. Tal circunstância contribui para que então o urbanoambiental permaneça no campo da literatura e no campo da retórica somente, não evoluindo, portanto, ao importante aspecto da prática e efetividade, tão necessários para evitar a vulnerabilidade da sociedade aos desastres socioambientais.

O viés apartado das áreas de conhecimento, ao seu turno, é reflexo de uma crise da racionalidade da modernidade. Isso porque as formas de conhecimento e de construção de visão de mundo dominantes, são extremamente simplistas, e, portanto, não suficientes para descrever o mundo em toda sua complexidade e multiplicidade. Está-se diante de uma encruzilhada civilizacional (LEFF, 2007) que é, antes de mais nada, uma crise da racionalidade da modernidade.

A racionalidade científica ocidental foi fortemente marcada por uma hiperespecialização. A ciência e a metodologia ortodoxa do mundo moderno se alicerçaram em quatro pilares, (MORIN, 2000) a saber: a ordem, a separação, a

---

[2] Climate Change 2021: The Physical Science Basis. Disponível em: https://www.ipcc.ch/report/ar6/wg1/. Acesso em 10 ago. 2021.

redução e a lógica indutiva-dedutiva-identitária. A influência do discurso do método de René Descartes foi sim uma importante contribuição para guiar a razão no processo de investigação científica e na busca da verdade no campo da ciência. Todavia, não se mostra suficiente para uma genuína compreensão da realidade na sociedade de risco.

A humanidade encontra-se em um estágio de constantes, aceleradas e profundas transformações, as quais concebem simultaneamente uma série de desafios a serem enfrentados. Desafios esses que circundam diferentes dimensões do mundo, e afetam distintamente comunidades sociais e naturais. Sob este contexto, as verdades tornam-se efêmeras, o futuro não mais é previsível, ao passo que o conhecimento científico ocidental moderno perde sua posição de destaque de única maneira verdadeira de conhecer o mundo. Todos esses aspectos convergem e conduzem a mais uma situação de crise, e também de transformação, dos saberes e da ciência.

A referência cartesiana de produção do conhecimento entende o mundo na condição de uma máquina que dispõe de distintas engrenagens, aparatos e peças. E, para a devida compreensão deste maquinário mundo, preconiza o desdobramento de suas partes, no sentido de que haveria uma ordem lógica e linear para solução dos problemas. Desse modo, a racionalidade cartesiana parte de um pressuposto no qual apenas a simplificação e a fragmentação do todo em partes admitem a compreensão do todo e o seu domínio por meio da técnica.

Nesta senda, o cenário de crise socioambiental que emerge no século XXI, sobretudo com o contexto da crise climática, traz como desdobramentos uma série de outras crises que, muito embora não perceptíveis em um primeiro olhar, encontram-se sistematicamente conectadas (VALENCIO, 2020). A crise pandêmica da Covid-19 que leva o adjetivo sanitário junto ao substantivo desastre é bastante emblemática nesse sentido. Isso porque o desastre sanitário decorrente do novo coronavírus revelou uma série de outros tantos desastres.

Desastre político, desastre urbano, desastre laboral, desastre da educação. Foram um sem-número de desastres que vieram à tona através de determinadas circunstâncias, relatos e evidencias das dificuldades de se manter isolamento social frente o irromper da pandemia. Tal situação ficou explícita sobretudo nos ambientes favelizados, onde as pessoas sobrevivem sem possibilidade de manter distanciamento. Daqueles que tiram seu sustento em trabalhos informais e ficar em casa não é uma opção. Dos estudantes que transformaram radicalmente todos os espaços pedagógicos a modalidade de ensino à distância. Ou até mesmo de famílias que, em extrema pobreza, não têm sequer água tratada e saneamento básico a fim de manter o asseio necessário neste contexto. Além disso, destaca-se a falsa dualidade entre saúde e economia, como se a atenção a um desses componentes implicasse na necessária exclusão do outro.

A complexidade ambiental que cada vez mais se mostra em evidencia com as crises de diversas ordens despontadas século XXI não irrompe pura e simplesmente da abstração e generalização da *physis*, enquanto princípio de evolução ou progresso na natureza. A evolução da natureza gera algo novo que se desprende da natureza. No processo evolutivo, tanto o surgimento da linguagem, quanto o da ordem simbólica, desencadeiam um monismo ontológico, que se refere a diferença entre o real e o simbólico, e que se fundamenta na consciência do mundo, no significado das coisas, e no conhecimento do real.

Embora a ordem simbólica nasça no mundo que representa, e que se pretenda corresponder e identificar com o mundo real, a ordem do signo e da palavra não é necessariamente uma tradução do real. "Entre lo real e lo simbólico se establece una relación que no es dialógica ni dialéctica, sino uma relación de significación, de conocimiento, de simulación, en la que se codifica la realidade." (LEFF, 2007).

O desenvolvimento da sociedade moderna culminou em dada situação na qual os riscos das mais variadas ordens, riscos sociais, industriais, nucleares, políticos, econômicos e individuais perdem o anteparo e a segurança da sociedade industrial, bem como escapam do controle das instituições. Ademais, os riscos da modernização apresentam o chamado efeito bumerangue, na medida que atingem diversas camadas da sociedade (BECK, 2011).

Na sociedade de risco observa-se que os danos são transfronteiriços, já que se espalham de maneira incontrolável. Através da poluição do ar ou das águas e embrenham-se por todo o globo sem respeito aos limites territoriais. Há então um agravamento de problemas já existentes, que se conectam a novos problemas, os quais derivam da transição da sociedade industrial para a sociedade de risco, sem que, contudo, exista uma adequação dos sistemas institucionais, jurídicos e políticos, hábeis a sanar os impasses desta mudada sociedade.

Sob este enfoque, com a modernidade consolidou-se uma sistemática desenvolvimentista demasiadamente avançada e complexa, na qual inexistem mecanismos que controlem ou disciplinem as externalidades negativas desta matriz de desenvolvimento. É o que Beck (2011) chama de irresponsabilidade organizada, posto que há consciência dos riscos e de suas gravidades, todavia, não há políticas de gestão que respondam a tal conjuntura.

Faz-se urgente repensar o direito, e suas disciplinas ditas autônomas, e como eles podem dar respostas a essa problemática. Para tanto, uma vez que um dos maiores desafios da história da humanidade referem-se às mudanças climáticas, cujos efeitos são transfronteiriços, é necessário pensar na evolução do direito ambiental, do direito urbanístico, e igualmente demais ramos do direito, para um direito que tenha um viés mais ecológico (LEITE, 2020). Para tanto, é importante romper algumas barreiras que, embora por uma metodologia ortodoxa consolidaram ramos autônomos e independentes do espectro jurídico, acabaram por contribuir para a não conexão entre as áreas do conhecimento, o que é fundamentalmente importante no contexto de uma sociedade complexa.

3 O Anteparo científico à veracidade da crise climática global

A concentração de dióxido de carbono (CO2), o principal gás[3] responsável pelo efeito estufa, cresceu 280 partes por milhão (ppm), desde o princípio da Revolução Industrial, para 404 ppm no ano de 2018 (ARTAXO, 2019). Como corolário do aumento da concentração de gases de efeito estufa na atmosfera, a temperatura do planeta está a aumentar significativamente, sobretudo a partir de 1970. Segundo a literatura científica do Painel Intergovernamental de Mudanças Climáticas, a ocorrência de eventos climáticos extremos, a partir de 1990 triplicou (IPCC, 2007), e guarda relação com o aumento da temperatura no planeta.

---

[3] Outros gases como Metano (CH4), Ozônio (O3) e Óxido Nitroso (N2O), assim como Dióxido de Carbono (CO2), absorvem a radiação infravermelha emitida pelo planeta, que é posteriormente restituída na forma de calor para a superfície da terra.

Os relatórios científicos periódicos do IPCC são cada vez mais preocupantes, e já confirmam que as alterações climáticas são decorrentes da atividade antrópica. A intervenção da atividade humana no planeta é tão expressiva que inclusive inspirou a definição de uma nova era geológica, o Antropoceno[4]. Nesse sentido, humanidade e forças da natureza são, por assim dizer, equiparadas, já que ambas têm capacidade de provocar impacto no planeta e inclusive no sistema climático global.

O quinto relatório de avaliação do IPCC (2014) tem robustez científica, além de analisar dados que não foram constados nos relatórios de avaliação anteriores. Dentre vários pontos, o estudo indica que as últimas décadas foram as mais quentes, e que com tal padrão de alteração do clima, para além do aumento do nível do mar, aumento da acidez dos oceanos, derretimento de geleiras, há prognóstico de incremento de outros tipos de desastres, decorrente da alteração do regime de chuvas, correntes marinhas e padrão de ventos, que aumentam a tendência de secas e chuvas intensas. E nas cidades, a intensificação do regime chuvoso, acaba por causar uma certa progressividade de desastres socioambientais, já que desencadeiam, enchentes, enxurradas e deslizamento de terras.

Em 2018, o IPCC divulgou o relatório especial sobre aquecimento global de 1,5º C. Trata-se de um dos textos científicos mais importantes sobre a temática e tem o fito de subsidiar as decisões dos governos no que tange ao cumprimento das metas estabelecidas no Acordo de Paris. Segundo o estudo, é premente que a comunidade internacional adote medidas mais ambiciosas no que tange ao enfrentamento da crise climática, já que as metas assentadas no Pacto Internacional foram revisadas e não se mostram suficientes ao fim a que se destinam.

Recentemente, o IPCC (2021) publicou uma nova avaliação do estado climático do planeta. Neste relatório as compilações e análises científicas corroboram para um chamado de alerta e convocam os tomadores de decisão a atentar-se aos impactos, adaptação e vulnerabilidade uma vez que a crise climática se agrava. Pode-se dizer, com respaldo científico, que muitas das alterações

---

[4] Termo cunhado por Paul Crutzen, prêmio Nobel de Química 1995.

climáticas já são irreversíveis. No sentido de chamar atenção para gravidade da situação, sobretudo em relação à questão do ponto de não retorno, verifica-se a tendência de transição da expressão mudanças climáticas para a locução crise climática.

Além disso, as consequências das alterações climáticas manifestam-se localmente. Muito embora o tema seja tratado no âmbito global, seus efeitos e impactos são sentidos em escala regional, de maneira a influenciar nas atividades econômicas, nos modos de subsistência local, aumentando os riscos tanto à saúde humana, quanto aos conjuntos ambientais, sociais e econômicos. Outrossim, a habilidade na adaptação às alterações do clima é variável conforme a gravidade e a natureza do impacto sofrido em região específica, o que claramente é diversificado em relação às categorias econômicas, localidades e níveis de população, sobretudo em um país de dimensões continentais como é o caso do Brasil.

Este aumento sem precedentes da temperatura tem como resultado na maior incidência de eventos climáticos extremos em todo mundo. Conforme a rede Adaptaclima, especificamente no Brasil, a ocorrência de desastres naturais aumentou mais de 200% nas duas últimas décadas. Tratam-se de desastres que fundamentalmente estão relacionados às águas, em excesso ou em falta, como inundações, enchentes urbanas, movimento de massa e secas.

Desta forma, as pesquisas demonstram que a perspectiva é de que eventos extremos do clima, que antes tinham incidência num contexto de excepcionalidade, tornem-se regra. Este é o novo normal que se impõe. A humanidade vive um momento civilizatório de mudança de paradigma, que requer uma nova hermenêutica jurídica e preparação para planejamento urbano e para políticas públicas urbano-ambientais.

O direito dos desastres ou direito das mudanças climáticas enquanto objeto de estudo é algo que, além de demasiado recente, é urgente. A comunidade científica climática alerta que é necessária uma alteração radical, uma "mudança revolucionária na hegemonia político e econômica" (CLARKE, 2014). Requer que toda a sociedade científica e acadêmica se empenhe no objetivo de concretizar mudanças radicais em relação ao tipo de sociedade que vigora hoje.

A vivência da pandemia de COVID 19 confirmou a percepção de que a humanidade direciona suas atenções, e, consequentemente promove diligências, basicamente frente à ocorrência de riscos tangíveis. A experiência pandêmica escancarou a noção de riscos intangíveis e sua passagem para riscos tangíveis. Desta feita, a irrupção da crise da Covid 19 descortinou não apenas um desastre sanitário, já que as origens e consequências superam essas dimensões, de modo que acaba por trazer importantes reflexões sobre o atual estado de coisas acerca das crises e desastres. (VALENCIO, 2020).

4. GOVERNANÇA CLIMÁTICA NACIONAL E A ARTICULAÇÃO DA DIMENSÃO URBANA À AMBIENTAL

A governança climática internacional tem se construído há aproximadamente 30 anos. Desde então a comunidade internacional, por meio de negociações multilaterais, tem se empenhado para a consolidação das práticas de mitigação e adaptação, através de princípios de governança do clima, como o princípio da equidade intergeracional e princípio das responsabilidades comuns, porém diferenciadas. Todavia, a conotação dramática apresentada pelas pesquisas compiladas pelo IPCC, revela que este empenho ainda está aquém do necessário para que a humanidade não ultrapasse os pontos de não retorno.

Ao seu turno, no âmbito doméstico pode-se afirmar que o Brasil possui um forte anteparo na prevenção e resposta de desastres. As normas ambientais ganharam notoriedade no ordenamento pátrio já na década de 70, o que não ocorreu com as normas urbanas, já que a temática ganhou envergadura normativa anos depois. Foi com o ideário da promoção da reforma urbana na Constituinte de 1988, e posteriormente, com o Estatuto da Cidade, Lei nº 10.251/2001, que a questão urbanística e de planejamento do solo urbano tornou-se tema objeto de maior preocupação.

O Brasil articula em sua matriz legislativa um conjunto de importantes normas sobre gestão de risco de desastres, de planejamento urbano e de gestão ambiental. Consoante preceitua o regime de competências constitucionais, o ordenamento do território urbano (arts. 30, VIII e 182), cabe ao Poder Público Municipal. A competência para legislar acerca da defesa civil (art. 22, XXVIII), calamidades públicas, especialmente secas e inundações (art. 21, XVIII) é da União. A proteção do meio ambiente, por sua vez, encontra-se no rol de competências comuns (art. 23, VI) entre a União, os estados membros, o Distrito Federal e os municípios.

Em linhas gerais, o planejamento contra calamidades públicas decorrente de catástrofes compete à União; o ordenamento territorial urbano aos municípios, e; aos três entes da federação, cabem o combate às condições que contribuem para a devastação do meio ambiente. Neste ínterim, vale lembrar que o meio ambiente, entendido em seu sentido amplo, compreende o meio ambiente natural, cultural, artificial e do trabalho. Assim, fatores como o desmatamento, a questão dos recursos hídricos, drenagem urbana, déficit habitacional, degradação do solo e mudanças climáticas constituem um conjunto complexo de desencadeadores de desastres socioambientais.

Neste contexto, cabe destacar sobre a chamada Lei da Defesa Civil, Lei nº12.608/2012, que traz uma mudança de paradigma na maneira de proceder à gestão de risco de desastres no Brasil. Até a vigência da referida lei, a gestão de desastres era marcada por uma lógica eminentemente reativa e de resposta. Ademais a lei da defesa civil promoveu importantes alterações em outras normas que regulam acerca do ordenamento territorial, como o Estatuto da Cidade, e também a lei nº 6.766/1979.

Tradicionalmente a dogmática pedagógica das cidades insistiu em uma racionalidade extremamente tecnicista e setorizada. As agendas ambiental e urbanística foram construídas e consolidadas através de princípios, diretrizes e objetivos próprios e exclusivos, vistas como um fim em si mesmas. No plano retórico, pouco se fala acerca da integração das agendas e ruptura da setorização excessiva. No plano prático, contudo, tal articulação é quase inexistente, já que são muitos os desafios e entraves a serem superados.

Embora a agenda ambiental a nível nacional ter se consolidado a partir da década de 60/70, importantes diplomas legais ambientais são posteriores à Constituição de 1988, como é o caso da Lei nº 9.433/1997 que institui a Política Nacional de Recursos Hídricos. Em termos temporais, pode-se afirmar que a agenda ambiental ganhou destaque e consolidou-se em momento anterior à agenda urbana. A distinção de momentos históricos em que cada pauta ganhou envergadura no âmbito nacional, entre outras coisas, talvez contribua para a lógica setorizada de operacionalização dos temas.

A questão do ordenamento territorial obteve proeminência a partir da promulgação da Constituição de 1988, que atribuiu aos Municípios a competência para executar a política urbana. Foi com o Estatuto da Cidade, em 2001, contudo, que o capítulo constitucional acerca da política urbana foi regulamentado, e estabeleceu-se a legitimidade dos instrumentos jus-urbanísticos para colimar os objetivos propostos pela lei.

Em que pese as cidades não serem pontos isolados no território, já que há um encadeamento de relações entre si, entre outras cidades, entre o meio rural e o natural; a implementação de políticas públicas, infraestrutura e desenvolvimento ainda apresenta uma lógica bastante setorizada; O art. 2º, I, da Lei nº 10.257/2001 traz a garantia do direito às cidades sustentáveis como uma das diretrizes da política urbana.

A expressão cidades sustentáveis, contida no Estatuto da Cidade, é o elo para a integração das agendas urbana e ambiental. Entendida como o direito à terra urbana, à moradia, ao saneamento ambiental, à infraestrutura urbana, ao transporte e aos serviços públicos, ao trabalho e ao lazer para as presentes e futuras gerações. Todavia, a realidade mostra que a questão ambiental encontrou pouco respaldo na Lei nº 10.257/2001 e em seus respectivos instrumentos, os quais são pouco conhecidos e reconhecidos, e, quando utilizados, estão voltados mais ao combate da especulação imobiliária (FERNANDES, 2021).

Passados 20 anos da aprovação do Estatuto da Cidade, certamente necessário reconhecer que houve avanços na política urbana brasileira. Contudo, o cenário urbano, com o passar dos anos, mudou significativamente. O país de dimensões continentais é metropolizado, as cidades médias e pequenas são as que têm maior inclinação ao crescimento. A atual conjuntura é a de um país pós-industrial, fortemente influenciado pelo processo global de financeirização da terra e igualmente vulnerável aos impactos dos desastres socioambientais numa sociedade marcada pelo risco.

Aliado ao isso, a avaliação negativa dos planos diretores somada ao agravamento da crise urbana corrobora para o descrédito do Estatuto da Cidade. O aniversário de 20 anos da lei se coaduna ao momento de revisão dos planos diretores, alguns inclusive pela segunda vez. Dentre as críticas negativas pode-se ressaltar o municipalismo exacerbado, e a falta de integração entre os âmbitos regional e federal com o municipal (FERNANDES, 2021). Há pouca clareza do lugar dos estados e, sobretudo, da União na política urbana, o que sobrecarrega e dificulta uma gestão pautada na cooperação.

Desse modo, o julgamento negativo dos planos diretores, por ocasião de suas revisões, aliado a intensificação de antigas e surgimento de novas formas de segregação - a exemplo a classe de risco (BECK, 2017) - e exclusão intensificada pelas vulnerabilidades aos desastres, implicam em um panorama que generaliza a noção de inefetividade dos instrumentos contidos no Estatuto da Cidade.

Uma análise dos últimos quatro anos sugere um possível abandono no Estatuto da Cidade e do caráter transformador disposto em seus instrumentos. Isso porque cresce a resistência municipal à atualização dos planos diretores, e igualmente evidencia-se o crescimento de posições cujas culturas jurídico-político-urbanas contrariam o ideário do Estatuto. Um dos exemplos mais graves a esse respeito é a PEC nº80/2019, que visa alterar o conceito de função social da propriedade, minando todo o caráter de transformação das cidades inerente à Lei nº10.257/01.

Outrossim, inobstante a dimensão ambiental estar presente no texto do Estatuto da Cidade, e o direito às cidades sustentáveis constar de modo expresso entre as diretrizes gerais da lei, a experiência tem demonstrado que a temática ambiental obteve pouca sustentação nos instrumentos instituídos pelo Estatuto, os quais são direcionados particularmente ao enfrentamento à especulação imobiliária.

Não é que se esteja a minimizar os avanços alcançados à ordem urbanística pela lei e seus respectivos instrumentos de política urbana. No entanto, os efeitos adversos das mudanças climáticas surgem como questão central no século XXI não apenas para a agenda ambiental, mas também para a urbana. A vulnerabilidade aos desastres inova a desigualdade territorial e a segregação sócioespacial, de modo que a hermenêutica passada pelo Estatuto da Cidade, na era do Antropoceno, ultrapassa a busca ordinária pela reforma urbana, e deve, necessariamente, guiar a construção de cidades sustentáveis e resilientes.

Neste contexto, convêm repensar alguns pontos do Estatuto da Cidade, notadamente aqueles que apresentam maior fragilidade, e que de certo modo, contribuem para a narrativa de que no Brasil existem leis que pegam e leis que não pegam. Desta feita, um dos principais limites, pode-se dizer, é o municipalismo exacerbado, o que acaba por embaraçar as formas de cooperação com os demais entes da federação.

Adicionalmente, a ordem urbana municipal não se articula facilmente com a ordem ambiental estadual. Isso se exterioriza na difícil articulação entre os planos diretores e os planos de bacia hidrográfica. A Política Nacional de Recursos Hídricos, instituída pela Lei nº 9.433/1997, provocou o surgimento de uma nova instância na gestão do território, que são os Comitês de Bacia Hidrográfica. Nesta senda, o Brasil passa a considerar as bacias hidrográficas como uma unidade e gestão e de planejamento. Muito embora esteja previsto, de modo expresso, entre as diretrizes da Lei nº 9.433/1997, a articulação da gestão de recursos hídricos com a gestão do uso do solo, as pesquisas têm evidenciado que, na prática, a harmonização prevista legalmente entre o âmbito municipal urbano e o regional ambiental é de difícil consecução.

Não há que se negar que as questões ambientais extrapolam as fronteiras político-administrativas estabelecidas pelo pacto federativo, é por isso que há a necessidade de estreitamento das relações entre a gestão regional e a gestão urbana. Siloto e Peres (2013) mostram, no entanto, que a interface entre a gestão ambiental urbana e a gestão regional, através da análise da relação entre planos diretores municipais e planos de bacia hidrográfica, além de não ser clara, é marcada mais por disputas e tensões, do que propriamente por articulação e cooperação.

Em remate, a divisão de competências aos entes da federação sobrecarregou o município. O cenário urbano é dinâmico, complexo, e, portanto, já bastante diverso daquele pensado no momento da constituinte de 1988. No âmbito nacional, as regiões metropolitanas, são um exemplo da necessidade de revisão da política territorial administrativa da federação. No contexto internacional, por seu turno, a noção da ruptura do nacionalismo pelo cosmopolitismo (BECK, 2017) corrobora para a noção de que na sociedade dos riscos transfronteiriços, repensar as fronteiras políticas é uma das dimensões para o sucesso da gestão de risco de desastres.

A setorização exacerbada e a visão metodológica cartesiana estorvaram as análises e reflexões sobre a interrelações e complexidades entre as ações políticas, processos, instrumentos e instâncias de planejamento e gestão municipal e regional. A bacia hidrográfica enquanto unidade de gestão e planejamento, e a sua necessária articulação com os planos diretores, demonstram que há necessidades de instâncias intermediárias entre as searas regional e local.

Os instrumentos previstos no Estatuto da Cidade, se verdadeiramente aplicados, e se engajados com a política ambiental certamente contribuiriam para a adaptação das cidades às mudanças climáticas. O eventual abandono da questão urbana no cenário político atual, contribui para o agravamento da situação. Os planos diretores, por sua vez, não lograram êxito na mudança do paradigma da estrutura da propriedade, que ainda é fortemente marcada pelo civilismo e pela concepção sagrada e absolutista da propriedade. A despeito disso, os planos diretores, desde que adaptados no que necessário em termos da gestão ambiental, à unidade das bacias hidrográficas, têm o potencial de ajustar a gestão do uso e da ocupação do solo à agenda verde.

É inegável o avanço normativo e em termos de planejamento urbano logrado com a instituição da Lei nº 12.608/12. Tanto porque rompe com a lógica reativa da gestão de risco de desastres e promove o ideário voltado a prevenção e a proteção, quanto na sua articulação com outros marcos legais, dentre os quais se destaca o Estatuto da Cidade. Toda essa articulação entre a gestão de risco de desastres e a lei de dimensão urbanística reverbera que o planejamento urbano deve se dar de maneira que considere as questões climáticas. A vulnerabilidade aos eventos de cunho catastróficos é uma das dimensões da hermenêutica da função social da propriedade no século XXI.

A despeito da diretriz de que a ordenação e o controle do uso do solo devem se dar de forma que evite a exposição da população a riscos de desastres, o fato é que a maior parte das cidades brasileiras não são constituídas baseadas em processos de respeito ao planejamento. Dessa forma, equacionar a dimensão urbana às questões inerentes às mudanças climáticas pressupõe levar em consideração que, em que pese os desastres serem democráticos, e afetarem as pessoas indistintamente, a cidade informal apresenta maior vulnerabilidade.

Os prognósticos apontam que o quantitativo de pessoas vivendo nas cidades aumentará. Contudo, a dinâmica especulativa e segregadora do mercado imobiliário faz com que o acesso a terra urbana formal não esteja disponível para todo este incremento populacional nas cidades. A moradia é elementar na vida das pessoas, e conseguindo ou não a exercer este direito fundamental social através do mercado imobiliário formal, a habitação, inexoravelmente, ocorrerá. Nem que seja em áreas de risco de desastres.

Portanto, além da integração da dimensão urbanística e ambiental, de modo que o planejamento e gestão do solo urbano estejam compatíveis com o viés protetivo da gestão de risco de desastres; o acesso formal à terra por todas as classes sociais, igualmente, é condição para amenizar os efeitos catastróficos dos desastres socioambientais mais recorrentes no país.

5. DE DESASTRES NATURAIS À DESASTRES SOCIOAMBIENTAIS

As medidas de enfrentamento à crise climática basicamente são divididas em duas frentes: mitigação e adaptação. Por mitigação entende-se as providencias que visem reduzir e/ou eliminar as emissões de gases de efeito estufa na atmosfera. Ao passo que o paradigma da adaptação, considera que algumas das consequências do aquecimento do planeta já ocorrem, ou seja, mudanças no clima do planeta já são percebidas e sentidas. Desse modo, faz-se necessário adaptar às estruturas sociais, políticas, jurídicas, assim como a infraestrutura urbano-ambiental, ao novo cenário, no qual desastres, sim, serão sentidos, em maior ou menor escala, pela população.

Como dito, o arcabouço legislativo brasileiro é robusto no que toca aos princípios e diretrizes de proteção e preservação do meio ambiente, seja natural ou construído. Assim, em termos de adaptação e resiliência das cidades tem-se a já mencionada Lei nº 12.608/12, a Política Nacional de Proteção e Defesa Civil (PNPDEC). E, quanto à frente de mitigação, o ordenamento pátrio conta com a Lei nº 12.187/2009, a Política Nacional de Mudança do Clima (PNMC). Todavia, as políticas públicas de operacionalização dos marcos legislativos são miúdas quando comparadas ao tamanho do desafio que se impõe com a crise do Antropoceno.

Vale ressaltar que o contexto histórico político nacional de aprovação da PNMC era bastante distinto, por assim dizer, da atual conjuntura política. Naquela ocasião, o Brasil dispunha de destaque nas negociações multilaterais climáticas e estabelecia metas ambiciosas de redução de gases de efeito estufa, sendo, inclusive, referência para outras nações. Atualmente, o cenário nacional se mostra contrário à agenda ambiental, o que fica muito claro com o esvaziamento de instituições de proteção e preservação da biota (IBAMA, ICMbio, etc), legitimadas pelo Ministério do Meio Ambiente, e, com o crescente retroceder de parâmetros de proteção ambiental ancorados nas leis.

Independente do contexto, quando se traz à baila a temática dos desastres, a percepção inicial é a de que os desastres são em sua essência singularizados como naturais. No entanto, ao se considerar que desastres nascem da convergência dos fatores risco e vulnerabilidade, é imperioso a compreensão de que a vulnerabilidade nem sempre se refere às fragilidades de cunho estritamente naturais. Na realidade, os desastres também consistem em fenômenos sociais, até porque existem os riscos que se originam de um evento natural, e igualmente, existem os riscos que têm como origem a conduta humana.

A discussão dos desastres no bojo das ciências sociais é recente. A partir da década de 60 foi possível identificar uma corrente sociológica cujo objeto de pesquisa estava relacionado a investigação científica social dos desastres. Convém salientar que a investigação científica dos desastres no ramo das ciências sociais aplicadas, notadamente na esfera jurídica é algo mais novo ainda, sobretudo porque o direito se limitou por um certo período de tempo a encarar os desastres apenas através do campo da responsabilidade civil.

Além disso, os riscos de desastres se potencializam em áreas com altas densidades demográficas, tanto em razão do incremento populacional de um modo geral, quanto em razão da concentração populacional em áreas de risco. Não há que se negar que as formas de ocupação do solo são responsáveis por um substancial incremento nos riscos, e consequentemente nos custos resultantes dos desastres. "É a partir da ocupação de áreas especialmente vulneráveis que se tem uma intensificação das probabilidades e magnitudes de riscos de inundações, deslizamentos, terremotos, incêndios entre outros". (CARVALHO, DAMACENA, 2013).

Especificamente no contexto brasileiro as formas de ocupação do solo como um fator de vulnerabilidade aos desastres são significativamente relevantes. Isso porque tem se tornado muito comum a ocupação irregular de áreas de preservação ambiental, em especial aquelas localizadas às margens de rios e em encostas de morros. Ademais, igualmente se verifica a ocupação em áreas de risco iminente que, no entanto, não se situam legalmente em áreas gravadas como sendo de preservação ambiental. Esta realidade é sem dúvidas, reflexo do mercado imobiliário vigente, extremamente segregador, e que não alcança a maior parte da população, sobretudo nas grandes cidades.

De início, a temática dos desastres foi objeto de estudo das chamadas ciências duras, ou ciências naturais, notadamente sob o paradigma de uma racionalidade simplista e linear. Sob este escopo, os desastres eram vistos apenas através do adjetivo natural. No entanto, faz-se necessário considerar que a atuação antropogênica, de diferentes formas, contribui para a consecução de desastres - seja pelos modos de uso e ocupação do solo, seja pela emissão de gases nocivos à atmosfera terrestre, o que tem gerado severos impactos no regime climático global- de maneira que se trata, na verdade, de desastres socioambientais.

Por todo o exposto, embora relativamente recente a incursão científica do estudo dos desastres pela seara das ciências sociais, é primordial que a temática dos riscos e desastres não seja articulada tão somente pela vertente das ciências naturais. Desse modo, é importante que se retire o qualitativo natural dos desastres, posto que contribui para a concepção de que o mundo é assim, e nesse sentido não há o que se possa fazer para evitar ou até mesmo minimizar os impactos adversos dos desastres. Outrossim, entender a construção social do risco implica na necessária remodelação da hermenêutica dos desastres naturais para desastres socioambientais.

Além disso, os 17 objetivos do desenvolvimento sustentável[5] e suas 169 metas corroboram para a ideia de complexidade e conexão de temáticas que, através do paradigma hegemônico de pensamento cartesiano eram interpretadas unicamente de modo apartado. O pensamento complexo, não desconsidera o pensamento cartesiano, no entanto, o completa, e contribui para estratégia de coalização da Agenda da ONU 2030 para a construção de uma sociedade mais justa e menos desigual, em um planeta em risco e cujas visões antropológicas estão a se metamorfosear (BECK, 2011) (BECK, 2017).

6. CONSIDERAÇÕES FINAIS

Um dos maiores desafios da contemporaneidade refere-se às consequências, em grande parte adversas, decorrentes das mudanças climáticas. E as ações promovidas no século XXI são decisivas no tocante ao enfrentamento da crise que se instaura. Não obstante a resistência de uma frente negacionista, é robusta a base científica comprobatória das mudanças climáticas globais, que atestam, com rigor científico, o aumento significativo de eventos extremos tais como secas, inundações, furacões, dentre outros desastres socioambientais. Tais eventos climáticos intensos interferem sobremaneira tanto na agricultura, quanto em áreas urbanas, de modo a ocasionar severos impactos socioeconômicos, quiçá na própria existência da humanidade

A constatação de uma sociedade assinalada por riscos complexos, invisíveis e transfronteiriços faz surgir a preocupação com a qualidade de vida das gerações futuras. As instituições modernas precisam consolidar ferramentas que sejam sensíveis aos impactos negativos da dinâmica socioambiental e as constantes crises.

---

[5] Objetivos do Desenvolvimento Sustentável: 1 Erradicação da pobreza; 2 Fome Zero e Agricultura Sustentável; 3 Saúde e Bem-Estar; 4 Educação de Qualidade; 5 Igualdade de Gênero; 6 Água Potável e Saneamento; 7 Energia Acessível e Limpa; 8 Trabalho Decente e Crescimento Econômico; 9 Indústria, Inovação e Infraestrutura; 10 Redução das Desigualdades; 11 Cidades e Comunidades Sustentáveis; 12 Consumo e Produção Responsáveis; 13 Ação Contra a Mudança Global do Clima; 14 Vida na Água; 15 Vida Terrestre; 16 Paz Justiça e Instituições Eficazes; 17 Parcerias e Meios de Implementação.

Desta feita, é necessário superar a simplificação, fragmentação, a linearidade e a unicausalidade do paradigma hegemônico de compreensão do mundo, posto que tal racionalidade não dá conta das demandas cognitivas da sociedade. Considerando a necessidade de enfrentamento das crises que se deflagram, que embora distintas se interconectam como que numa teia, a constituição do mundo com componentes isolados e sem interação não corresponde ao todo orgânico da realidade. Sob este prisma, o pensamento complexo, a ecologia e a transdisciplinaridade são alternativas metodológicas à superação das estruturas vigentes, e ao consequente enfrentamento exitoso das crises e desastres que se instauram.

Como se percebe, a sociedade está a se metamorfosear. Com isso, as bases institucionais jurídicas e políticas, não mais se enquadram às demandas sociais que emergem cada vez mais disruptivas. Nessa senda, o direito tradicional, o ambiental clássico, encontra-se obsoleto, pelo que se faz necessário uma nova exegese jus ecológica (LEITE, 2020). A partir de um novo paradigma, que considere a complexidade e conexão da dimensão urbano e ambiental, alcançar as metas do objetivo 11, da Agenda ONU 2030, qual seja, tornar as cidades e os assentamentos humanos inclusivos, seguros, resilientes e sustentáveis.

Em remate, o paradigma de pensamento na modernidade permitiu a consolidação e evolução de pesquisas no campo das ciências naturais, bem como de significativas descobertas para a humanidade. Nada obstante, o mundo e a humanidade estão se metamorfosear, e, desse modo, no campo das ciências sociais, os tradicionais enquadramentos teóricos de mudança, quais sejam: evolução, transformação ou revolução não abarcam com precisão e amplitude o todo complexo que se desenrola no mundo de crise climática. Assim, é preciso ampliar o escopo de visão e modos de pensamento, de modo a contemplar o pensamento complexo e a conjugar princípios e diretrizes da dimensão urbana à ambiental para além do plano da retórica.

Para tanto é necessário repensar os modos de desenvolvimento até então dominantes, posto que são insustentáveis e não resilientes. A matriz hegemômica de desenvolvimento econômico, que se dá unicamente através do indicador do PIB, leva em consideração apenas o crescimento econômico e desconsidera que humanidade e natureza são interdependentes. Nesta senda, o enfrentamento às constantes crises que se deflagram pressupõe romper com o caráter simplista e unicausal que dominaram por muito tempo os parâmetros de racionalidade e de desenvolvimento econômico. Sob o prisma da interdependência e da complexidade, incorporar, por meio de uma nova hermenêutica os direitos humanos emergentes na era do Antropoceno, como é o direito ao clima estável.

REFERÊNCIAS BIBLIOGRÁFICAS:

ALVES, José Eustáquio Diniz. *Dia da Sobrecarga da Terra (22/08/20) e o impacto da Covid-19.* Disponível em: <https://www.ecodebate.com.br/2020/08/21/dia-da-sobrecarga-da-terra-22082020-e-o-impacto-da-covid-19/>. Acesso em: 10 maio 2021.

______. *O relatório do IPCC e a gravidade da crise climática.* Disponível em: <https://www.ecodebate.com.br/2021/08/11/o-relatorio-do-ipcc-e-a-gravidade-da-crise-climatica/>. Acesso em: 12 ago. 2021.

ARTAXO, Paulo. As três emergências que a nossa sociedade enfrenta: saúde, biodiversidade e mudanças climáticas. *Estudos Avançados*, v. 34, n. 100, p. 53-66, 2020.

______. Uma nova era geológica em nosso planeta: O Antropoceno? *Revista Usp*, n. 103. Dossiê Clima, p. 13-24, 2014.

BARLOW, Mathew. *Relatório do IPCC*: ciclo hidrológico está se intensificando com o aquecimento do clima. Disponível em: <https://www.ecodebate.com.br/2021/08/09/relatorio-do-ipcc-ciclo-hidrologico-esta-se-intensificando-com-o-aquecimento-do-clima/>. Acesso em: 12 ago. 2021.

BARRETO, Eduardo Sá. *Mudar o sistema, não o clima?* Disponível em: <

https:/ /esquerda online.com.br/2020/02/06/mudar-o-sistema-nao-o-clima/ >. Acesso em:

______. *A encruzilhada climática que a pandemia revela.* Disponível em: < https://esquerdaonline.com.br/2020/05/05/a-encruzilhada-climatica-que-a-pandemia-revela/>. Acesso em: 26 ago. 2020.

BECK, Ulrich. *A metamorfose do mundo*: como as alterações climáticas estão a transformar a sociedade. Lisboa: Edições 70, 2017.

______. *Sociedade de Risco*: Rumo a outra modernidade. 2. ed. São Paulo: Editora 34, 2011.

CARVALHO, Délton Winter de; DAMACENA, Fernanda Dalla Libera. *Direito dos Desastres*. Porto Alegre: Livraria do Advogado, 2013.

CARVALHO, Délton Winter de. *Desastres Ambientais e sua regulação jurídica*. São Paulo: Revista dos Tribunais, 2015.

CHEROBINI, Ana Lina; MARTINAZZO, José Celso. O pensamento complexo e as implicações da transdisciplinaridade para a práxis pedagógica. *Aprender- Caderno de Filosofia e Psicologia da Educação*, n. 5, p. 165-182, 2005.

CLARKE, Renfrey. *Os novos revolucionários: cientistas do clima exigem mudança radical*. Disponível em: < https://www.ecodebate.com.br/2014/01/29/os-novos-revolucionarios-cientistas-do-clima-exigem-mudanca-radical-por-renfrey-clarke/>. Acesso em 15 abril 2021.

CLIMAINFO. *Relatório do IPCC é ultimato para governos e empresas*. Disponível em: <https://climainfo.org.br/2021/08/09/relatorio-do-ipcc-ultimato-governos-empresas/>. Acesso em: 12 ago. 2020.

FENSTERSEIFER, Tiago. A responsabilidade do Estado por danos causados às pessoas atingidas pelos desastres ambientais associados às mudanças climáticas: uma análise à luz dos deveres de proteção ambiental do Estado e da proibição de insuficiência na tutela do direito fundamental ao ambiente. *Revista Opinião Jurídica*. v.9, n.13, p. 322-354, jan./dez. 2011.

FERNANDES, Edésio. *Estatuto da Cidade, 20 anos depois*. Disponível em: <https://www.conjur.com.br/2021-jul-23/edesio-fernandes-estatuto-cidade-20-anos-depois>. Acesso em: 29 jul. 2021.

GARCIAS, Carlos Mello; FERENTZ, Larissa Maria da Silva; PINHEIRO, Eduardo Gomes. A resiliência como instrumento de análise municipal de riscos e desastres. *Redes*. v. 24, n. 2, p. 99-121, maio-agosto, 2019.

LEFF, Enrique. Complejidad, racionalidade ambiental y diálogo de saberes: hacia una pedagogía ambiental. *Desenvolvimento e Meio Ambiente*, n.16, p. 11-19, jul./dez. 2007.

______. *Racionalidade Ambiental*: a reapropriação social da natureza. Rio de Janeiro: Civilização Brasileira, 2006.

LEITE, José Rubens Morato (Coord). *A ecologização do direito ambiental vigente*: rupturas necessárias. 2. ed. Rio de Janeiro: Lumen Juris, 2020.

MORIN, Edgar. *Introdução ao pensamento complexo*. Porto Alegre: Sulina, 2015.

PERES, Renata Bovo; SILVA, Ricardo Siloto da. Interfaces da gestão ambiental urbana e gestão regional: análise da relação entre os planos diretores municipais e planos de bacia hidrográfica. *URBE- Revista Brasileira de Gestão Urbana*, v. 5, n.480, p. 13-25, jul./dez. 2013.

POTT, Crisla Maciel; ESTRELA, Carina Costa. Histórico Ambiental: Desastres Ambientais e o despertar de um novo pensamento. *Estudos Avançados*, v. 31, n.89, p. 271-283, 2017.

QUEIROZ, Edna; BODSTEIN, Airton. Territórios e Bacias Hidrográficas: Reflexões a propósito da gestão de recursos hídricos e seus possíveis desdobramentos sobre as práticas de defesa civil frente aos desastres de origem hídrica. *Inter Science Place*, v. 16, p.46-68, 2011.

RODRIGUES, Maria Rita. Da resposta à prevenção: interfaces entre a gestão de risco de desastres e o planejamento urbano. *Geo UERJ*, n. 36, p. 1-20, 2020.

______. *Gestão de risco de desastres*: Implicações da Governança sob o panorama das reformas legislativas. 2018. 174f. Dissertação (Mestrado em Direito da Cidade) - Universidade do Estado do Rio de Janeiro, Rio de Janeiro, 2018.

SANTOS, Angela Moulin Simões Penalva. *Município, Descentralização e Território*. Rio de Janeiro: Forense, 2008.

SANTOS, Boaventura de Sousa. *A cruel pedagogia do vírus*. Coimbra: Almedina, 2020.

SCHIMITT, Carl. *El concepto de lo político*. Madrid: Alianza Editorial, 2009.

SÉGUIN, Elida. A lei da defesa civil: algumas considerações. *Revista Interdisciplinar do Direito*, v.9, n. 1, p. 207-2030, dez. 2012.

SULAIMAN, Samia Nascimento; ALEDO, Antonio. Desastres Naturais: Convivência com o risco. *Estudos Avançados*, v. 30, n.88, p. 11-23, 2016.

UNITED NATIONS ENVIRONMENT PROGRAMME. *Emissions Gap Report 2020*. Nairobi: UNEP, 2020.

VALENCIO, Norma; OLIVEIRA, Celso Maran de. (Org.). *Covid-19:* crises entremeadas no contexto da pandemia (antecedentes, cenários e recomendações). São Carlos: UFSCar/CPOI, 2020.

AS TEORIAS DA GENTRIFICAÇÃO: DA LITERATURA HEGEMÔNICA AO CONTEXTO BRASILEIRO

THE THEORIES OF GENTRIFICATION: FROM HEGEMONIC LITERATURE TO THE BRAZILIAN CONTEXT

Natália Sales de Oliveira[1]

Resumo: O objetivo deste artigo é apresentar uma parte da pesquisa realizada em sede de mestrado denominada *Gentrificação e moradia social: como a política urbana pode atuar*. Expõe-se o conceito de gentrificação e as teorias que se propõem a explicá-la. Partindo da literatura que denomino "hegemônica", debato duas teorias: econômica (*rent gap*) e consumerista. Nesta sessão, apresento o primeiro resultado de pesquisa: como a gentrificação se relaciona com o empreendedorismo urbano como forma de planejamento público do espaço. Na segunda sessão, abordo a literatura contra-hegemônica que se propõe a entender o fenômeno em contexto latino-americano e, em especial, nas cidades do Rio de Janeiro e São Paulo. Partindo das teorias de Betancur e Janoshka, *et. al.* apresento o debate sobre como o processo se dá em países latino-americanos. Neste momento, apresento o segundo resultado de pesquisa: as duas localidades brasileiras estudadas mostram indícios de um processo de gentrificação

---

[1] Doutoranda em Teoria e Filosofia do Direito pela Universidade do Estado do Rio de Janeiro. Bolsista CNPq. Membro do Laboratório de Estudos Interdisciplinares Crítica e Capitalismo (LEICC-UERJ). Mestre em Direito da Cidade pela Universidade do Estado do Rio de Janeiro.

contemporânea por meio de estímulos do poder público através de vultosas obras públicas.

Palavras-chave: gentrificação, empreendedorismo urbano, *rent gap*.

1. INTRODUÇÃO

A proposta desse artigo é apresentar o debate teórico sobre gentrificação realizado em sede de dissertação. Em razão disso, já alerto aos leitores que optei por escrever na primeira pessoa do singular justamente para indicar minha posição de autora da pesquisa, "(...) ou seja, falar em primeira pessoa, nesse caso, não tem nada a ver com fazer da escrita um confessionário nem um palco narcísico, mas um equipamento de enunciações, ponderações, postulados e argumentos (...)" (PEREIRA, 2013; p. 226). Indico, portanto, a pessoa quem formulou a pesquisa, o que não significa abandono dos critérios metodológicos científicos: o esforço do rigor argumentativo e científico permanece. O ponto que levanto, portanto, é de que como autora de uma pesquisa científica, fui atravessada por ela; logo, há um aspecto pessoal ao longo dessa trajetória. Entretanto, o objetivo de compreender um fenômeno social a partir de elaborações teóricas, como será explicitado ao longo do artigo, foi realizado por meio de revisão e análises de literatura acadêmica sobre o tema. Por fim, essa escolha também se dá com o objetivo de abrir ao leitor e colega pesquisador a possibilidade de apontar fragilidades e questionamentos de minhas conclusões, contribuindo, assim, com o desenvolvimento e evolução neste debate.

O objetivo de pesquisa foi analisar o fenômeno da gentrificação, sua possível existência em cidades brasileiras e como a política urbana adotada poderia estimulá-la ou mitigá-la. A investigação se dividiu em três eixos. O primeiro foi dedicado a entender o que é gentrificação e discutir as teorias que se propunham a explicá-la, apresentando-se, então, revisão da literatura sobre o tema. No segundo eixo, o foco foi o contexto nacional, no sentido de compreender como o fenômeno poderia ser observado nas cidades do Rio de Janeiro e São Paulo, e sua relação com o empreendedorismo urbano como forma de planejamento. Por fim, se no segundo eixo da pesquisa observei que a ação estatal voltada para o planejamento urbano no quesito políticas públicas de moradia acabavam por estimular o fenômeno, no terceiro eixo apresentei em que medida um instrumento de política urbana, a cota de solidariedade, voltada para habitação de interesse social poderia mitigar o processo. Como se pode perceber, tratou-se de uma pesquisa ambiciosa que procurou lidar com vários aspectos do debate: o conceito, o motivo e sua "solução". A maturidade acadêmica faz perceber hoje que essa abordagem é muito extensa para uma única pesquisa. Entretanto, foi capaz de trazer contribuições sobre a existência e desenvolvimento do fenômeno no contexto brasileiro.

Devido à extensão da pesquisa à época, aprofundar todos os seus ângulos seria inviável para os propósitos dessa edição comemorativa. Em razão disso, opto por centralizar os aspectos teóricos. Esta escolha se dá em razão das mudanças que se deram nas políticas públicas, planos e legislações das cidades analisados à época, o que implicaria em algum anacronismo da pesquisa. Dessa forma, opto por resgatar neste artigo as seguintes contribuições: a) apresentação das teorias da gentrificação conforme o que denominei "literaturas hegemônica e contra-hegemônica" e sua relação com um contexto de empreendedorismo urbano e políticas públicas; b) as teorias sobre a existência ou não da gentrificação no contexto latinao-americano e, mais especificamente, nos centros antigos de São Paulo e Rio de Janeiro. Trata-se de contribuições teóricas potencialmente mais duradouras e, por essa razão, merecedoras desse destaque.

O artigo está dividido em duas sessões além da introdução e conclusão. Na primeira, exponho o conceito de gentrificação e desenvolvo as teorias que se propõem a explicá-la. Nesta sessão, apresento o primeiro resultado de pesquisa: como a gentrificação se relaciona com o empreendedorismo urbano como forma de planejamento público do espaço. Na segunda sessão, abordo a literatura contra-hegemônica que se propõe a entender o fenômeno em contexto latino-americano e, em especial, nas cidades do Rio de Janeiro e São Paulo. Neste momento, apresento o segundo resultado de pesquisa: as duas localidades brasileiras estudadas mostram indícios de um processo de gentrificação contemporânea por meio de estímulos do poder público com obras públicas vultosas.

2. AFINAL O QUE É GENTRIFICAÇÃO? APRESENTAÇÃO DO CONCEITO E SUAS TEORIAS.

Gentrificação é um neologismo criado a partir da tradução literal do vocábulo inglês *gentrification*. Empregado pela primeira vez pela socióloga britânica Ruth Glass em 1964, ele descrevia um novo processo de mudança urbana que se iniciava no centro de Londres. As mudanças descritas por ela são hoje conhecidas como gentrificação clássica (LEES; SLATER; WYLY, 2008) e expressavam a "invasão" da *gentry* ("pequenos nobres ingleses") nos bairros onde residia a classe trabalhadora, substituindo a população então residente. A definição desse vocábulo sofreu mutações ao longo dos anos em razão das alterações nas dinâmicas urbana e social, ganhando um determinado conceito a depender da teoria sob a qual é analisado.

Como se trata de dinâmicas urbanas, o processo não será exatamente o mesmo, conforme o conceito tradicional elaborado por Glass, em qualquer época. Em razão disso, a palavra tende a ser vista como flexível o suficiente para permitir novas situações e refletir as mudanças da época, contudo, deve também identificar um núcleo estável para que o conceito não seja completamente descaracterizado. Após analisar as teorias que tentam explicar como esse fenômeno se desenvolve, é possível sugerir alguns elementos desse núcleo conceitual: o reinvestimento de capital, o "upgrade social" com a chegada de população de maior renda, a mudança na paisagem urbana local e a saída da população de menor renda (LEES, *et al.*, 2008, p. 158).

A gentrificação, portanto, trata-se geralmente de um fenômeno específico de áreas centrais e/ou históricas das cidades que outrora eram áreas valorizadas e de ocupação da classe média. Uma vez desvalorizadas, deixaram de ser residência dessa última e passaram a ser locais de moradia da classe trabalhadora e de menor poder aquisitivo. A partir do momento em que essas áreas recebem uma injeção de capital, elas voltam a ser valorizadas e atraem a população de classe média de modo a expulsar, discretamente ou não, a população trabalhadora que não mais tem condições de arcar com aquele preço da terra. Observa-se, portanto, que a gentrificação está associada a processos de reestruturação urbana como os de renovação, reabilitação, regeneração/requalificação e revitalização, que implicam na transformação urbana com obras de conservação e recuperação, readaptação de edifícios e espaços urbanos. Implica também na demolição daquela estrutura "degradada" e a substituição por um novo padrão urbano ou ainda o resgate da qualidade de determinada área com a melhoria das condições físicas de seus edifícios e do espaço urbano (MENDES, 2014).

No início da investigação, a percepção do fenômeno da gentrificação enquanto uma dinâmica existente e concreta da vida urbana foi se complexificando com a elevação do mesmo a um conceito teórico que acomodava debates e discussões entre elaborações teóricas diferentes. Este foi o primeiro desafio da pesquisa: antes de investigar sobre a existência da gentrificação enquanto uma dinâmica concreta em cidades brasileiras, primeiro precisaria expor o que se compreendia como gentrificação em termos teórico-conceitual. Ao encontrar esse debate, constatei que este se iniciara no mundo anglófono, em que abordagens teóricas diferentes se propunham a entender o que era, como e porque a gentrificação ocorria. Neste momento, constatei que essas elaborações são construídas tendo como base de análise cidades norte-americanas e/ou europeias ocidentais; sendo, portanto, capazes de compreender satisfatoriamente a dinâmica do fenômeno nessas localidades ou em outras similares a elas. A realidade latino-americana, entretanto, é diferente; logo, também a análise da gentrificação nesta realidade poderia ser diferente. Em razão disso, a abordagem de análise se pautou, naquele momento, em revisão da literatura hegemônica, original e anglófona, sobre o assunto, e em literatura contra-hegemônica, com foco na América Latina. A proposta foi expor em quais pontos se divergiam e quais as bases comuns – se existentes – para definir a gentrificação.

2.1. As teorias que explicam a gentrificação: a literatura hegemônica

A primeira das teorias é a tese econômica de *rent gap* elaborada por Neil Smith e pautada na análise da produção capitalista do espaço urbano. A segunda é a tese sociológica/consumerista bem representada por David Ley e Chris Hammnet. Os estudos anglófonos sobre o tema, com o passar dos anos, desenvolveram o conceito de gentrificação, partindo de seu formato clássico, cunhado pela socióloga Ruth Glass e evoluiu até o conceito de gentrificação contemporânea.

Aliada à relação entre mobilidade de capital e governança urbana com produção capitalista do espaço, na primeira teoria uma característica é essencial para configurar-se à gentrificação: a *rent gap* (traduzido como renda diferencial) elaborado por Neil Smith e construída a partir de análises da realidade norte-americana. Esse autor foi influenciado pela tese de David Harvey sobre a aplicação de excedentes de capital na urbanização. Smith parte da necessidade de investigar por que alguns bairros são mais lucrativos para se desenvolver e se valorizar do que outros. Uma teoria da gentrificação deveria responder a essa pergunta para possibilitar o entendimento de como o fenômeno é, de fato, produzido. A teoria nasce, portanto, da ideia de desenvolvimento, desinvestimento e renda diferencial.

A geografia espacial cria diferenciações para o investimento de capital, isto é, os investimentos recebidos por um determinado ambiente – condições necessárias naquele espaço urbano para a reprodução do capital, como fábricas, escritórios, comércios etc. – não podem ser rapidamente removidos daquela localidade ou facilmente transferidos para outra área. Isso ocorrerá quando mudanças tecnológicas, questões migratórias, redes de comércio, dentre outros fatores ameaçarem a lucratividade atual daquele primeiro espaço. Nesse momento, os capitalistas são forçados a escolher entre manter os investimentos e aquela lucratividade já assentados em uma localidade ou explorar novas oportunidades, abandonando a antiga. É a lógica do desenvolvimento desigual: o desenvolvimento de um obstaculiza o outro levando esse último ao subdesenvolvimento. Quando isso existe em uma área, criam-se oportunidades para futura nova fase de desenvolvimento. Isso forma a "gangorra locacional" em que ocorre o sucessivo desenvolvimento, subdesenvolvimento e redesenvolvimento das localidades em função de o capital migrar de um local para outro através do tempo. Desse modo, cria e destrói suas próprias oportunidades de se desenvolver e se reproduzir (SMITH, 1982); (LEES; *et. al.*, 2008).

O impulso capitalista exige novos ambientes para melhor desenvolvimento do capital e de localidades que permitam a sua reprodução máxima de modo que, com esse processo, desvaloriza-se investimentos em áreas anteriores e essas em si. Esse pensamento foi utilizado por Smith para associar essa dinâmica do desenvolvimento capitalista às parcelas individuais de terra dos centros da cidade, em que a gentrificação, a pobreza e o subdesenvolvimento conectam-se (LEES; *et al.*, 2008). Essa dinâmica se alia à ideia de renda capitalizada no momento (*capitalized ground rent*) e renda potencial a ser capitalizada (*potention ground rent*). O desenvolvimento urbano está atrelado à função de maximizar o lucro, assim todos os envolvidos nesse processo (proprietários de terras, investidores, empreendedores etc.) são incentivados a usar uma parcela de terra para alcançar esse lucro máximo, valendo-se para isso do contexto urbano local, de tecnologias de construção, da localização (a qual será crucial para definir o melhor uso daquela parcela de terra), das acessibilidades locais, dentre outros. Todos esses últimos fatores ao fim são essenciais para definir o valor monetário socialmente construído daquela terra urbana. Esse valor é capturado pelos proprietários, em função de direitos de propriedade, em forma de renda, ou seja, quanto eles podem exigir de outrem para que tenham o direito de usar suas terras. Uma vez que os elementos mencionados podem mudar com o tempo e em função do desenvolvimento urbano (novas tecnologias podem aparecer, assim como novos locais com maiores acessibilidades ou com atributos mais valorizados que os antigos etc.), o capital ali investido e a própria área estão mais vulneráveis aos fatores que alteram a economia urbana daquela localidade. O uso daquela terra torna-se, então, menos competitivo e menos lucrativo. Esses fatores implicam na diminuição do valor daquele espaço e, consequentemente, da renda atual capitalizada com o presente uso da terra (LEES; *et al.*, 2008).

Já a renda potencialmente capitalizada é aquela auferida de locais que se mostram com grande potencial de oferecer a reprodução máxima do capital. Assim, o subdesenvolvimento de uma localidade estimula o desenvolvimento de outra. No exemplo de subúrbios e centro, o fato de os primeiros não mais possibilitarem elevada arrecadação de lucro pelos proprietários de terra e empreendedores faz com que esses locais não sejam atraentes ao investimento. Em contraposição, aplicá-lo no centro da cidade, local onde a renda atual é muito baixa, viabilizará que, no futuro próximo, os investidores obtenham elevados lucros ao comercializar as propriedades da área; por isso, renda potencialmente a ser capitalizada. Ao passar dos anos, a distância entre a renda atualmente capitalizada e a renda potencialmente capitalizada torna-se mais visível. A primeira está condicionada pelos investimentos anteriores e é prejudicada pelos custos de manutenção das construções. Diferentemente, a segunda vai aumentando regularmente enquanto houver outra localidade que sofra a combinação de aumento populacional, expansão de polos de emprego, inovações tecnológicas etc., e existam empreendedores, investidores e proprietários de terras que queiram usar essa nova localidade para capitalizar um lucro máximo. Paulatinamente, o espaço menos lucrativo vai se tornando menos atraente, não só ao capital, mas também para a sociedade, de modo que tudo isso reforça sua desvalorização patrimonial. Assim, em função de possuir valor da terra mais baixo, atrai residentes de menor poder aquisitivo, por ser o único local que conseguem arcar e manter sua reprodução social. Em pouco tempo o local deixa de ser um espaço seguro para investir e, para aqueles com maior poder aquisitivo, menos atraente para residir.

Essa diferença existente entre as duas rendas formam a renda diferencial (*rent gap*), essencial para se vir configurada a gentrificação. Essa última irá ocorrer quando a diferença entre as duas rendas estiver ampla o suficiente, pois somente nessa circunstância os empreendedores podem comprar parcelas de terras e edifícios por um preço bem baixo, podem pagar aos construtores os custos para a reabilitação e, após isso tudo, vender o produto final por um preço que ainda lhe viabilize um lucro mais que satisfatório.

Dessa forma, o desenvolvimento espacial desigual e a desvalorização frequente do espaço construído, no caso, os centros das cidades que vão desvalorizando-se, são produzidos de forma intencional para garantir o futuro investimento de capital (MENDES, 2014). Esse desenvolvimento desigual é intensificado pela necessidade do processo de acumulação capitalista em desvalorizar os seus investimentos passados para reproduzir-se através de uma destruição criativa (HARVEY, 2011) (SMITH, 1982). Portanto, inclusive as preferências dos consumidores, que irão comprar os empreendimentos, estão vinculadas à necessidade de encontrar-se uma taxa razoável de lucro no investimento financeiro.

Dessa hipótese originaram-se críticas. A principal delas diz respeito à dificuldade de mensurar a renda diferencial. Assim, para mensurá-la apropriadamente, o pesquisador necessitará descobrir indicadores específicos como anos de dados relativos àquela terra em estudo, detalhes sobre as condições de mercado atuais e antigas, a própria vizinhança e subsídios governamentais existentes para aquela localidade. É um estudo que apresentará variação de local para local, pois as características serão diferentes. Isso implicaria em uma pesquisa densa, longa e muito precisa para cogitar a avaliação do *gap* entre as duas rendas. Ademais, o conceito essencialmente econômico, que enfatiza o absoluto controle que os proprietários e os empreendedores detêm sobre os direitos de uso e lucros advindos do uso da terra, deverá ser forçado a considerar as diferenças legais, políticas e econômicas ocorridas em vários períodos históricos e nos diferentes países e cidades. Essa é, então, outra variável que compromete medir seguramente a *rent gap*. Assim, embora haja fortes evidências de que a trajetória das duas rendas siga o que foi teorizado por Smith, os contextos de cada espaço e do tempo influenciam, fazendo com que nem sempre exista um gatilho que possibilite prever o processo de gentrificação.

Em razão dessas dificuldades, outra teoria ganha visibilidade. Nesta, as preferências consumeristas, ou seja, as relações sociais e culturais são enfatizadas. Conforme essa abordagem, a gentrificação é percebida como consequência na mudança da estrutura industrial e ocupacional nas cidades de capitalismo avançado, onde se constatou a diminuição de empregos voltados para a indústria e a ascensão daqueles voltados para a prestação de serviços (setor terciário) levando ao aumento da quantidade de profissionais de classe média que, em razão de suas funções profissionais, preferiam residir nos núcleos/centros das cidades aos subúrbios (LEES; et al., 2008). Se a primeira teoria parte da produção capitalista do espaço e da dinâmica da sociedade capitalista, a segunda parte da análise do indivíduo e as escolhas que este faz para melhor viver e sobreviver na nova configuração social que se forma. Assim, os adeptos dessa segunda teoria preocupam-se em perceber quem são os gentrificadores e pretendem demonstrar como as condições de vida interferem nas escolhas consumeristas, ou ainda, quais os motivos que os levam a querer residir em áreas centrais antes desvalorizadas. Dessa forma, estudam a origem dos gentrificadores, quem eles são e o que os leva a viver nas áreas centrais. Essas personagens são vistas como sujeitos individuais que precisam escolher onde morar, e não como investidores/empreendedores imobiliários. Há aqui o enfoque nas questões identitárias do grupo que decide se mudar, e de fato o faz, para a área central: quem são; de qual sexualidade, gênero e etnicidade; de onde vêm, porque estão indo etc. São vários os autores que se valem dessa abordagem e cada um ocupa-se da característica que elege como a principal.

David Ley, geógrafo entusiasta dessa hipótese, percebe a gentrificação como fenômeno oriundo do surgimento da cidade pós-industrial. A sociedade que nasce dessa mudança estrutural teria alterado a racionalidade do uso da terra urbana e os profissionais de classe média formariam uma espécie de extensão desse processo, já que procuram uma qualidade de vida específica a qual não se subsuma somente às questões econômicas. Nesse sentido, essa teoria estrutura-se, portanto, na análise da pós-industrialização e a profissionalização (setor terciário) comuns a partir de um dado momento nas cidades capitalistas. Dessa forma, os adeptos da teoria defendem que a explicação da gentrificação não é simplesmente econômica, mas representaria uma nova fase no desenvolvimento econômico em que fatores ligados às preferências de consumo, gostos e estética particular sobre a cidade levariam uma classe média em expansão a enxergar uma urbanização alternativa à suburbanização. Chris Hamnett, por sua vez, também entusiasta dessa abordagem, alega que a peça central da gentrificação é a análise das condições para a produção de potenciais gentrificadores. A teoria de Hamnett destaca a profissionalização característica dessa nova sociedade. Assim, a grande mudança estrutural na produção, a alteração na divisão de trabalho e o aumento de uma classe de serviços localmente centralizada são pontos essenciais em sua teoria, pois os trabalhadores profissionalizados e administradores que surgiram dessas alterações são os gentrificadores. A gentrificação, portanto, seria o produto da transformação de cidades industriais para centros de serviços, negócios e indústrias de criação e cultura. Tudo isso associado a mudanças na estrutura ocupacional e de renda produzem elevação da classe média que, segundo Hamnett, substitui a classe trabalhadora industrial nos centros das cidades (LEES; *et al.*, 2008).

Uma vez que o fator mais investigado nessa teoria é quem são os gentrificadores, averiguar qualitativamente o que os motiva é essencial. Desse modo, essa teoria possui substancial literatura acerca de alguns aspectos pesquisados, como a contracultura, questão de gênero, sexualidade, etnia e estética da gentrificação.

Os entusiastas da primeira teoria aqui descrita encontraram aspectos problemáticos na segunda tese. Primeiramente, estudar gentrificação como prática de consumo deixa de lado os efeitos negativos do processo, como a expulsão da população de baixa renda. Em segundo, ao marcar temporalmente a emergência da gentrificação, quando da insurgência de uma sociedade pós-industrial, olvida-se que esse não é um fenômeno novo, mas apenas intensificado a partir de então.

Por fim, alegam que evidenciar preferências de consumo é muito superficial – a gentrificação não ocorre tão somente porque um grupo decidiu mudar para aquela área, mas porque aquela localidade começou a atrair este grupo. Assim, as escolhas daquele consumidor que irá gentrificar seriam motivadas pelo fato de que residir naquela localidade traz vantagens econômicas como a proximidade dos polos de emprego e a existência de atrações culturais, viabilizadas em decorrência dos esforços da iniciativa privada e/ou do Poder Público em alavancar aquela área.

Com o decorrer dos anos – e as subsequentes mudanças pelas quais as estruturas globais passaram tais como, maior mobilidade de capital, regime de acumulação flexível etc. – e a partir de observações do fenômeno em outros espaços, parte dos estudiosos da gentrificação começaram a entender essas teorias como complementares ao invés de conflitantes; apesar de suas diferentes bases epistemológicas. Afinal, o aspecto econômico juntamente com o novo contexto estrutural pós-industrialista e de elevada profissionalização do trabalho são fundamentais para a análise da conjuntura em que a há o fortalecimento da gentrificação e a propagação no ambiente urbano.

2.2. Um primeiro resultado de pesquisa: a relação íntima entre gentrificação e empreendedorismo urbano.

A gentrificação foi observada até aqui conforme estudos realizados em países centrais, especialmente os de língua inglesa. As análises realizadas embasaram-se na observação do fenômeno em cidades com um histórico político, econômico, cultural e urbano específicos daqueles países. Entretanto, a partir de um dado momento, o processo estaria generalizado e sua forma de desenvolvimento seria similar, conforme defende Smith (2006). Assim, com o objetivo de fazer um histórico da gentrificação, este apresenta as dimensões do processo em Nova Iorque sintetizado por três ondas. A primeira onda diz respeito a momentos anteriores da crise financeira e fiscal após 1973 e foi denominada de gentrificação esporádica. Já na segunda, do final da primeira até os anos de 1980, houve uma consolidação do processo. Por fim, a terceira, a partir dos anos 1990, é o momento em que os processos de gentrificação generalizam-se pelo globo.

Conforme o autor, quando os financiamentos públicos passaram a favorecer os investimentos privados, o que ocorre a partir da segunda onda, as características da gentrificação evoluíram de modo significativo. É neste mesmo momento em que ocorre ampliação do neoliberalismo como resposta à crise do Estado de bem-estar social.

É a partir da terceira onda que o desenvolvimento do processo seria similar em outras localidades do mundo. A gentrificação generalizada atinge não só residências, mas também o comércio, locais turísticos e complexos culturais. A gentrificação da cidade é percebida como uma conquista altamente integrada do espaço urbano; a estratégia, passa a ser não somente residencial, mas na cidade toda: a gentrificação agora produz paisagens urbanas que as classes médias podem consumir, já que os sem-teto foram evacuados. O fenômeno apresenta-se, então, como estratégia urbana global, que evoluiu como estratégia urbana para as municipalidades em comum acordo com o setor privado. Dentro desse contexto, Smith (2006) aponta como dimensões dessa generalização: o novo papel do Estado (com intensificação de parcerias público-privadas), a penetração do capital financeiro (com grande afluxo de capital globalizado nos grandes projetos em centros urbanos e em programas residenciais), as mudanças no nível de oposição política (com o surgimento de movimentos sociais de sem-teto, locatários e outros grupos afetados e contrários ao processo criando a resistência à gentrificação), a dispersão geográfica (com difusão do processo para além do perímetro central) e a generalização em si do processo.

É neste período da terceira onda que se observa a tendência da governança empreendedorista. Esta última se intensificou a partir das crises financeiras e fiscais dos Estados-Nação aliado à mudança no sistema financeiro global pós-crises do petróleo a partir de 1970. Todos esses fatores, juntos, auxiliaram para que se fomentasse o empreendedorismo urbano e, concomitantemente, a mercantilização das cidades com o padrão capitalista de produção do espaço. Como bem demonstra Harvey (2006), houve uma mudança sensível na governança global a partir, especialmente, dos anos de 1970 – momento em que a abordagem administrativista de ação estatal é substituída pelo empreendedorismo. A primeira abordagem caracterizou-se por um Estado forte e centralizado, com capacidade financeira de arcar com os custos dos direitos sociais, embasado em ideais keynesianos. Era, assim, o Estado de bem-estar social com regime fordista de produção. A recessão das economias dos países em 1973, em função da crise do petróleo, aliada à declinante capacidade dos Estados-Nação em controlar fluxos financeiros de empresas multinacionais e à transição do modelo fordista e da gestão keynesiana para o de acumulação flexível, foram motivos essenciais para que essa abordagem se tornasse obsoleta e inadequada para a nova configuração global.

O Estado teve que mudar suas funções para responder à crise econômica e as novas formas de produção e acumulação de capital que surgiam. Além de solucionar, também, a própria crise administrativa, financeira e política. As políticas econômicas até então vigentes, embasadas em ideias keynesianos, o aparelho estatal de oferta de bens e serviços e o sistema de bem-estar social foram identificados como os principais elementos que ofereciam pesado ônus à situação financeira dos Estados. O tamanho do aparelho estatal foi considerado excessivo e os suportes estatais ao compromisso social foram atenuados em razão de o poder público não mais ter arcabouço financeiro para arcar com esses. Além das crises mencionadas, a mudança de um regime de finanças bancárias reguladas para um regime de finanças especulativas, de mercado e diretas reforçou a alteração para uma governança empreendedorista: mais flexível e menos rígida. Essa configuração na economia mundial e no mercado financeiro internacional teria causado, conforme o autor, grande excedente e maior mobilidade de capital.

Após a década de 70, investimentos na urbanização teriam se tornado global, conforme o autor, com o auxílio dos mercados mundiais financeiros responsáveis por organizar o crédito necessário para sustentá-la. Dessa forma, investimentos nas cidades e em sua infraestrutura urbana tornaram-se ainda mais comuns, intensificando, assim, a governança empreendedorista e estimulando investimentos nas cidades. A absorção de capital através da urbanização não gerou benefícios apenas aos empresários, mas também ao poder público. Como o Estado-Nação já não podia repassar vultosos recursos para os outros entes da federação e esses já não conseguiam arrecadar elevados insumos financeiros, receber investimentos oriundos do setor privado representaria grandes vantagens econômicas, principalmente, para os poderes públicos locais e estaduais Harvey (2011).

A mudança do administrativismo urbano para o empreendedorismo resultou em uma série de alterações que refletiram em outros setores, um deles é o surgimento da noção de parceria público-privada, em que a iniciativa privada se alia aos poderes governamentais locais atraindo financiamento para os projetos públicos. A questão, porém, é que essa atividade de parceria é empreendedora. Uma vez que o setor privado tem interesse rentável nessa associação, a execução e o projeto dessa ação terão caráter especulativo, sujeitando-se a riscos associados somente ao desenvolvimento especulativo, diferentemente do desenvolvimento planejado e coordenado. Isso, em muitos casos, significou a assunção de risco pelo setor público e o recebimento dos benefícios pelo setor privado. Apesar disso, as cidades passaram a almejar, cada vez mais, tais parcerias, por serem capazes de prover grandes recursos financeiros para os ambientes urbanos (HARVEY, 2006).

Através do empreendedorismo urbano, as cidades, além de tornarem-se protagonistas nesse novo sistema, transformaram-se em locais ideais para a reprodução do capital. Percebe-se que a governança urbana se orientou, então, para o desenvolvimento de um ambiente favorável aos negócios e para elaboração de formas de atração de capital para a cidade. Nota-se que, a missão do empreendedorismo "(...) é atrair fluxos de produção, financeiros e de consumo de alta mobilidade e flexibilidade para seu espaço" (HARVEY, 2006, p. 180).

Esses fatores juntos, portanto, possibilitaram maior mercantilização das cidades e propiciaram um efeito importante sobre a terra urbana: a de que ela é um capital a ser valorizado. Dessa forma, impactos na especulação imobiliária e no preço da terra são claros, fortalecendo o encarecimento da terra urbanizada e bem localizada. É nesse cenário, então, que o processo de gentrificação se intensifica e se fortalece. O objetivo de atrair capital, nacional e estrangeiro, para seu território, faz com que as cidades estimulem a renovação de algumas áreas "degradadas" e desvalorizadas. São locais capazes de atribuir uma noção de identidade à cidade e aos seus indivíduos através do "resgate" do patrimônio histórico e/ou cultural ou sua arquitetura colonial, por exemplo. São características únicas, capazes de atrair turistas, empresas e outros investidores para aquela área, possibilitando melhor posição na concorrência interurbana. Através de mentalidades semelhantes, o poder público, muitas vezes em parceria com a iniciativa privada, promove incentivos fiscais, estimula a concentração de museus, teatros, cinemas e outros eventos culturais na área e promove desapropriações e remoção do comércio informal nesses locais para, assim, atrair investimentos e capital. Essas modificações gerarão a valorização imobiliária naquela localidade quando nenhuma medida preventiva for tomada. E, uma vez que se tratava de um local com baixo preço da terra, era usado para residência e consumo para a população de menor renda. Contudo, a valorização imobiliária resultará na eventual expulsão desse grupo e, caso o local consiga exercer atratividade suficiente, ocorrerá sua substituição por outro que "pertença" aquele lugar, ou seja, por uma classe de maior renda.

Neste momento, a primeira conclusão significativa da pesquisa foi de que a gentrificação generalizada possui fortes vínculos com o empreendedorismo urbano como planejamento. Logo, esse fenômeno tornava-se a "melhor" forma pela qual os governantes enxergavam a possibilidade de ampliar o desenvolvimento econômico e proporcionar prosperidade para as cidades. Tudo isso coordenado por um planejamento empreendedorista. Essa gentrificação contemporânea terá um formato diferenciado, embora mantenha um núcleo intangível, que se destoará da clássica. A essência da gentrificação após a terceira onda é a intensa participação ou até o protagonismo do poder público no desenvolvimento do processo e sua ampliação, que não mais se restringe ao âmbito residencial, mas também considera comércio, locais turísticos e complexos culturais. Desse modo, o componente residencial não mais se dissocia das transformações das paisagens do lazer e do consumo.

3. A GENTRIFICAÇÃO NO CONTEXTO LATINO-AMERICANO: A LITERATURA CONTRA-HEGEMÔNICA SOBRE O ASSUNTO E O CASO BRASILEIRO.

E como essas análises se comunicam com a realidade latino-americana? A literatura de língua inglesa, precursora na análise e estudo do processo, foi importante para iniciar a compreensão do assunto. Porém, analisar a gentrificação em uma cidade latino-americana sob as lentes dessa literatura é deduzir um ambiente através de outro. Nesse momento, saber orientar a pesquisa com o marco teórico, mas simultaneamente confrontá-lo permitiu compreender amplamente a gentrificação ao trazer sua análise para um contexto diferente do qual o conceito foi construído e estudado. Passando o foco para compreender o fenômeno sob as lentes da América Latina, apresentei uma das geografias da gentrificação.

A proposta foi revisar a literatura que se dedicava a questionar as teorias da gentrificação feitas pela literatura hegemônica e a analisar criticamente seu emprego no território latino-americano. Dessa forma, para além de identificar os locais onde o fenômeno aparentemente ocorria, destaquei as pesquisas que se propunha a entender como ele se dava, investigando se aquelas teorias e hipóteses hegemônicas se aplicavam integralmente no território em análise. Deparei-me, então, com duas principais abordagens.

Na primeira, o conceito da gentrificação é comparado aos contextos em que o fenômeno surgiu no mundo anglófono e os existentes na América Latina. Neste cenário, o conceito tornou-se sinônimo de regeneração urbana e é identificado como a adoção de políticas públicas neoliberais, o que ultrapassaria sua fronteira original. Isso se torna problemático na América Latina porque os estudos constatam a elitização de áreas, a expulsão de vendedores ambulantes, o encarecimento do comércio, mas pouco se observava a substituição mencionada no âmbito residencial em função de os centros antigos, ainda, não atraírem as classes altas. Portanto, o fato de haver as condições para a gentrificação na América Latina, não determina sua existência de fato. Essa tese é desenvolvida por Betancur (2014), que analisa as cidades Cidade do México, Cidade do Panamá, Bogotá, Cartagena, Quito, Lima, São Paulo, Santiago e Buenos Aires, observando alguns dos projetos de renovação dos centros históricos, os esforços públicos para transformar a área em centros atraentes para o turismo e prováveis motivos para não se vislumbrar a gentrificação de fato – ou ao menos da forma como ocorreu nas cidades norte-americanas e europeias. O autor percebe que, embora haja sérios esforços do poder público para elitizar e transformar a região em uma *commodity*, ainda há a coexistência de algumas construções renovadas e luxuosas com comércio popular e residentes de baixa renda. Então, em função dessas características, considera-se nebulosa a existência da gentrificação de fato em solo latino-americano, embora existam as condições necessárias para que ocorra.

De acordo com o autor, consegue-se verificar as condições para o fenômeno nos países latino-americanos após a década de 1990, com a imposição do Consenso de Washington, com a adoção do empreendedorismo e a partir do momento em que práticas neoliberais foram adotadas em um contexto de globalização. Contudo, os velhos centros e vizinhanças centralmente localizadas não mostram o mesmo potencial e atratividade como nas cidades norte-americanas; enquanto novas classes reocupam áreas centrais das cidades norte-americanas e europeias, tais classes na América Latina são atraídas para exclusivos condomínios fechados, arranha-céus e conglomerados luxuosos e outros desenvolvimentos fora dos centros de negócios. Esta abordagem entende a substituição de classes como ponto essencial do fenômeno, vinculando sua existência a esse fato.

Diferentemente, a segunda abordagem trazida por Janoschka; *et. al.* (2014) analisa pesquisas de modo a considerar a existência da gentrificação na América Latina, ainda que com certas particularidades. Percebe-se, nessa perspectiva, a ampliação do conceito do fenômeno de modo mais próximo daquele retratado na terceira onda, quando o processo se generalizou. Assim, a abordagem vincula-se ao conceito de gentrificação contemporânea. Dessa forma, todas as cidades desse território têm um aspecto similar apontado como um dos fomentadores do fenômeno: o planejamento urbano no contexto neoliberal.

Dentro desse arcabouço teórico, conforme diálogo crítico elaborado por Janoschka; *et al.* (2014), o estudo da gentrificação na América Latina envolve quatro dimensões que se entrelaçam e conectam-se com as condições materiais e simbólicas existentes desde o início da neoliberalização do espaço urbano nesse território. As dimensões são: a "gentrificação simbólica", a adoção de um planejamento empreendedorista, organização do mercado imobiliário local e, por fim, a resistência ao processo gentrificatório[2].

---

[2] Significaria, respectivamente, a) a perspectiva que implementa modelos neoliberais de conduta para a área através de renovação urbana voltada para infraestrutura cultural e comercial do espaço, e em que não se observa, ao menos ainda, a substituição de moradores de classe trabalhadora pela classe alta; b) a adoção pelo poder público de políticas neoliberais em ambientes que não desenvolveram no passado um Estado Keynesiano de bem-estar social; c) organização e à produção do mercado imobiliário como condição prévia para a gentrificação. Essa análise inclui conceber os condomínios fechados e assentamentos irregulares como "faces da mesma moeda" no fenômeno da gentrificação; d) o fenômeno na América Latina nasce contemporaneamente às lutas sociais contra políticas neoliberais no planejamento urbano.

Percebe-se, então, que essas dimensões demonstram as principais diferenças sobre o estudo da gentrificação na América Latina. Primeiro, as políticas de "limpeza" social, de expulsão de vendedores ambulantes e a elitização do ambiente construído são identificadas como gentrificação. Nota-se que o fenômeno não aborda, somente, a substituição da classe operária pelas classes média e alta – aliás, esta situação por vezes sequer chega a ocorrer. Em segundo, a gentrificação pode não se concentrar somente em áreas centrais, mas pode ocorrer nos subúrbios através, por exemplo, de condomínios fechados luxuosos que expulsam a população mais vulnerável que residia ali ou no entorno, criando ilhas de riqueza em bolsões de pobreza. Por fim, o papel de protagonismo do poder público para o estímulo de investimentos privados que transformam o patrimônio arquitetural em centros comerciais e shoppings é marcante. As bases notáveis do fenômeno nessa região são o planejamento urbano empreendedorista, a aplicação de políticas neoliberais e a atração por investimentos transnacionais. Tudo isso forma as condições ideais para o desenvolvimento da gentrificação e sua instalação de fato.

Desse modo, a discussão do fenômeno na América Latina concentra-se na implementação de políticas neoliberais pelo poder público: é a gentrificação liderada pelo Estado, o qual se esforça para, através de parcerias público-privadas, regenerar, recuperar e renovar partes da cidade que precisavam ser "resgatadas". Dessa forma, o poder público não só estimula investimentos privados, como age diretamente para a remoção de famílias pobres das áreas e, ainda, utiliza um discurso estratégico para encobrir qualquer interpretação que indique os efeitos socialmente perversos de seus atos (JANOSCHKA; *et al.*, 2014).

A partir da descrição das duas abordagens, é possível notar que os fatos constatados foram, em suma, os mesmos; contudo, o que as diferencia é a caracterização desses fatos como gentrificação. A questão principal a ser delineada no estudo da gentrificação nesse território é estabelecer o limite de abrangência do conceito: se o vocábulo significa apenas a substituição da classe operária pela média e/ou alta; ou se a elitização comercial e cultural da área faz parte do significado, mesmo que não se constate ainda a substituição mencionada. Além disso, a visão tradicional hegemônica pode ofuscar o que seria a ocorrência do fenômeno nesse território tão diferente. A geografia da gentrificação envolve não só analisar a paisagem urbana local, mas observar como se entrelaça com a sociedade, a economia, a política e a cultura do território, além de adequar o conceito às realidades possíveis.

De qualquer modo, a gentrificação ou as condições para que se desenvolva, tornaram-se aparentes após a adoção de um planejamento urbano empreendedorista e de políticas públicas com vertentes neoliberais. A intensa participação do poder público e seus esforços para vender a imagem da cidade também são evidentes no processo. O poder público é o componente capaz de impor menor regulação para o mercado imobiliário, de alterar legislação local, de adotar grande parte de custos e riscos, de empenhar-se para remover residentes, usos e usuários, dentre outros.

O objetivo inicial foi afunilar gradativamente o estudo sobre a gentrificação ao partir da literatura anglófona – e suas características – efetuando-se, posteriormente, a análise crítica dela quando estudada em ambiente completamente diferente e, por fim, identificar como o fenômeno se apresentava na perspectiva nacional. Seguindo para a análise da gentrificação no Brasil, o foco se deu nas cidades do Rio de Janeiro e São Paulo. A análise de base documental suscitou a relação entre o fenômeno gentrificatório e políticas públicas voltadas para o planejamento urbano nas cidades. Assim, observei em que medida essa relação foi forjada sob alguma forma de parceria com a iniciativa privada ou influenciada pela lógica do mercado imobiliário.

No primeiro caso, analisei a zona central do Rio de Janeiro, enfatizando-se o projeto de revitalização Porto Maravilha (o Projeto Porto Maravilha e a Operação Urbana Consorciada Porto Maravilha) e as transformações na Lapa. Para fazer essa análise, os seguintes estudos foram investigados: resultados de pesquisas acadêmicas recentes à época sobre a adoção do discurso empreendedorista na cidade e sobre a existência da gentrificação na região; o Projeto de revitalização da área central conforme divulgado pelos setores envolvidos em sua concretização e o Plano de Habitação de Interesse Social para a região portuária divulgado pelos responsáveis pelo projeto[3].

---

[3] Para maiores detalhes sobre a coleta e análise desses documentos, ver Oliveira (2017).

O segundo caso, por sua vez, está relacionado ao centro histórico da cidade de São Paulo. Para efetivar tal análise, foram estudadas as práticas e o principal discurso incentivador da adoção do planejamento empreendedorista na cidade; pesquisas acadêmicas sobre os projetos de revitalizações na região central em foco e sobre a existência de um processo em curso de gentrificação na área e, por fim, a Parceria Público-Privada Casa Paulista, responsável pela futura construção de habitações de interesse social na região. Nessa última análise, foram utilizados como base de pesquisa documentos divulgados pela Prefeitura e pelo Estado de São Paulo, quais sejam a Concorrência Internacional para efetivar a parceria, e notícias divulgadas pela Agência Casa Paulista e pelos poderes públicos municipal e estadual[4]. Após coleta das informações necessárias, analisei a possibilidade de os projetos de revitalização e de habitação social nessas regiões atenuarem ou não um possível processo gentrificante e de que modo isso aconteceria[5].

Em ambas as capitais, diferentemente da primeira onda de Smith, a primeira onda dos dois casos estudados se resumiu na atuação do poder público em preparar a área para ser gentrificada seja com obras públicas e instalações culturais que valorizavam a área e inviabilizava que moradores muito pobres ali permanecessem, seja com ações diretas de remoção de população pobre, em situação de rua, do comércio informal etc. Com a remoção de um grupo, permitia-se que outro, ainda de baixos rendimentos, mas com capacidade de renda maior do que aquele removido, pudesse se instalar. As áreas estudadas, designadas como centro pela Prefeitura (Região Administrativa Centro, no Rio de Janeiro; e Zona Central e Centro Antigo, em São Paulo) ainda não atraíam pessoas das classes média e alta. Embora ainda não houvesse interesse dessas classes em residir lá, a área já se tornava minimamente segura para o segundo grupo, atraindo-o em função das acessibilidades locais, do ainda baixo preço da terra e do acesso

---

[4] Idem.

[5] Esta etapa da pesquisa foi extensa e, talvez inviável naquele momento, afinal se tratou de um projeto desenvolvido por uma única pesquisadora. A extensão da investigação pode ter comprometido a profundidade das análises. Entretanto, partindo de conclusões do que fora substancialmente realizado, a pesquisa teve condições de trazer indícios interessantes sobre uma relação entre a gentrificação, políticas públicas de moradia e planejamento do espaço nessas duas capitais brasileiras.

cultural que começava a ser instalado também em virtude da ação do poder público. Como observado, os dois centros não apresentavam substituição da classe operária pela elite, porém concluí que se vislumbrava o início do processo com medidas correspondentes a uma gentrificação simbólica. Havia processos, com estímulo estatal, de limpeza social com os esforços para retirar população em situação de rua (sem política pública que as contemplasse), remover famílias que ocupavam imóveis abandonados, eliminar favelas e cortiços. Havia, portanto, medidas para impactar negativamente o comércio informal da região e para atrair a população de classes média e alta para a área, fosse através de incentivos para empresas ou através de investimentos em infraestrutura cultural.

Concluí, portanto, que nos dois casos estudados, as cidades de São Paulo e Rio de Janeiro, por meio de um protagonismo estatal, passavam por processo de gentrificação, embora ainda não se vislumbre claramente o regresso da elite. No quesito residencial, os locais pareciam atrair alguns setores com renda pouco mais elevada, como artistas, estudantes, intelectuais e aposentados. Já na perspectiva do consumo, as áreas já atraíam público de maior renda em função da injeção de investimentos em eventos e instituições culturais na área, como museus, teatros, cafés luxuosos etc.

4. CONCLUSÃO

Essa pesquisa nasceu do debate que floresceu no cenário acadêmico brasileiro, em especial a partir das vultosas obras públicas preparatórias dos grandes eventos das Olimpíadas de 2016 e Copa de Mundo de 2014, sobre a possível ocorrência de gentrificação em cidades brasileiras. A dinâmica de intensa injeção de capital nas metrópoles para construção de infraestruturas necessárias para a realização desses eventos também significou mudança no espaço urbano dessas cidades, com a valorização econômica de áreas, até então, pouco atraentes aos olhos de investidores e onde as classes com parcos rendimentos viviam. A remoção dessas pessoas desses locais que começavam a se valorizar com as obras públicas acendeu a discussão sobre um possível processo de gentrificação nas cidades brasileiras. Fortaleceram-se, portanto, pesquisas acadêmicas sobre a nova dinâmica de produção espacial que se impunha nas cidades. Imersa nesse contexto e vivendo no Rio de Janeiro naquele momento, a pujança dessa conjuntura me estimulou a pensar sobre em que consistia a gentrificação, se ela estava se desenvolvendo naqueles territórios, como e porque ocorria e se uma política urbana de cota de solidariedade, positivada em um Plano Diretor, tinha condições de mitigar o processo.

Como ressaltado na introdução, apresentar a pesquisa em toda sua extensão seria inviável para os propósitos desse artigo. Em razão disso, apresentei os aspectos teóricos mais complexos e os principais resultados da pesquisa. Explicitei as elaborações teóricas que se propunha a explicar a gentrificação conforme literatura hegemônica anglófona e como esse processo se relaciona intimamente com o empreendedorismo urbano enquanto planejamento público do espaço. Posteriormente, expus a literatura contra-hegemônica que se propunha a compreender o desenvolvimento do processo em território latino-americano. Neste momento, o principal resultado de pesquisa foi de constatar algumas particularidades da gentrificação nesse território, indicando se tratar de um processo contemporâneo em que o poder público, por meio de grandes obras públicas, estimula o processo. Nas cidades brasileiras estudadas à época, constatei haver o processo, inflamado pela atuação da política urbana, embora ainda não se constatasse a substituição de classes.

REFERÊNCIAS BIBLIOGRÁFICAS:

BIDOU-ZACHARIASEN, Catherine; HIERNANX-NICOLAS, Daniel; D´ARC, Hélène Rivière (Coord.). **De volta à cidade: dos processos de gentrificação às políticas de "revitalização" dos centros urbanos**. São Paulo: Annablume, 2006.

BETANCUR, John J. Gentrification in Latin America: overview and critical analysis. **Urban Studies Research**, Chicago,v. 2014, Article ID 986961, 14 páginas, 2014.doi:10.1155/2014/986961. Disponível em: <http://www.hindawi.com/journals/usr/2014/986961/>. Acesso em: 07 dez.2015.

CADERNOS METRÓPOLES/ OBSERVATÓRIO - n.1 (1999) - São Paulo: EDUC, 1999

Semestral. Edição: **Desenvolvimento desigual e gentrificação da cidade contemporânea**. São Paulo: novembro 2014, v. 16, n. 32, p. 295-628.

FRÚGOLI JR., Heitor. SKLAIR, Jessica. O bairro da Luz em São Paulo: questões antropológicas sobre o fenômeno da gentrification. **Cuadernos de Antropología Social**. Buenos Aires, nº 30, p. 119–136, 2009. Disponível em: <http://www.scielo.org.ar/scielo.php?script=sci_issuetoc&pid=1850-275X20090002&lng=es&nrm=iso>. Acesso em: 07 dez.2015.

GAFFNEY, Christopher. Forjando os anéis: a paisagem pré-olímpica no Rio de Janeiro. **Revista e-metropolis**, Rio de Janeiro, nº 15, ano 4, p. 08-20, dez. 2013.

HARVEY, David. **A produção capitalista do espaço**. 2.ed. São Paulo: Annablume, 2006.

______________. **O enigma do capital e as crises do capitalismo**. 1.ed. São Paulo: Boitempo, 2011.

INZULZA-CONTARDO, Jorge. 'Latino Gentrification'? Focusing on Physical and Socioeconomic Patterns of Change in Latin American Inner Cities. **Urban Studies**, Estados Unidos, v.49, n.10,p. 2085–2107, ago. 2012. Disponível em: <http://usj.sagepub.com/content/49/10.toc>. Acesso em: 07 dez.2015

JANOSCHKA, Michael; SALINAS, Luis; SEQUERA, Jorge. Gentrification in Spain and Latin America: a critical dialogue. **International Journal of Urban and Regional Research**, Estados Unidos; Reino Unido; Singapura, v. 38, n.4, p. 1234-1265, jul. 2014.

JANOSCHKA, Michael. El nuevo modelo de la ciudad latinoamericana: fragmentación y privatización. **Revista eure**, Santiago do Chile, v. XXVIII, nº 85, p. 11 -29, dez. 2002.

LEES, Loretta; Slater, Tom; Wyly, Elvin. **Gentrification**. New York: Routledge / Taylor and Francis Group, 2008.

MENDES, Luís. Gentrificação e políticas de reabilitação urbana em Portugal: uma análise crítica à luz da tese rent gap de Neil Smith. **Cadernos Metrópole**, São Paulo, v. 16, n. 32, p. 487-511, nov. 2014.

MENSENTIER, Leonardo Marques de; MOREIRA, Clarissa da Costa. Produção da paisagem e grandes projetos de intervenção urbana: o caso do Porto Maravilha do Rio de Janeiro Olímpico. **Revista Brasileira de Estudos Urbanos e Regionais**, Recife, v. 16, n. 01, p. 35-50, maio 2014.

MOSCIARO, Mayra Ribeiro. **Gentrificação na Lapa? Um estudo sobre mudanças na área central do Rio de Janeiro**. 2012. 110f. Dissertação (Mestrado em Urbanismo) - Pós Graduação em Urbanismo da Universidade Federal do Rio de Janeiro, Rio de Janeiro, 2012.

MOSQUEIRA, Tatiana Meza. **Reabilitação da Região da Luz – Centro Histórico de São Paulo: Projetos Urbanos e estratégias de intervenção**. 2007. 192f. Dissertação (Mestrado emArquitetura e Urbanismo) - Faculdade de Arquitetura e Urbanismo, Universidade de São Paulo, São Paulo, 2007.

NOBRE, Eduardo Alberto Cusce. Políticas urbanas para o centro de São Paulo: renovação ou reabilitação? Avaliação das propostas do Município de São Paulo de 1970 a 2004. **Pós**, São Paulo, v. 16, n. 25, p.214-231, jun. 2009.

OLIVEIRA, Natália Sales. **Gentrificação e moradia social**. Rio de Janeiro: Gramma Editora, 2017.

PEREIRA. Marcos Villela. A escrita acadêmica – do excessivo ao razoável. **Revista Brasileira de Educação** v. 18 n. 52 jan.-mar. 2013.

SANTOS, Ângela Moulin Penalva. Planejamento urbano: para quê e para quem? **Revista de Direito da Cidade**. Rio de Janeiro: UERJ, n. 1, v. 1, p. 51-94, 2006.

______________________________. Descentralização e autonomia municipal: uma análise das transformações institucionais no federalismo brasileiro. **Geo UERJ**. Rio de Janeiro, v. 2, n. 23, ano 14, p. 825-852, 2º semestre de 2012. Disponível em: <http://www.e-publicacoes.uerj.br/index.php/geouerj> Acesso em: 06 abril 2015.

SOMBINI, Eduardo Augusto Wellendorf. **A revalorização contemporânea do centro de São Paulo: agentes, concepções e instrumentos da urbanização corporativa (2005-2012)**. 2013. 226f. Dissertação (Mestrado em Geografia na área de Análise Ambiental e Dinâmica Territorial) - Programa de Pós-Graduação em Geografia do Instituto de Geociências da Universidade Estadual de Campinas, Campinas, 2013.

SMITH, Neil. Toward a theory of gentrification: a back to the city movement by capital, not people. **Journal of the American Planning Association**, Estados Unidos; Reino Unido; Singapura; Austrália, v. 45, n. 4, p. 538-548, out. 1979.

____________. Gentrification and uneven development. **Economic Geography**. Massachusetts,v. 58, n. 2, p. 139-155, abril 1982.

____________. **The new urban frontier: gentrification and the revanchist city**. Edição publicada pela editoraTaylor & Francis e-Library, 2005.

____________. A gentrificação generalizada: de uma anomalia local à "regeneração" urbana como estratégia urbana global.BIDOU-ZACHARIASEN, CATHERINE; HIERNAUX-

CONFLITOS NA LEGISLAÇÃO URBANO AMBIENTAL: A BUSCA DA SUSTENTABILIDADE URBANA ATRAVÉS DO DIÁLOGO

CONFLICTS IN URBAN ENVIRONMENTAL LEGISLATION: THE SEARCH FOR URBAN SUSTAINABILITY THROUGH DIALOGUE

Marlene de Paula Pereira[1]

Angela Moulin Simões Penalva Santos[2]

Resumo: Em contexto de crescente urbanização da população mundial, a crise urbana demanda inovações no campo da gestão de cidades. Um dos obstáculos para alcançar a sustentabilidade urbana é dar tratamento separado – e por isso muitas vezes contraditório – às questões urbanísticas e ambientais. O urbano e o ambiental são aspectos complementares, razão pela qual deve haver abordagem conjunta a respeito dessas duas esferas. O problema desta pesquisa refere-se aos desencontros entre as licenças e permissões urbanísticas e ambientais, que trazem prejuízo a toda a coletividade. O objetivo foi analisar dois mecanismos de gestão do território que associam as esferas urbanística e ambiental (gestão plena e da licença ambiental integrada, ambas institutos previstos no Projeto de Lei de Responsabilidade Territorial), dando um tratamento conjunto ao problema. A metodologia adotada foi a revisão bibliográfica e análise de

---

[1] Graduada em Direito pela Universidade Federal de Viçosa – MG. Mestre em Direito da Cidade pelo Programa de Pós Graduação em Direito da Cidade da UERJ. Doutora em Extensão Rural pela Universidade Federal de Viçosa – MG. Professora do Instituto Federal sudeste de Minas Gerais.

[2] Graduada em Ciências Econômicas pela Universidade do Estado do Rio de Janeiro (1977), mestre em Engenharia da Produção pela Universidade Federal do Rio de Janeiro (1980), doutora (1990) e pós- doutora (2009) em Arquitetura e Urbanismo pela Universidade de São Paulo. Atualmente é professora Titular da Universidade do Estado do Rio de Janeiro (2019).

documentos legais (leis e o Projeto de Lei de Responsabilidade Fiscal), além da utilização de bancos de dados secundários, como o IBGE. Os principais resultados apontam que o Projeto de Lei de Responsabilidade Territorial, atualmente em discussão no Brasil, dá um importante salto ao inserir na legislação mecanismos que determinam que essas licenças sejam concedidas por um único ente. Ademais, esses dois mecanismos – a gestão plena e a licença ambiental integrada – estão em pleno acordo com os paradigmas atuais de integração e podem até mesmo funcionar como um incentivo à atuação cooperativa dos entes federativos quando o assunto representar interesse regional ou metropolitano.

Palavras-chave: urbanização; urbanismo; meio ambiente.

Keywords: urbanization; urbanism; environment.

1. INTRODUÇÃO

Os frequentes acidentes ambientais ocorridos em diversas partes do mundo têm suscitado questionamentos a respeito do que fazer para evitar esses danos e quem deve agir diante dos trágicos acontecimentos.

No Brasil, as chuvas que atingiram a Região Sudeste entre dezembro de 2009 e janeiro de 2010 provocaram deslizamentos em diversas áreas da Serra do Mar e estragos em inúmeras estradas da região. No Estado do Rio de Janeiro houve quedas de barreiras, seguidas de mortes por soterramento, de mais de 50 pessoas apenas na passagem do ano. No Estado de Minas Gerais, uma importante estrada, a BR-356, foi interditada por risco de queda de pedras. Esses dois estados, mais o Estado de São Paulo, são responsáveis por mais de 50% do PIB brasileiro, constituindo-se nas três mais ricas unidades da federação brasileira.

Contudo, em virtude de sua gravidade, merece maior destaque o ocorrido na região metropolitana de São Paulo (RMSP), um aglomerado onde vivem aproximadamente 20 milhões de habitantes, cerca de 10% da população brasileira. Segundo dados coletados no sítio eletrônico da Defesa Civil do Estado de São Paulo, no período entre os feriados do Natal de 2009 e o Carnaval de 2010 a RMSP foi atingida por chuvas torrenciais que causaram deslizamentos de terra, alagamentos e desabamentos que foram responsáveis por 80 mortes.

No município de São Paulo, a crise socioambiental é de tal gravidade que o tempo médio que o paulistano gasta diariamente no trânsito alcança duas horas e quarenta minutos, segundo o jornal *Valor Econômico*, edição de 25/1/2010. Nessa edição, publicada no dia em que a cidade completou 456 anos de fundação, foram apresentados alguns dados sobre o município. São Paulo é responsável por 12% do valor do PIB do País; 1,7 milhão de seus residentes usa carros na cidade; são feitos mil novos licenciamentos de automóveis por dia, com reflexos diretos sobre os níveis de poluição e congestionamento. O jornal informa ainda que, numa única manhã, a do dia 21 de janeiro, a chuva causou nove mortes e o tráfego parou.

Estas são evidências do agravamento da crise das grandes cidades, que se torna mais preocupante quando considerado o aumento da taxa de urbanização da população mundial, acompanhada de maior concentração em um número reduzido de grandes cidades. Não se desconhece que algumas cidades desenvolveram políticas mais eficazes na contenção do dano urbano-ambiental; no entanto, a intensificação do processo de polarização da população tende a tornar mais complexo o desafio da gestão pública nesses aglomerados humanos.

O objetivo deste trabalho é analisar dois mecanismos de gestão do território que associam as esferas urbanística e ambiental, dando tratamento conjunto ao problema. Referimo-nos à gestão plena e à licença ambiental integrada, ambos institutos previstos no Projeto de Lei de Responsabilidade Territorial, atualmente em discussão no Brasil. Pretende-se demonstrar que mecanismos como esses, que tratam conjuntamente a ordem urbanística e a ambiental, são potencialmente mais efetivos e eficazes no que se refere à sustentabilidade urbana.

Inicialmente foi feita uma abordagem a respeito da tendência à elevação da urbanização da população mundial, de modo a sugerir a intensificação da crise nas grandes cidades. Em seguida, apresentamos algumas noções do que é entendido como "cidades sustentáveis", o que envolve aspectos urbanos e ambientais, cujos objetivos podem entrar em contradição. Na quarta seção, apresentamos a legislação urbano-ambiental existente no Brasil, destacando os conflitos existentes, ao invés do necessário diálogo em prol do princípio constitucional do direito a cidades sustentáveis; analisamos também dois instrumentos presentes na norma legal que está sendo proposta: os institutos da gestão plena e da licença ambiental integrada. Finalmente, o artigo apresenta algumas considerações sobre esses novos instrumentos, à guisa de conclusão.

Perspectivas de agravamento da crise urbana

O grau de urbanização da população mundial em 2005 atingiu 48,6%, mas, segundo estudo da ONU, esse percentual atingirá 50,6% no ano de 2010. Enquanto a população rural crescia a uma taxa anual de 0,37%, a população urbana evolui a uma taxa muito maior, de 1,98% anuais (UN, 2007).

O aumento da urbanização da população será acompanhado de crescente concentração da população em cidades de maior porte populacional: em 2005, existiam 18 cidades com população igual ou superior a 10 milhões de habitantes, número que avançará para 20 no ano 2010, prevendo-se também o aumento de 8 para 9% da contribuição dessas cidades para a população urbana. Já o número de cidades com população inferior a 500 mil habitantes tende a aumentar, mas sua contribuição para a população urbana mundial cairá de 52% para 51%.

Essas médias mundiais escondem importantes diferenças entre as distintas regiões: enquanto na África o percentual de urbanização da população não atingia 40%, ainda que crescente ao longo do período 2005-2010, nos países da América Latina e Caribe aquela taxa é o dobro, isto é, atingirá 79,4% no ano 2010. Trata-se de níveis de urbanização superiores aos apresentados pelos países das chamadas "regiões mais desenvolvidas", cujo grau de urbanização da população também era crescente e em 2010 atingirá 75%. O Sudeste Asiático também experimenta o crescimento da urbanização de sua população, que, entretanto, no ano 2010 só atingirá 48,5%. Todas as regiões consideradas, exceto a África, experimentam taxas negativas de crescimento da população rural, mas todas vêm apresentando taxas positivas de aumento da população urbana. A elevada taxa de população rural só é significativa no grupo dos "países menos desenvolvidos", em que menos de 30% da população é urbana, ainda que venha crescendo à taxa média anual de 4,1%, muito mais intensamente do que o 1,69% de crescimento da população rural.

Considerando apenas os países da América do Sul, a taxa de urbanização da população passará de 81,8% em 2005 para 83,7% no ano 2010. Enquanto a população rural experimenta declínio de 0,93% na taxa média anual, a população urbana apresenta crescimento médio anual de 1,7%. A maior contribuição para esse crescimento virá das cidades com população entre 1 e 5 milhões de habitantes, que passarão de 29 para 35 no quinquênio considerado, o que significará aumento de 20% para 22% na população urbana deste subcontinente. As cidades com menos de 500 mil habitantes, apesar de aumentar em número, vão ter sua participação na população urbana diminuída, de 50% para 49%.

No Brasil, o percentual da população urbana aumentou de 84,2% em 2005 para 86,5% no ano 2010, resultado da taxa de crescimento anual de 1,8%, enquanto a população rural experimenta evolução negativa, equivalente a -1,89% anuais. No quinquênio considerado, a maior contribuição virá das cidades com população entre 1 e 5 milhões de habitantes, cuja participação na população urbana avançará de 21% para 25%. As cidades com menos de 500 mil habitantes, por outro lado, perderão 1 ponto percentual em sua participação urbana: baixarão de 49% para 48%.

Entre os países mais populosos e/ou com os maiores PIBs regionais, há forte concentração de população vivendo em cidades com mais de 750 mil habitantes. As principais exceções são alguns países europeus de ocupação antiga, anterior à Revolução Industrial, que se caracterizam por maior dispersão de sua população, a exemplo da Alemanha e da Suécia. Na maioria dos casos, pode-se identificar uma relação positiva entre concentração da população em cidades de grande porte e importância econômica (em valor do PIB), o que sugere que haja forte concentração de oportunidades de emprego nas grandes cidades.

As perspectivas demográficas, portanto, sugerem que os problemas socioambientais deverão se tornar mais graves, sobretudo, mas não apenas, nas grandes cidades. A Constituição Federal definiu que a política urbana está na esfera de competência dos municípios, mas estes não podem ser responsáveis pela redistribuição da população, que, como sugerem os dados apresentados, tende a acompanhar a distribuição espacial do PIB e dos empregos. E mais: não têm sido competentes – nem de fato, nem por lei – pelo controle ambiental, que foi objeto de legislação avançada, acompanhada de instrumentos de controle público. Nesse cenário, é preciso avaliar as possibilidades de efetividade da política urbana em direção às cidades sustentáveis, como está inscrito na legislação brasileira e que também é compromisso assumido pelos países que aderiram ao Pacto Internacional dos Direitos Econômicos, Sociais e Culturais, que entrou em vigor em 1976.

Cidades sustentáveis: o diálogo necessário entre as esferas urbana e ambiental

A disputa pelo espaço evidencia os problemas urbanos e determina a necessidade de encontrar formas sustentáveis de habitar, trabalhar e circular na cidade. Em outras palavras, a sustentabilidade urbana é um dos grandes desafios dos tempos atuais.

No Brasil, uma das causas da degradação é a falta de compromisso das políticas públicas com à problemática ambiental – que foi tratada, até pouco tempo, como a antítese do desenvolvimento econômico. Nos anos 1970, quando o meio ambiente começou a entrar na agenda da política internacional, o governo brasileiro afirmou seu compromisso com o desenvolvimento, que não poderia ser limitado por questões ambientais, ao defender o II Plano Nacional de Desenvolvimento (II PND, 1975-1979).

Outro aspecto é que o urbano e o ambiental, dois lados de uma mesma moeda, receberam tratamentos divorciados e muitas vezes até contraditórios, evidenciando absoluta falta de diálogo entre as duas esferas.

O equilíbrio ambiental e a sustentabilidade urbana, dois direitos difusos e fundamentais, tornaram-se objeto de disputa entre o Poder Público e o mercado imobiliário. O primeiro é o responsável pela tutela dos direitos difusos e, nesse sentido, deveria estar comprometido com o princípio das cidades sustentáveis. No entanto, tal compromisso muitas vezes deixa de ser prioridade em face da defesa de outros direitos sociais, em particular o direito ao trabalho, que supostamente se amplia com o avanço do processo de desenvolvimento econômico.

A sustentabilidade não é um estado, mas um processo; portanto, o conceito de desenvolvimento sustentável ainda está em construção. No entanto, seu conteúdo situa-se em torno da idéia de satisfazer as necessidades das gerações presentes sem comprometer a capacidade das gerações futuras de alcançar a satisfação de seus próprios interesses, garantindo, dessa forma, uma relação saudável entre o homem e o meio ambiente (Bezerra, 2000).

Segundo o *Relatório Brundtland*, a idéia de compatibilidade sugerida pelo princípio do desenvolvimento sustentável implica considerar simultaneamente um conjunto de atributos. Suas principais dimensões (Guerra, 2006) são: Ecológica, Ambiental, Social, Política, Econômica, Demográfica, Cultural, Institucional, e, finalmente, Espacial.

Ressaltar a existência das diversas dimensões da sustentabilidade justifica-se porque somente dessa forma é possível alcançar a chamada 'sustentabilidade ampliada', definida como o encontro político e necessário entre a agenda ambiental e a agenda social (Bezerra, 2000). A sustentabilidade urbana pressupõe esse encontro necessário entre a legislação/atuação urbanística e a ambiental.

A relação entre o crescimento da população urbana e a problemática ambiental é evidente: à medida que se observa o crescimento urbano, aumenta a necessidade do uso de carros, e os movimentos pendulares refletem-se nos índices de poluentes emitidos na atmosfera. Um dos aspectos mais preocupantes é a redução das áreas verdes, que vão sendo destruídas para dar lugar a moradias, à infra-estrutura viária ou ao lazer urbano (parques, *shoppings* etc.). As grandes cidades vão experimentando um processo de crescente impermeabilização do solo, o que tende a aumentar a vulnerabilidade frente às intempéries climáticas.

O rápido crescimento da população urbana deveria vir acompanhado de políticas que regulassem o uso do solo, de modo a preservar a sustentabilidade da expansão urbana. No Brasil, no entanto, a já referida primazia do desenvolvimento econômico sobre a tutela urbano-ambiental levou à opção governamental pela omissão, que resultou no crescimento desordenado das cidades, alimentado por fluxos migratórios intensos (Martine, 1995). Os investimentos do Estado em algumas áreas e a sua ausência em outras contribuiu para o surgimento de um território espacial e socialmente fragmentado.

Para combater essa fragmentação, o processo de redemocratização que se seguiu ao regime militar (1964-1985) incluiu mudanças significativas na legislação urbana e na ambiental. Foram criados diversos novos instrumentos jurídicos que podem ser utilizados para mitigar os efeitos da má distribuição de renda e reverter o passivo ambiental. A seção a seguir apresentará a legislação urbano-ambiental no Brasil e os novos instrumentos jurídicos propostos em projeto de lei no sentido de superar impasses entre as normas ambientais e as urbanísticas.

2. A LEGISLAÇÃO URBANO-AMBIENTAL NO BRASIL

A gestão pública e social do solo urbano não despertou preocupação das autoridades brasileiras senão a partir do regime militar (1964-1985), quando o desenvolvimento urbano entrou na agenda das políticas sociais, tendo sido criados organismos governamentais especializados. Com a redemocratização das estruturas de poder, um movimento social, o Movimento Nacional pela Reforma Urbana, logrou novos avanços nesse campo. O ponto culminante foi a elevação do município à condição de ente federativo e responsável pela política urbana, segundo o artigo 182 da Constituição da República que entrou em vigor em 1988. Mas foi na atual década que se pôde observar significativo processo de institucionalização da questão urbana no país, com a implementação e/ou discussão de leis importantes como: o Estatuto da Cidade (2001); o Sistema Nacional de Habitação de Interesse Social (2007); o marco regulatório do saneamento (2007); e, recentemente, o Projeto de Lei de Responsabilidade Territorial.

Entretanto, apesar de ter havido aumento da produção legislativa a respeito das temáticas urbana e ambiental visando a assegurar o direito à cidade sustentável, o acesso e a fruição de tais direitos no país ainda não são extensivos a toda a coletividade. As razões são muitas; vão desde deficiências na produção legislativa, passando pela falta de vontade política até chegar à preponderância do interesse privado, pois assegurar amplamente esses direitos significa interferir no direito à propriedade.

No âmbito da gestão ambiental urbana, as leis federais que disciplinam a proteção e o uso do meio ambiente que interessam diretamente aos planejadores urbanos são representadas pelo Código Florestal (Lei 4.771/65), pela Lei de Parcelamento Territorial Urbano (Lei 6.766/79), pela Lei da Política Nacional do Meio Ambiente – PNMA (Lei 6.938/81), pelo Estatuto das Cidades (Lei 10.257/01) e pela Lei de Saneamento Ambiental (Lei 11.455/07), dentre outras. Contudo, todas essas leis estão hierarquicamente subordinadas às diretrizes instituídas pela Constituição da República (CR).

A Política Nacional do Meio Ambiente tem por objetivo a preservação, melhoria e recuperação da qualidade ambiental propícia à vida, visando a assegurar no país condições ao desenvolvimento socioeconômico, aos interesses da segurança nacional e à proteção da dignidade da vida humana. Por meio dessa norma, torna-se possível estabelecer os limites e a legitimidade das ações de proteção e de conservação ambiental e da avaliação dos impactos provocados pelas atividades humanas, aplicando os instrumentos destinados ao seu controle.

A PNMA é uma lei que deve dialogar com todas as demais leis que tenham por objetivo garantir a sustentabilidade e o equilíbrio ambiental.

O Estatuto da Cidade representa uma verdadeira mudança de paradigma para o planejamento urbano no Brasil, definindo diretrizes que apontam claramente para o enfrentamento dos problemas sociais urbanos, da sustentabilidade das cidades, do reconhecimento da cidade real, da justa distribuição dos ônus e dos benefícios do processo de urbanização. Tais desafios deverão ser alcançados por meio de instrumentos que poderão induzir novas lógicas de construção das cidades, tais como: operação urbana e possibilidade de ampliação de potencial de construção e Zeis (Zonas Especiais de Interesse Social), além de regularização fundiária, como usucapião e concessão de uso (Mattos, 2006; Mattos, 2002).

Observa-se, no entanto, uma disputa de interesses que pode minimizar o alcance do Direito Ambiental, por ser este entendido como obstáculo à utilização real e efetiva de todos os espaços disponíveis na cidade. Legisladores e agentes que atuam no mercado imobiliário defendem a supressão das áreas de preservação permanente – APPs para fins de lazer, moradia ou meramente econômicos. Uma das causas desse discurso é o enfoque mercadológico que tem sido dado às cidades, fato que, além das consequências sociais, tem importantes repercussões ambientais. Para atender aos interesses do mercado imobiliário e dos consumidores do espaço urbano, normas fundamentais de proteção ambiental são cotidianamente violadas e/ou flexibilizadas.

O direito ao meio ambiente ecologicamente equilibrado é um direito fundamental, assegurado a todos pela Constituição e por leis federais e estaduais brasileiras, além de tratados e convenções internacionais. Apesar disso, observa-se que moradia e meio ambiente têm frequentemente se apresentado como direitos conflitantes que representam necessidades opostas.

A situação de se encontrar direitos fundamentais que se apresentam em evidente conflito é cada dia mais comum (Valor Econômico, 1/3/2010). Como forma de dar efetividade aos mesmos, a doutrina jurídica procurou se debruçar sobre essa temática através da relativização de direitos fundamentais nos casos concretos de colisões e concorrências entre os mesmos, buscando através da técnica, solucioná-las.

Segundo Alexy (2008, p. 95),essa relação de tensão não pode ser solucionada com base em uma precedência absoluta de um desses deveres, ou seja, nenhum desses deveres goza, por si só, de prioridade. O conflito deve, ao contrário, ser resolvido por meio de um sopesamento entre os interesses conflitantes. O objetivo desse sopesamento é definir qual dos interesses – que abstratamente estão no mesmo nível – tem maior peso no caso concreto.

Entretanto, no cotidiano dos operadores do direito, assim como no dia a dia de gestores públicos e privados, os direitos fundamentais ao ambiente ecologicamente equilibrado e à moradia são ponderados e suprimidos, algumas vezes amparados por essa técnica jurídica e, na maioria, à margem dela, levando em conta "outros exercícios", outros direitos ligados à propriedade, o que resulta em perda de direitos difusos, como são os direitos relacionados às cidades sustentáveis.

Algumas vezes o conteúdo social do direito à moradia justifica a prevalência deste sobre o direito ao meio ambiente. Ignora-se – ou até mesmo permite-se – a violação das normas ambientais para assegurar dignidade às pessoas de baixa renda que não possuem outra opção de habitação. Trata-se, neste caso, de proteger o direito do hipossuficiente, daquele que enfrenta limitações de ordem econômica e social por razões históricas relacionadas à concentração de renda.

Em outros casos, entretanto, com argumentos semelhantes, o Estado protege os interesses do mercado imobiliário. Flexibiliza as normas ambientais para ampliar o potencial construtivo e atender aos interesses dos construtores, concede licenças em razão de interesses pessoais ou mesmo atua para viabilizar investimentos e enobrecer a área. Nesse caso, não é o direito à moradia que está sendo protegido, mas interesses econômicos.

O custo dessa negligência, porém, é repassado para toda a sociedade, pois, com a violação das normas de proteção ambiental, todos sofrem redução do direito ao meio ambiente ecologicamente equilibrado e à sadia qualidade de vida.

Nesse sentido, concluem Dias e Soler (2009, p. 112) que as soluções práticas que concedem, por exemplo, o direito a determinado indivíduo de residir em áreas legalmente protegidas em razão de elementos ambientais, como são as APP, concede um placebo de direito de moradia a um, extirpando formal e materialmente, o direito ao ambiente ecologicamente equilibrado de todos, inclusive desse mesmo indivíduo, diminuindo seu próprio rol de direitos. Enfim, não é uma solução de cunho fundamental, e sim paliativa e pragmática.

Este tema tem sido objeto de intensas discussões legislativas e doutrinárias. Há consenso de que quem deve conduzir o desenvolvimento das cidades é o Poder Público, amparado nas leis urbanísticas e ambientais das três esferas de poder, com vistas a dar efetividade a um direito difuso, além de tornar a cidade mais democrática. É certo também que a esfera urbanística e a ambiental não podem continuar sendo tratadas de forma separada, já que não deve haver conflito entre essas duas ordens, que juntas devem formar um só corpo legislativo.

Encontra-se em fase final de votação na Câmara dos Deputados do Brasil o Projeto de Lei de Responsabilidade Territorial. Esse projeto tem como um dos objetivos principais fazer ampla revisão da Lei Federal de Parcelamento do Solo, já bastante ultrapassada, principalmente depois da aprovação do Estatuto da Cidade, que trouxe diversas inovações para o ordenamento jurídico brasileiro, como novos instrumentos de regularização fundiária e o plano diretor participativo.

Esse projeto, uma vez aprovado, representará grande passo da legislação urbano-ambiental no Brasil, uma vez que pela primeira vez uma lei reunirá as duas agendas, tratando o desenvolvimento urbano em conjunto com a temática ambiental. A proposta prevê não somente novas regras para o parcelamento do solo urbano como também inaugura outros instrumentos jurídicos.

A seguir serão analisados dois desses novos mecanismos jurídicos: a gestão plena e a licença ambiental integrada. Tais institutos refletem a posição, já bastante difundida no país, de que todas as esferas de poder devem dar importância à questão urbano-ambiental.

2.1. Gestão plena

Gestão plena é a condição do município que reúne simultaneamente os seguintes requisitos: possui plano diretor, independentemente do número de habitantes; possui órgãos colegiados de controle social nas áreas de política urbana e ambiental ou, na inexistência destes, integração com entes colegiados intermunicipais constituídos com essa mesma finalidade, em ambos os casos garantida na composição a participação da sociedade civil, bem como assegurado o princípio democrático de escolha dos representantes e o caráter deliberativo das decisões tomadas em matéria ambiental e urbanística; e, possui órgãos executivos específicos nas áreas de política urbana e ambiental ou integração com associações ou consórcios intermunicipais para o planejamento, a gestão e a fiscalização nas referidas áreas.

A importância desse instituto é dividir os municípios em duas categorias: aqueles com gestão plena e os sem gestão plena. Como decorrência dessa divisão, o Projeto de Lei de Responsabilidade Territorial reconhece unicamente aos primeiros a capacidade para tomar várias medidas que integram a competência administrativa de todos os municípios.

Essa nova possibilidade de gestão urbana reafirma a competência dos municípios para legislar sobre assuntos de interesse local e suplementar a legislação federal e estadual no que couber.

Uma vez aprovado o referido projeto, apenas os municípios com gestão plena poderão emitir licença urbanística e ambiental integrada. Os demais municípios só poderão emitir licença urbanística; a licença ambiental será da competência do estado.

A proposta é fortalecer a autonomia municipal daqueles municípios que tenham a condição de exercê-la a partir de três fatores considerados fundamentais. O primeiro é estimular os municípios a ter mecanismos de participação popular e controle social. A partir de uma participação ampla e democrática, na qual o conjunto de atores organizados que produzem a cidade serão capazes de dizer onde, quando e como as políticas voltadas ao parcelamento urbano e à regularização fundiária podem consolidar e/ou modificar os espaços das cidades (Gouvêa e Ribeiro, 2009).

O segundo fator fundamental é que se estabeleça uma visão de planejamento, ordenamento e desenvolvimento territorial do município por meio da lei municipal do plano diretor. É necessário que cada município tenha um projeto de cidade e que os processos de parcelamento do solo urbano e de regularização fundiária estejam inseridos nesse projeto. As soluções pontuais são normalmente mecanismos que não consideram o todo nem a perspectiva de futuro. A condição de obrigatoriedade de órgãos executivos nessas áreas ou a participação de consórcios com a finalidade de parcelamento do solo urbano demonstram um estímulo para aperfeiçoamento dos mecanismos de gestão municipal (Gouvêa e Ribeiro, 2009).

E, por fim, o terceiro fator é que o município possua, ao mesmo tempo, estrutura de licenciamento nas áreas de urbanismo e meio ambiente. Este ponto tem sido um dos grandes obstáculos, tanto para aprovação de novos parcelamentos como para regularização fundiária dos existentes. Em muitos municípios, um parcelamento urbano leva mais de cinco anos, para ser aprovado, em função de procedimentos paralelos, muitas vezes demorados, com licenciamento totalmente desintegrado (Gouvêa e Ribeiro, 2009).

Atualmente, no Brasil, o município responde pela licença urbanística; na maior parte dos casos, a licença ambiental compete ao órgão estadual do Sistema Nacional do Meio Ambiente (Sisnama). Nos casos de impacto regional ou nacional, a competência é do Ibama. A resolução do Conama 237/97 estabelece que a licença é competência municipal nas hipóteses em que o impacto é exclusivamente local.

Como, entre outros motivos, a estrutura de fiscalização dos órgãos que compõem o Sisnama é bastante deficiente, as áreas protegidas são muitas vezes ocupadas por assentamentos humanos informais, suscitando ocupações do solo ambientalmente insustentáveis, como nos já mencionados casos ocorridos na Região Sudeste.

Ainda mais controversos, entretanto, são os casos de grandes empreendimentos urbanísticos apoiados pelo Poder Público ainda que possam causar impactos ambientais negativos. São os casos que o Município do Rio de Janeiro, a segunda maior metrópole nacional, vem experimentando. Desde a década de 1990 o município vem sendo gerido por governos comprometidos com a renovação urbana, visando reverter o seu processo de esvaziamento econômico, o que se intensificou desde a escolha da cidade como sede dos Jogos Olímpicos de 2016. Sob essa justificativa, a prefeitura vem aprovando projetos pontuais e permitindo intensificar o uso do solo onde ele já é muito denso (Arueira, 2009), o que entra em choque com os princípios urbanísticos recepcionados pela lei federal que regularizou os novos instrumentos da política urbana, a Lei 10.257, conhecida como Estatuto da Cidade (Mattos, 2002).

Essa situação apresenta repercussões diretas nas iniciativas de regularização urbanística promovidas pelos órgãos públicos dos diferentes níveis de governo. Tais iniciativas são, ou deveriam ser, objeto de procedimento administrativo de licenciamento ambiental, incluindo a aprovação de estudo prévio de impacto ambiental; não raro, as normas de proteção ambiental inviabilizam a concessão da licença para a regularização.

Diante desse problema, são frequentes os atritos entre os atores envolvidos com os empreendimentos urbanísticos e a regularização fundiária de favelas com os atores que lutam pela proteção do meio ambiente.

A proposta assegura ao Poder Público municipal a prerrogativa de vetar, já na fase inicial de fixação de diretrizes, a implantação de empreendimentos que não se ajustem ao plano diretor; cuja situação jurídica do imóvel possa comprometer o processo de implantação ou prejudicar os adquirentes dos lotes; ou situados em áreas onde for técnica ou economicamente inviável a implantação de infraestrutura ou o atendimento por serviços públicos.

2.2. A licença integrada

Ainda no que se refere à sustentabilidade urbana, um dos dispositivos mais importantes que o projeto de lei prevê é a licença integrada para a aprovação do parcelamento e da regularização fundiária, que substitui as licenças urbanística e ambiental.

Essa licença é o ato administrativo vinculado pelo qual a autoridade licenciadora estabelece as condições e restrições de natureza urbanística e ambiental que devem ser obedecidas pelo empreendedor para implantar, alterar, ampliar ou manter parcelamento do solo para fins urbanos e para proceder à regularização fundiária.

Entretanto, a emissão dessa licença integrada ficará a cargo do Poder Público municipal somente se o município atender aos requisitos da gestão plena. Como já mencionado, no parcelamento implantado em município que não tenha gestão plena, além da licença integrada a cargo da autoridade licenciadora municipal, exige-se licença ambiental emitida pelo Estado.

Cabe, no entanto, levantar os questionamentos sobre o possível caso de conflito entre as licenças: os municípios deixarão de observar as análises de seus órgãos licenciadores ambientais? Nesse caso, como fica o Princípio da Subsidiariedade? Por esse princípio, todos os serviços de interesse tipicamente local, isto é, que possam ser prestados adequadamente pelo município e se relacionem com sua realidade de forma específica estão no âmbito de competência desse nível federativo.

Sabe-se que o interesse local é um conceito dinâmico, ou seja, aquilo que hoje é considerado de interesse absolutamente local, com a passagem do tempo, poderá passar para a esfera de interesse regional e até mesmo federal. Vários fatores podem causar essa alteração, como a fusão de municípios limítrofes ou a necessidade de uma ação integrada para melhor alcançar o interesse público.

Acredita-se que, em todas as hipóteses, certamente seria mais eficiente uma análise única, que avaliasse os dois aspectos, realizada pela esfera de poder constitucionalmente competente, de acordo com a predominância de interesses. Uma alternativa seria partir para soluções consorciadas, em que a decisão ficaria a cargo de um conselho formado pelos municípios interessados, assegurada a representação popular. A consolidação de um colegiado, com a participação de técnicos dos órgãos governamentais, de representantes dos serviços de registro cartorial e da sociedade civil constituiria o estabelecimento de uma nova arena coletiva.

Essa nova visão da autoridade licenciadora exercendo a autonomia municipal, com a constituição de novas arenas de discussões e negociações, parece ser um caminho para a simplificação de procedimentos e para a democratização da gestão urbana, porque reconhece e fortalece a autonomia municipal, na medida em que descentraliza o licenciamento e compartilha decisões em âmbito municipal, procurando construir o consenso coletivamente.

Esta parece ser a institucionalidade almejada pela Assembleia que elaborou a atual Constituição da República Federativa do Brasil, de 1988. A CR estruturou um sistema que combina competências exclusivas, privativas e principiológicas com competências comuns e concorrentes, buscando construir o sistema federativo segundo critérios de equilíbrio. Não existe hierarquia na organização federal porque a cada esfera de poder corresponde uma competência determinada. De forma geral, o princípio que norteia essa distribuição é, em tese, a predominância do interesse, cabendo à União as matérias e questões de interesse geral e nacional; aos estados, os temas regionais; e, aos municípios, os assuntos de interesse local (Dallari, 2003).

Observando a estrutura do sistema de repartição de competências trazido pela Constituição de 1988, percebe-se que o constituinte buscou o equilíbrio das relações entre o poder central e os poderes estaduais e municipais. Para fazer isso, teve que superar o modelo antigo – em que as competências eram rigidamente distribuídas mediante critérios que definiam o âmbito de atuação exclusiva de cada entidade estatal – para acolher formas de composição mais complexas, em que cada ente continua possuindo competências exclusivas e privativas, porém conjugadas com competências comuns ou concorrentes, que podem ser compartilhadas pelas entidades estatais (Barroso, 2007). Esse é justamente o espírito da proposta de introduzir o instrumento da licença ambiental integrada, suscitando maior comprometimento e cooperação dos entes federativos na defesa do meio ambiente equilibrado.

3. CONSIDERAÇÕES FINAIS

O crescimento da urbanização, combinado à concentração da população em grandes cidades, torna ainda mais complexo o objetivo de promover a sustentabilidade urbano-ambiental. Tais fenômenos estão associados ao processo de desenvolvimento econômico, à geração de empregos e à oferta de infraestrutura física, como malha viária e habitação. Não se trata de questões que estejam ao alcance das políticas públicas locais, mas que afetam as condições de vida local.

O Poder Público opera com base numa estrutura organizacional que frequentemente é inadequada para tratar das questões que afetam as condições de vida local. No Brasil, uma federação tripartite, o município tem competência legal pela política urbana, que se realiza por meio do plano diretor municipal. No entanto, carece de poderes de controlar as consequências do processo de desenvolvimento. Os estados e até a União também sofrem dessa debilidade quando estão em jogo interesses privados muito poderosos.

Reconhecer a fragilidade das esferas governamentais, entretanto, não implica desconhecer a responsabilidade e, sobretudo, o alcance potencial da tutela do Poder Público sobre o desenvolvimento urbano e ambiental. Mas implica admitir que a cooperação federativa aumenta a possibilidade de efetividade dessa tutela. Seja de forma autônoma, seja como parte de uma rede federativa, o município é o responsável pela política urbana e aquele ente territorial onde são primariamente sentidas as consequências da crise socioambiental. É ele, portanto, que deve se capacitar para lidar primariamente com essas questões.

O urbano e o ambiental são aspectos complementares; o conceito de um insere-se no do outro, e por isso deve haver uma abordagem conjunta a respeito deles.   Os desencontros entre as licenças, as permissões, os pareceres em geral trazem prejuízo a toda a coletividade, visto que meio ambiente equilibrado e cidades mais justas e sustentáveis fazem parte de um conjunto de direitos dos quais todos somos destinatários. Trata-se dos direitos difusos, aqueles que estão além de um indivíduo.

Nesse sentido, o Projeto de Lei de Responsabilidade Territorial, atualmente em discussão no Brasil, dá um importante salto ao inserir na legislação mecanismos que determinam que essas licenças sejam concedidas por um único ente. Ademais, esses dois mecanismos – a gestão plena e a licença ambiental integrada – estão em pleno acordo com os paradigmas atuais de integração e podem até mesmo funcionar como um incentivo à atuação cooperativa dos entes federativos quando o assunto representar interesse regional ou metropolitano. Resta alimentar a expectativa de que tais inovações sejam profundamente discutidas e entendidas pelos membros dos Poderes Executivo e Judiciário para que se alcance a efetividade pretendida pelo projeto de lei.

REFERÊNCIAS BIBLIOGRÁFICAS:

ALEXY, R. **Teoria dos Direitos Fundamentais.** Tradução Virgílio Afonso da Silva. São Paulo: Malheiros, 2008.

ARUEIRA, M. B. **A cidade empreendedora:** tendências do planejamento urbano no Rio de Janeiro. Dissertação de Mestrado. UERJ - Programa de Pós-Graduação em Direito. Rio de Janeiro, agosto de 2009.

BARROSO, L. **Saneamento básico:** competências constitucionais da União, estados e municípios. Revista Eletrônica de Direito Administrativo Econômico. Salvador, n. 11, ago./out. 2007. p. 3. Disponível em http://www.direitopublico.com.br. Acesso em abril de 2009.

BEZERRA, M (Coord.). **Cidades sustentáveis:** subsídios à elaboração da Agenda 21 brasileira. Brasília: Ministério do Meio Ambiente/Ibama [e] Consórcio Parceria, 2000.

DALLARI, D. A. **Elementos da Teoria Geral do Estado.** São Paulo: Saraiva, 2003.

GOUVÊA, D., RIBEIRO, S. **A revisão da Lei Federal 6.766/79 – novas regras no "jogo" da cidade?** Disponível em: http://cinder.artisoftware.com/wp-content/uploads/file/DocumentosFortaleza/Gouvea.pdf. Acesso em 25 de agosto de 2009.

GUERRA, S. **Direito Internacional Ambiental.** Rio de Janeiro: Freitas Bastos, 2006.

IBGE. **Pesquisa de Informações Básicas Municipais.** Perfil dos municípios brasileiros. Meio Ambiente. Brasília, 2008.

MARTINE, G. A evolução espacial da população brasileira. *In*: AFFONSO, Rui B. A.; BARROS SILVA, P. L. (Ed.). **Federalismo no Brasil.** Desigualdades regionais e desenvolvimento. São Paulo: Fundap, 1995.

MATTOS, L. P. **Nova ordem jurídico-urbanística.** Função social da propriedade na prática dos tribunais. Rio de Janeiro: Lúmen Juris, 2006.

MATTOS, L. P. (Org.). **Estatuto da Cidade comentado.** Belo Horizonte: Mandamentos, 2002.

SOLER, A.C. P. *et al.* (Org.). **A cidade sustentável e o desenvolvimento humano na América Latina:** temas e pesquisas. Porto Alegre: Furg, 2009.

UNITED NATIONS (UN). **Demographic Yearbook 2007**. Disponível em: www.unstats.un.org/unsd/Demographic/Products/socind/population.htm. Acesso em 31 de julho de 2009.

Valor Econômico, edição de 1/3/2010. Em matéria da primeira página, com o título de "Embate entre construtoras e Ministério Público.

A TRANSIÇÃO PARA A ECONOMIA CIRCULAR DE EMBALAGENS EM GERAL NAS CIDADES SUSTENTÁVEIS

THE TRANSITION TO THE CIRCULAR ECONOMY OF PACKAGING IN GENERAL IN THE SUSTAINABLE CITIES

Marcos Paulo Marques Araújo[1]

Resumo: Há que se promover a aceleração do processo de transição da economia linear para a circular para assegurar a formação de ciclo econômico harmônico com os limites ecológicos do planeta. Com efeito, o presente artigo tem por objetivo examinar a transição para a economia circular no país a partir da força normativa do princípio do poluidor-pagador com indução para o Design Regenerativo, resultando, por conseguinte, na conformação do território urbano. Com isso, emprega-se alavancas de políticas públicas para o planejamento urbano para contribuir para a transição das Cidades sustentáveis, e, assim, proporcionar um espaço urbano feliz e resiliente. Para tanto, adotou-se o método científico dedutivo com abordagem de pesquisa qualitativa para orientar o alcance desse objetivo. Adicionalmente, promoveu-se uma revisão bibliográfica do tema, que, dado o seu ineditismo, ainda são poucos os artigos e livros disponíveis. Os resultados obtidos com o presente artigo podem ser profícuos, vez que poderá levar a discussão sobre o processo de introdução da economia circular no país

---

[1] Mestre em Direito da Cidade (UERJ); Especialista em Direito da Administração Pública (UFF); e, Especialista em Direito Ambiental Brasileiro (PUC-Rio). Professor da PUC-RIO. Advogado. Assessor Jurídico junto à Assembleia Legislativa do Estado do Rio de Janeiro (ALERJ).

com a indução de alavancas públicas de planejamento urbano para a materialização do Direito às Cidades sustentáveis.

Abstract: It is necessary to promote the acceleration of the transition process from the linear to the circular economy to ensure the formation of an economic cycle in harmony with the ecological limits of the planet. Indeed, this article aims to examine the transition to the circular economy in the country from the normative force of the polluter-pays principle with induction to Regenerative Design, resulting, therefore, in the conformation of the urban territory. Thus, public policy levers are used for urban planning to contribute to the transition of sustainable cities, and thus provide a happy and resilient urban space. Therefore, the deductive scientific method with a qualitative research approach was adopted to guide the achievement of this objective. Additionally, a bibliographic review of the subject was carried out, which, given its novelty, there are still few articles and books available. The results obtained with this article can be fruitful, as it can lead to a discussion on the process of introducing the circular economy in the country with the induction of public urban planning levers for the materialization of the Right to Sustainable Cities.

Palavras-Chave: Economia Linear; Economia Circular; Design Regenerativo; Princípio do Poluidor-Pagador; Cidades Sustentáveis

Key-Word: Linear Economy; Circular Economy; Regenerative Design; Polluter Pays Principle; Sustainable Cities

1. INTRODUÇÃO

O ciclo produtivo pautado na economia linear se fundamenta na ideia de crescimento econômico ilimitado com exploração sem limites de recursos naturais finitos, e, por isso, já ultrapassou, em muito, os limites ecológicos e de resiliência do planeta. A continuidade desse modelo pode, e deve ser revista, sob pena de toda a humanidade pagar um alto preço por essa omissão.

Algumas soluções para a superação do modelo de economia linear estão em discussão, dentre elas, a economia circular. Pretende-se promover o crescimento econômico dissociado do uso de recursos naturais finitos, possibilitando o funcionamento do ciclo produtivo de forma integrada com o sistema biótico do planeta. A economia circular pode ser compreendida como uma teoria guarda-chuva, porque incorpora, dentre outras escolas de pensamento, o Design Regenerativo.

O Design Regenerativo propõe, em síntese, a ressignificação do pensamento projetivo do design para o ciclo de vida do artefato, e, calcado em princípios próprios e ambientais, vai resultar na busca de soluções que permitam a concepção de um projeto que alcance também o pós-uso do artefato com o fechamento do seu ciclo. Dentre estes princípios, destaca-se o princípio do poluidor-pagador, que orienta que produtor do artefato se responsabilize por todo o seu ciclo produtivo, desde a sua fase de projeto de design até o seu pós-uso com lastro na premissa do cradle-to-cradle (em livre tradução, do berço ao berço); o que também contribuirá para a conformação do espaço urbano a partir do fluxo adequado dos resíduos gerados pelos artefatos.

Nesse sentido, a mudança de paradigma da infraestrutura urbana está alinhada com a alavanca de política pública de planejamento técnico urbano que contribui para a transição da economia circular em sede das Cidades sustentáveis. Isso porque, estas Cidades, calcadas no planejamento técnico urbano submetido a um rigoroso controle social, podem promover o redesenho do espaço territorial urbano para conferir felicidade e alinhamento com o ciclo biótico do planeta.

Outrossim, espera-se que este trabalho possa contribuir para o início de reflexões, debates e discussões críticas a respeito da força normativa do princípio do poluidor-pagador com potencialização do Design Regenerativo, e, por conseguinte, do emprego das alavancas de políticas públicas para acelerar a transição para a economia circular em sede das Cidades sustentáveis. Este é o desafio do presente trabalho.

2. DA ECONOMIA LINEAR E SEU ESGOTAMENTO

A noção de economia linear se confunde com o modelo econômico industrial, cujo florescimento ocorreu a partir da Revolução Industrial[2], e, segue,

---

[2] Todavia, defende-se, sob o viés da globalização, que o modelo linear teve seu embrião na Era do Imperialismo, que inaugurou um modelo econômico mercantilista expropriatório voltado para a

nos dias atuais, pautada, especialmente, pelo uso da matriz energética fóssil e sofre ampliação por meio do processo de globalização policêntrica[3]. Este modelo econômico fundamenta-se no ciclo de produção, consumo e descarte. Ou seja, promove-se, inicialmente, a intensa extração de recursos naturais virgens, que, por sua vez, são processados e transformados em artefatos a partir do ciclo produtivo. Por conseguinte, os artefatos são postos à venda para consumo dos consumidores. Ao final da vida útil destes artefatos, operar-se o descarte na forma de resíduos sólidos, que, em regra, não são reaproveitados como matéria-prima secundária no ciclo produtivo.

Este ciclo produtivo se pauta na ideia de crescimento econômico ilimitado com exploração sem limites dos recursos naturais finitos do planeta, estabelecendo-se, assim, uma estreita correlação entre o progresso econômico e o uso dos recursos naturais disponíveis. Contudo, a valoração deste progresso com a geração de bem-estar é feita a partir e em conformidade com o crescimento econômico. Daí porque, a metragem da pujança econômica de cada país é feita segundo o seu produto interno bruto (PIB), que não leva em consideração aspectos de cunho ambiental ou social da nação, mas, tão somente, as variáveis econômicas.

Todavia, o mito do crescimento econômico ilimitado se depara, hoje, com uma realidade fática inconteste, qual seja, a evidência dramática de deterioração humana, ambiental e social. Enquanto galga-se, de um lado, uma expansão de riqueza material dirigida pelo capital especulativo e fomentada pela globalização policêntica, encontra-se, de outro, os ativos financeiros fruto desse crescimento econômico concentrados nas mãos de alguns conglomerados poderosos; o que só reitera a face verdadeira e perversa dessa globalização (SANTOS, 2015, p. 18/21).

---

exploração de recursos naturais e subjugação dos povos colonizados pela via bélica e cultural, e, guardadas as devidas proporções, perdura até os dias atuais, notadamente perante os países colonizados, que, hoje, são periféricos, e continuam em sua posição passiva de fornecedores de commoditties para os países ricos (SANTOS, 2015, p. 29).

[3] A globalização policêntrica não se restringe à logica do mercado, e adentra em outras áreas, como, por exemplo, ciência, cultura, tecnologia, saúde, área militar, transporte, turismo, esporte, e, em menor escala, política, legislação e assistência social (TEUBNER, 2008, p. 329).

É evidente que o modelo de economia linear iria, e acabou por comprometer seriamente os limites ambientais de resiliência do planeta. Logo, o consumo humano dos recursos naturais (dimensão do consumo humano) com a superação da capacidade biológica da Terra (dimensão da biodiversidade) acabou por ocasionar consequências desastrosas que resultaram em diferentes estágios de degradação ambiental no sistema ecológico em diversas partes do planeta – alguns, irreversíveis. Tanto é assim que "*a 'pegada ecológica', ferramenta de comparação entre essas duas dimensões, elaborada pelo WWF em 1999, constata essa alteração, e também o declínio da abundância das espécies que vivem nas florestas, na água doce e no mar*" (KAZAZIAN, 2009, 23).

Trata-se, portanto, de uma outra verdade inconteste evidenciada desde o relatório "*Os Limites do Crescimento*", do Clube de Roma, que subsidiou a Conferência de Estocolmo, em que foi editada a Declaração de Estocolmo, e erigiu 26 princípios basilares para orientar e guiar os países para preservar e melhorar o meio ambiente. Esta Declaração pode ser considerada como o marco jurídico internacional para a preservação ambiental, e influenciou a elaboração de diversos diplomas constitucionais e legais dos países signatários, a exemplo do Brasil, que editou a Lei Federal n.º 6.938, de 31 de agosto de 1981, Política Nacional de Meio Ambiente (PNMA), e, mais tarde, acarretou no esverdeamento da Constituição da República Federativa do Brasil de 1988 (CRFB/1988).

Como se não bastasse isso, a continuidade do modelo de economia linear poderá ocasionar, invariavelmente, outra crise mundial produtiva profunda, a exemplo do que ocorreu nas crises do petróleo, na década de 70. Isso porque, a ausência dos recursos naturais finitos, que, hoje, subsidiam esse ciclo produtivo, poderá impedir, pelo menos, a manutenção da máquina produtiva, que, em colapso, resultará em outra grande recessão.

A partir e alinhada com o modelo de economia linear, surge a sociedade de consumo da era da modernidade líquida. Esta sociedade pós-moderna tem a característica fundamental de transformar o homem-cidadão em consumidor de direito, e, agora, em mercadoria. O homem da era líquida é instado, desde a sua tenra idade, a consumir os milhões de produtos em massa despejados pelo mercado de consumo para as diferentes classes e tipos de consumidores. Com efeito, este homem passa a se submeter a um processo de recomodificação para sair da invisibilidade para ver e ser visto, e, assim, representar o que ele tem, e não quem é, de fato (BAUMAN, 2008, p. 200).

Para isso, faz-se necessário fomentar, por meio de propaganda e/ou da mídia em geral, o estado emocional melancólico do consumidor-mercadoria, que, a partir do seu vazio existencial, é levado a um estado de felicidade *"pontilhista"*, isto é, perpétuo e instantâneo, mediante a busca compulsiva do consumo desenfreado com a negação contínua da infelicidade, seja ela qual for (BAUMAN, 2008, p. 45/46). E, isso não ocorre, apenas, na esfera individual. Extrapola-se para o âmbito da sociedade de consumo, e insere-se no inconsciente coletivo de todos, perpetuando um processo contínuo de aquisição de artefatos, que representa um objetivo final, um modo de viver, qual seja, consumir para viver, e viver para consumir.

Em decorrência disso, a sociedade de consumo passa a gozar de uma personalidade narcísica, que, porém, enseja sintomas psicológicos com a geração de doenças identificadas, inicialmente, como neuroses sintomáticas (histeria e neuroses obsessivas). Todavia, estes sintomas pioraram nas últimas décadas. Evoluiu-se para as desordens de caráter narcisista, cujos distúrbios de personalidade estão frequentemente associados aos sentimentos de vazio e falta de sentido, à incapacidade de relacionamento com o outro de maneira profunda e significativa, à hipocondria, às fronteiras difusas do ego e à falta de um sentimento coeso do eu (SEVEERIANO e ESTRAMIANA, 2006, p. 41/42).

Isso, porém, não freia o ciclo produtivo linear que assegura a prosperidade econômica em patamares elevados. Não importa se é provocada pela depreciação ou desvalorização do artefato que acabou de ser lançado com o emprego da obsolescência programada, nem sequer se é alcançada mediante o estímulo de nova necessidade, desejo ou vontade compulsiva decorrente da insatisfação existencial do homem da era líquida. No final, acarreta-se a geração de mais resíduos sólidos, e, assim, de mais impacto ambiental.

O ciclo produtivo linear segue incólume, e capitaneado pelo mercado associado ao capital financeiro, que recebe a chancela dos Estados nacionais. Pior, a mídia manipulada não dá o espaço necessário e verdadeiro para o despertar dos consumidores, e o processo de degradação ambiental mundial avança rapidamente sob os olhos da sociedade de consumo (MANZINI, 2008, p. 20).

3. AS CIDADES EM CRISE DA ERA DA ECONOMIA LINEAR

A Cidade surge com a finalidade precípua de assegurar o interesse público primário, que, em última análise, representa possibilitar o exercício de uma vida feliz, viabilizando a reunião e a convivência das pessoas na urbe como local de reunião, domicílio e santuário, ao longo dos tempos (AIETA, 2016, p. 1625/1626). Todavia, a singeleza da finalidade da Cidade foi deteriorando-se ao longo dos tempos à medida em que a relação entre o espaço público e o privado ficou menos claro. Até porque, o tipo de Cidade que se almejada é reflexo da relação do cidadão consigo, com as demais pessoas e o próprio ambiente natural. Logo, o direito coletivo à Cidade passou a significar um direito de mudar e de reinventar o espaço urbano, segundo o desejo do homem, que, assim, restou condenado a viver no seu objeto de criação (HARVEY, 2014, p. 28).

A concepção de Cidade passou a ser espelho do estilo de vida e dos valores estéticos dos cidadãos que são feitos e refeitos, ainda que de forma inconsciente, ao longo dos tempos, impulsionado por forças sociais e políticas poderosas, que, por sua vez, orientam o processo urbano (HARVEY, 2014, p. 29).

Neste contexto, o processo de urbanização da Cidade decorre da concentração geográfica e social do excedente de produção capitalista, cujo controle do uso do lucro permanece nas mãos dos mais abastados. Todavia, a urbanização também se presta para absorver o excedente de produção capitalista para manter a linearidade do sistema de forma inesgotável. Isso vai acarretar pressão sobre os recursos e ambientes naturais para exploração de matéria-prima, aviltamento da mão-de-obra pobre, revisão do marco regulatório impeditivo do fluxo livre capitalista, desenvolvimento de novas tecnologias e, ainda, na apropriação de outros componentes do ciclo produtivo locados nas Cidades, tudo para a ampliação do capital especulativo (HARVEY, 2014, p. 30 até 32). Como se não bastasse isso, deixou-se de lado a dimensão humana que é a razão de ser da Cidade, e as pessoas, especialmente a mais humildes, passaram a ser cada vez mais maltratas, especialmente pelo planejamento técnico urbano sem submissão ao controle social (GEHL, 2013, p. 3).

Ocorre que o sistema financeiro não consegue fazer frente as crises territoriais urbanas e econômicas, e, depois, acaba empurrando-as para outro momento ou território (SANTOS, MEDEIROS e VASQUES, 2014, p. 8). Forma-se, assim, um ciclo vicioso, que é fomentado pelo próprio capital financeiro que alimenta com vultosos recursos os planejamentos técnicos urbanos com suas transformações dos tecidos urbanos das Cidades (SANTOS, MEDEIROS e VASQUES, 2014, p. 8).

E, um dos mais graves e principais desafios a serem superados é a gestão ambientalmente adequada de resíduos sólidos. Isso porque, o manejo inadequado de resíduos sólidos tem consequências diretas no espaço urbano, posto que a falta de prestação desse serviço ou sua insuficiência não contribuem para a expansão urbana. Ao revés, a destinação inadequada de resíduos deteriora e fomenta a degradação do ambiente natural e urbano com impactos negativos de toda a sorte para os seus moradores (PINTO, 2010, p.176/177).

O Sistema Nacional de Informações sobre Saneamento (SNIS), da Secretaria Nacional de Saneamento (SNS), do Ministério do Desenvolvimento Regional, da União, em seu Diagnóstico do Manejo de Resíduos Sólidos Urbanos de 2018, registrou, em 2018, que 1.546 Municípios brasileiros do total de 5.570 Municípios e o Distrito Federal se manifestaram sobre o aproveitamento da massa recuperada de recicláveis secos, inclusa, aqui, papel, plástico, metal, vidro e outros.

O SNIS informou que, em 2018, houve a recuperação de 923.285,9 toneladas no ano, representando, por conseguinte, 7,61% quilos por habitantes no ano. Em 2017, o SNIS apontou que 1.497 Municípios se pronunciaram sobre o aproveitamento do material reciclado, e indicaram a recuperação de 851.785 toneladas por ano, perfazendo 7,71% quilos por habitantes no ano. Adite-se que SNIS indicou que, em 2018, foram recicladas 129.493,2 toneladas de plásticos para uma base de 1.031 Municípios, perfazendo um percentual de 22,6%.

Há, portanto, uma baixa capacidade de aproveitamento de embalagens em geral, notadamente de embalagens plásticas, como matéria prima-secundária para reinserção no ciclo produtivo, levando-se em consideração o expressivo número de embalagens colocadas no mercado menos os resíduos sólidos decorrentes dessas embalagens recuperadas e recicladas.

Como se não bastasse isso, as embalagens em geral, que não são reintroduzidas no ciclo produtivo, acabam sendo desperdiçadas, e encaminhadas para a destinação final em aterro sanitário. Isso contrária a própria Lei Federal n.º12.305, de 02 de agosto de 2010, Política Nacional de Resíduos Sólidos (PNRS), que, em seu art. 9, *caput*, apregoa a priorização da ordem de gerenciamento de resíduos sólidos com o aproveitamento da matéria-prima secundária correspondente, e, após esgotada o seu ciclo de uso, o envio do rejeito para a disposição final ambientalmente adequada.

O cenário piora quando essas embalagens são lançadas nos vazadouros a céu aberto, chamados, usualmente, de lixões, ou, então, nos aterros controlados. Isso porque, há a contaminação do solo, do subsolo e do lençol freático, espraiando-se contaminantes por todo o ambiente natural com gravame para a saúde da população, repita-se. O SNIS aponta que, em 2018, o país contava com 75,6% de aterros sanitários para um total de 5.570 Municípios brasileiros, enquanto os lixões representavam 13%, e os aterros controlados 11,4%.

Outrossim, as Cidades atuais, a partir da análise de HARVEY, podem ser compreendidas, não sem livre de críticas, como Cidades em crise, que foram objeto de expropriação pelo sistema financeiro internacional, especialmente de cunho especulativo imobiliário, para reinvestimento com absorção do capital produtivo com indução pelo planejamento técnico urbano não amparado pelo controle social.

4. TRANSIÇÃO PARA A ECONOMIA CIRCULAR NO BRASIL

4.1. Concepção de economia circular

Em resposta ao modelo de economia linear, apresenta-se, nesta quadra atual, a economia circular, que, em tese, pode ser compreendida como uma teoria guarda-chuva, vez que incorpora ao seu conceito linhas de pensamento de escolas surgidas desde a década de 70 até os dias atuais. Dentre estas escolas de pensamento, destaca-se o Design Regenerativo, que será objeto de análise na sequência. Todavia, vai além disso.

Propõe-se que a economia deva funcionar como e em harmonia com o metabolismo do planeta, em constante equilíbrio dinâmico, possibilitando, por conseguinte, a construção de uma economia regenerativa e restaurativa por princípio. Em outras palavras, o crescimento econômico passa a ser dissociado do uso de recursos naturais finitos e, portanto, da geração de impactos negativos, ensejando a adoção de um modelo econômico alinhado com a resiliência da biodiversidade do planeta.

Daí, os recursos utilizados podem ser classificados como nutrientes técnicos ou biológicos[4], que devem permanecer em constante produção, evitando-se que cheguem à vida útil para descarte; o que ensejará uma econômica que não dependerá da exploração de recursos naturais finitos para prosperar.

Vale trazer à colação da concepção de economia circular talhada pela Fundação Ellen MacArthur, entidade internacional não governamental ligada ao setor de negócio, que tem contribuído bastante para construção, disseminação e implementação desse modelo econômico, especialmente na União Europeia, *in verbis*:

> "A noção de uma economia circular vem atraindo cada vez mais atenção nos últimos anos. O conceito se caracteriza, mais do que se define, como uma economia que é restaurativa e regenerativa por princípio e tem como objetivo manter produtos, componentes e materiais em seu mais alto nível de utilidade e valor o tempo todo, fazendo distinção entre ciclos técnicos e biológicos. A economia circular é concebida como um ciclo contínuo de desenvolvimento positivo que preserva e aprimora o capital natural, otimiza a produtividade de recursos e minimiza riscos sistêmicos gerindo estoques finitos e fluxos renováveis. Ela funciona de forma efetiva em qualquer escala. Esse novo modelo econômico busca, em última instância,

---

[4] A economia circular, pautada na escola de pensamento do Cradle – to – Cradle, sinaliza que todo e qualquer tipo de material do ciclo produtivo pode ser considerado como os seguintes nutrientes: (i) biológico, que são materiais da bioesfera, e podem ser incorporados seguramente no ambiente natural; e, (ii) técnico que são recursos de uso finito, e, por isso, devem ser aproveitados ininterruptamente no processo produtivo, sem perda de qualidade. Os nutrientes biológicos e técnicos são introduzidos em ciclos distintos de nomes correspondentes, isto é, ciclo biológico e ciclo técnico, cujos períodos de uso são os mais extensos possíveis para evitar desperdício e gerar resíduos. (WEETMAN, 2019, p. 72.)

dissociar o desenvolvimento econômico global do consumo de recursos finitos"[5]

4.2. Design regenerativo

O livro *"Regenerative Design for Sustainable Development"* (1994), publicado por John Lyle, traz uma abordagem para o processo de design pautado na teoria dos sistemas, em que o sistema regenerativo compreende a restauração, renovação ou revitalização das fontes de materiais e energias que possibilitará a integração das necessidades da sociedade com a integridade da natureza. Com isso, cria-se um design regenerativo e holístico que possibilita um ambiente natural livre de resíduos. Daí, a abordagem do design tem por objetivo redesenvolver sistemas com eficácia absoluta que permita a convivência da espécie humana com outras espécies naturais e a biodiversidade como um todo.

O design pode, e deve avaliar e projetar o artefato em afinidade com o seu ciclo de vida, buscando ir além do descarte, e fechar o ciclo produtivo em um pensamento cíclico. Trata-se de uma inovação para o design que concebe o descarte como uma fase do projeto, e reconhece o pós-uso do artefato, sem prejuízo de incorporar a matéria-prima secundária decorrente dos resíduos sólidos no ciclo produtivo cíclico (CARDOSO, 2013, p. 62/63).

Para tanto, o conceito de utilidade ou de durabilidade do artefato deve ser revisto, porque a sua vida útil não se restringe a um momento temporal de uma parte do ciclo de vida entre a fabricação e o descarte. Na verdade, o artefato vai sobreviver muito tempo ainda depois do seu descarte, razão pela qual não se sustenta mais a concepção atual do proveito do artefato, seja do seu aproveitamento para o uso seja para a sua realização de lucro (CARDOSO, 2013, p. 63/64).

O emprego da obsolescência planejada no processo de precipitação do fim da vida útil do artefato também deve ser reexaminado, porque fomenta e mantém,

---

[5] Fundação Ellen MacArthur. "Rumo a Economia Circular: O Racional de Negócio para Acelerar a Transição" – Disponível em: https://www.ellenmacarthurfoundation.org/assets/downloads/Rumo-a%CC%80-economia-circular_Updated_08-12-15.pdf – Acessado em: 20.01.2020.

de forma artificial, o consumismo. Consequentemente, o paradigma da estratégia mercadológica incutida no processo de criação do artefato por meio da obsolescência deve ser superado, posto que tem o condão de reduzir artificialmente a durabilidade dos bens de consumo, e, assim, estimula o consumo repetitivo e inconsciente pelo consumidor (MORAES, 2015, p. 50/51).

Da mesma forma, o *"streamlining"*, que possui pressupostos básicos biomórficos, traz à tona, em essência, os mesmos artefatos, que, porém, são revistos e atualizados para serem adquiridos pelo consumidor, que se deixa impressionar por uma linguagem visual com um ideário de futuro inerente a este estilo (LIMA e LESSA, 2008, 138). Logo, o artefato revisado também vai ter o seu tempo de vida artificialmente reduzido, a fim de possibilitar a continuidade do processo produtivo.

O artefato é visto como cultura material, isto é, *"vestígio daquilo que somos como coletividade humana"*, razão pela qual quanto mais produzirmos artefatos para dar sentido para a nossa sociedade de consumo, é certo que mais mergulhamos em um mar de resíduos sólidos que desafia o limite de resiliência do planeta, e acelera o processo de degradação socioambiental (CARDOSO, 2013, p. 64).

A ressignificação do pensamento de projeto de design para o pós-uso do artefato pressupõe a ausência de um limite temporal de vida útil, e superação da fase de descarte com a compreensão do ciclo produtivo cíclico.

Para tanto, pode-se recorrer à adoção de 4 (quatro) princípios para o design de artefato pós-uso, a saber: (i) reversibilidade, que, ao decorrer do método *"design for disassembly"* (design para o desmonte, em tradução livre), significa que todo o artefato pode ser passível de desmonte, e deve ter suas partes componentes aproveitadas imediatamente para reduzir a geração e o acúmulo de resíduos sólidos; (ii) manutenção, que possibilita a troca de partes, peças do artefato e, por conseguinte, a extensão da sua vida útil; (iii) reutilização/reaproveitamento, que, ao sinalizarem que o projeto de design pode ser concebido de modo plural e polivalente, asseguram que um artefato tenha mais de um sentido dentro de um sistema complexo, e, assim, abrem um leque de possíveis usos para os usuários em diversas situações; e, (iv) durabilidade, que, por estar atrelado ao universo conceitual das marcas (*branding*), confere-se mais sentido ao artefato do que ao seu conteúdo material e de projeto de criação, revelando, portanto, que quanto mais o artefato for passível de agregar e simbolizar valores, menos será encaminhado para o descarte e resultar em perda de utilidade (CARDOSO, 2013, p. 65/66).

Complementarmente a esses princípios, torna-se fundamental a aplicação do método de análise do ciclo de vida (ACV), que representa uma ferramenta de ecodesign para auxiliar a tomada de decisões a partir de método qualitativo do ciclo de vida do artefato. Contudo, a proposta de mudança para pensamento do design contribui, cada vez mais, para adoção de parâmetros específicos, especialmente quantitativos, para a ACV, a fim de garantir, de fato, o alcance das metas ambientais a serem imprimidas para o artefato pelo Design Regenerativo (OLIVEIRA, FRANZATO e GAUDIO, 2017, p. 138). Com efeito, *"iniciativas* [de ACV] *que forneçam referências ambientais quantitativas podem ajudar os designers em suas tomadas de decisão"* (OLIVEIRA, FRANZATO e GAUDIO, 2017, p. 138).

O Design Regenerativo vai trilhar o caminho de metodologias simplificadas e diretrizes que assegurem soluções promissoras para a construção dos artefatos, isto é, soluções, que, calcadas em prévias experiências, detêm forte probabilidade de serem sustentáveis (MANZINI, 2008, 135). Daí, o consumidor poderá ser convencido a adquirir menos artefatos, e, se for comprar, em quantidade satisfatória de um artefato simples alinhado com as premissas ambientais.

4.3. Princípio do poluidor-pagador e design regenerativo: construção de ponte para acelerar a transição para a economia circular de embalagens em geral

O princípio do poluidor-pagador veio a ser materializado originariamente pelo inc. VII, do art. 4º, da Lei Federal n.º6.938, de 31 de agosto de 1981, Política Nacional de Meio Ambiente (PNMA). Posteriormente, este princípio foi positivado na primeira parte, do inc. II, do art. 6º, da PNRS, ensejando a sua irradiação sobre o todo o texto dessa Política e, por via de consequência, do seu

Decreto Federal n.º7.404, de 22 de dezembro de 2010 e, agora, do Decreto Federal n.º9.177, de 23 de outubro de 2017.

Modernamente, o princípio do poluidor-pagador apresenta um caráter dúplice, preventivo e reparador. Interessa-nos a vertente preventiva desse princípio, que, na sua essência, representa um mecanismo fundamental de redução da poluição e de proteção ambiental com conformação econômica para correção das externalidades negativas. Com isso, o princípio se reveste de uma função ampliada voltada para a internalização dos custos do controle ambiental no processo produtivo pelo produtor, assegurando-se a socialização dos bônus da proteção da saúde e da preservação ambiental e a privatização dos ônus com a assunção desses custos no âmbito do processo produtivo.

O princípio do poluidor-pagador vai dar ensejo à responsabilidade ambiental pós-consumo, que é caracterizada pelo reconhecimento que o produtor, que é quem introduz o artefato no mercado e aufere lucros com a sua atividade produtiva permeada pela externalidade negativa, tem a responsabilidade direta por todo o seu ciclo de vida. Por isso, o produtor se desincumbirá não só do projeto e do processo de desenvolvimento do design do artefato, mas também deverá ocupar-se de ir além do seu fim de vida útil.

No Brasil, o art. 3º, inc. XVII, da PNRS positivou a responsabilidade compartilhada pelo ciclo de vida do produto, que está encartado na responsabilidade ambiental pós-consumo, e representa, em tese, um regime solidário de complexas atribuições. Estas são desempenhadas de forma individualizada e encadeada por todos aqueles envolvidos no ciclo produtivo, a fim de assegurar a reinserção dos resíduos sólidos especiais pós-consumo no mesmo ciclo produtivo ou, em outro, pelo maior tempo possível de aproveitamento, ou, se não for factível, encaminhamento para a destinação final ambientalmente adequada desses resíduos sólidos (art. 30, *caput*, da PNRS e art. 5º e parágrafo único, do Decreto Federal n.º7.404/2010).

A responsabilidade compartilhada pelo ciclo de vida do produto, por sua vez, é materializada pelo sistema de logística reversa, que foi positivado pelo art. 3º, inc. XII, da PNRS, e reiterado pelo art. 13, do Decreto Federal n.º7.404/2010. Trata-se de um conjunto de ações, procedimentos e meios estruturados que comporão um sistema voltado para a reinserção dos resíduos sólidos especiais pós-consumo, que sejam passíveis de reciclagem no ciclo produtivo, seja o mesmo seja outro, ou, se não viável, encaminhados para a destinação final ambientalmente adequada.

Assim, o produtor, que coloca os artefatos no mercado para auferir os lucros com essa atividade, possui responsabilidade direta pelo ciclo de vida desses artefatos. Logo, o produtor é quem detém maiores atribuições em sede da responsabilidade compartilhada pelo ciclo de vida dos produtos, que, por sua vez, vai se desdobrar no desempenho de uma atuação plena e integral em prol da implantação, manutenção e financiamento do sistema de logística reversa.

A PNRS imputa ao produtor a responsabilidade pela implantação, estruturação, operação e manutenção do sistema de logística reversa dos resíduos sólidos especiais pós-consumo, sem prejuízo de outras atividades decorrentes da atuação desses atores no ciclo produtivo (art. 33, *caput*, e §3º, incs. I até III, da PNRS; e, art. 18, §1º, do Decreto Federal n.º7.404/2010). Logo, *"a cadeia produtiva tem liberdade para implementar e operacionalizar o sistema de logística reversa que entender conveniente, desde que respeitados os princípios de tutela do meio ambiente ecologicamente equilibrado"* (LEMOS, 2011, p. 106).

O Design Regenerativo, além de pautar-se nos seus próprios princípios orientadores, vai orientar-se por princípios ambientais, a fim de conceber e desenvolver uma abordagem estratégica com sólidas premissas ambientais para o alcance de um resultado prévio definido por uma solução sustentável, levando-se em consideração parâmetros específicos, especialmente quantitativos, do ACV para garantir o cumprimento desse resultado.

Logo, o Design Regenerativo, que poderá agregar, de fato, valor contributivo ambiental ao artefato, vai promover, por meio do design estratégico e suas características, uma inovação radical para o alcance de objetivos e de modos de operação para a materialização da sustentabilidade desejada do artefato.

Ora, se o princípio do poluidor-pagador está encartado no feixe de princípios protetivos ambientais positivados na PNMA (art. 4º, inc. VII) e na PNRS (art. 6º, inc. II), não há como negar que este princípio orientará o Design Regenerativo. Isso porque, o design regenerativo se pauta, repita-se, em princípios ambientais para conformar o pensamento do projeto e do processo de design do artefato para fechar o seu ciclo produtivo cíclico.

O princípio do poluidor-pagador conferirá força normativa para o atendimento de um sistema produtivo regenerado com nutrientes técnicos e biológicos que possam atender as necessidades da nossa sociedade sem comprometer a resiliência do sistema biótico do planeta. Em outras palavras, o princípio do poluidor-pagador, na condição de regra normativa, vai orientar que os produtores de artefatos adotem o Design Regenerativo não só na sua produção, mas também na fase do descarte com o pós-uso.

A partir disso, admite-se o emprego de materiais pautados em premissas ambientais no projeto e no processo de design desses artefatos para o alcance de uma solução sustentável. Justamente, aqui, atravessa-se, por derradeiro, a ponte entre o Design Regenerativo e a principiologia do Direito Ambiental, notadamente o princípio do poluidor-pagador, para possibilitar a transição para a economia circular.

O art. 32, *caput*, §1º, incs. I até III, da PNRS contempla uma pequena contribuição para a transição para a economia circular por intermédio do design regenerativo. Isso porque, determina que o produtor de embalagens, segundo sua parcela de responsabilidade compartilhada pelo ciclo de vida dos produtos, redesenhe o passado desse artefato, concebendo-o, desde logo, de forma que seja passível de reutilização e reciclagem. Só isso. A PNRS não vai além.

O Brasil ainda não conta com uma política pública que fomente o processo de transição para a economia circular. Todavia, a legislação e os instrumentos normativos vigentes voltados para a gestão de resíduos sólidos existentes preveem, ainda que indiretamente, a conformação deste modelo produtivo cíclico, e, por conseguinte, podem permitir a sua inserção no território nacional.

Tendo em vista esse vazio legislativo, há que se desenvolver uma política pública nacional, que possibilite, de fato, o cumprimento do princípio do poluidor-pagador para conferir força normativa para observância do Design Regenerativo no processo e no projeto do desenvolvimento das sacolas e de outras embalagens em geral que usem o plástico, especialmente de uso único, a fim de possibilitar, de fato, a superação da economia linear.

Para tanto, ou recorre-se à edição de uma lei formal e material para alteração da PNRS ou busca-se, na seara do ordenamento jurídico pátrio existente, a integração das normas legais vigentes para assegurar o redesign das embalagens em geral para o alcance de uma solução sustentável em todo o território nacional, sem, porém, promover qualquer alteração legislativa.

Interessa-nos esta última solução, e o art. 4º, do Decreto-Lei Federal n.º4.657, de 04 de setembro de 1942, Lei de Introdução às Normas do Direito Brasileiro (LINDB) aponta que a superação desse vazio normativo poderá ocorrer mediante a aplicação direta dos princípios gerais do Direito.

O princípio do poluidor-pagador positivado no inc. II, do art. 6º, da PNRS constitui vetor axiológico para orientar a fundamentação, a interpretação e a integração da PNRS, e, portanto, poderá ser um vetor normativo para superar esse vazio. Mais do que isso, o princípio pode, e deve complementar o comando contido no art. 32, *caput*, §1º, incs. I até III, da PNRS, a fim de conferir força normativa para o cumprimento do Design Regenerativo no ciclo produtivo cíclico do artefato, não se restringindo, portanto, ao passado do artefato calcado na sua reutilização e reciclagem.

Caso, porém, torne-se insuficiente a determinação da aplicação, pura e simples, do princípio do poluidor-pagador para conferir força normativo ao design regenerativo para conferir sustentabilidade ambiental ao processo e ao projeto de design do artefato pelo produtor, pode-se recorrer, alternativamente, ao termo de compromisso contemplado no art. 8º, inc. XVIII, da PNRS e no art. 32, incs. I e II, Decreto Federal n.º7.404/2010. Este termo de compromisso tem natureza jurídica de TAC preventivo (art. 5º, §6º, da LACP), e pode seguir o conteúdo mínimo estabelecido para a composição do TAC repressivo (art. 79- A, §1º, incs. I até VI, da LCA)[6].

Trata-se, em última análise, de instrumento normativo que vai estabelecer as diretrizes para a instalação de um sistema de logística reversa de embalagens

---

[6] Para uma análise aprofundada dos aspectos teóricos normativos sobre a constituição do termo de compromisso para instalação do sistema de logística reversa de embalagens em geral, ver: ARAÚJO, 2019.

em geral com regras mais restritivas para assegurar o cumprimento, pelos produtores, da responsabilidade compartilhada pelo ciclo de vida do produto.

Em desdobramento, o termo de compromisso pode, e deve fomentar a transição para a economia circular das embalagens em geral com a potencialização do princípio do poluidor-pagador para conferir força normativo ao design regenerativo, observada a assunção de responsabilidades pelo Poder Público e pelo produtor; o que contribuirá para o estabelecimento do fluxo adequado desses artefatos nas Cidades ou nas regiões urbanas a partir da alavanca pública do planejamento técnico, segundo aprofundado na sequência.

5. ALAVANCAS PÚBLICAS DE ECONOMIA CIRCULAR PARA CIDADES SUSTENTÁVEIS

O processo de transição para a economia circular ocorre por meio de níveis, destacando-se, dentre eles, o nível macro. Este nível vai repercutir no redesenho da Cidade e da região urbana, e ensejará uma mudança de paradigmas, especialmente da sua infraestrutura por meio da aplicação do planejamento técnico urbano.

O plano diretor é o instrumento básico da política urbana da Cidade, e é por intermédio desse instrumento que o espaço urbano vai ser remodelado para promover a restauração ambiental da Cidade para conferir melhor condição de vida para a população. Isso porque, o plano diretor deverá estabelecer a delimitação das áreas urbanas (art. 42, inc. I, primeira parte, da Lei Federal n.º10.257, de 10 de julho de 2001, Estatuto da Cidade - EC). E, quando houver a pretensão da expansão do perímetro urbano da Cidade, o plano diretor poderá prever, desde logo, a definição de diretrizes e instrumentos específicos para a proteção ambiental e do patrimônio histórico e cultural da localidade, sem prejuízo de contemplar outras normas cabíveis para assegurar a ampliação da Cidade (art. 42- B, inc. VI c/c §2º, do EC).

O planejamento técnico urbano é associado ao plano de resíduos sólidos (art. 19, §3º, da Lei Federal n.º11.445/2010, Lei de Diretrizes Nacional de Saneamento Básico – LDNSB c/c art. 19, §1º, da PNRS), que, assim, possibilitará o fomento, a indução e o direcionamento do fluxo dos nutrientes técnicos de embalagens em geral para o mesmo ciclo produtivo, ou em outro, com a permanência do seu uso pelo maior tempo possível, sem o desvio dessa matéria-prima secundária para a destinação final ambientalmente adequada; o que, de certo, contribuirá para o desenvolvimento de novos negócios e mercados circulares.

Neste sentido, a Fundação Ellen MacArthur, em sede do estudo intitulado *"Governos Municipais e seu Papel em Viabilizar a Transição para uma Economia Circular; Uma Visão Geral de Alavancas de Políticas Públicas Urbanas"*[7], aponta que a alavanca *"gestão pública"* na vertente planejamento técnico urbano vai pressupor o redesenho do espaço territorial urbano.

A alavanca do planejamento, calcado em um processo de controle social com a intensa participação da população, fomentará o uso misto das áreas urbanas com o compartilhamento entre pobres e ricos, promover a mobilidade urbana por meio de sistema integrado de transporte associado com bicicletas para a redução das emissões dos gases do efeito estufa, fomentar o reaproveitamento de água e de resíduos sólidos e o uso de energia limpa, estimular a qualidade de vida das pessoas com mais áreas de lazer e verdes e redução do deslocamento de casa para o trabalho, e vice-versa etc. Logo, a consecução e a implementação planejamento técnico urbano constitui uma alavanca de política pública vital para assegurar o processo de transição para economia circular no ambiente urbano; o que possibilitará a conformação das Cidades com a resiliência do ambiente natural.

Outrossim, a alavanca de planejamento urbano poderá ser o catalizador para a migração do modelo das Cidades sustentáveis, que emergirá a partir de um processo de compreender um "fazer a cidade", levando-se em consideração um projeto de desenvolvimento econômico urbano que conjugue a competitividade inerente ao processo produtivo com a sustentabilidade lastreado na coesão social, respeito ao ambiente urbano e adoção de recursos e fontes renováveis (COMPANS, 2009, p. 137). Por isso, pode-se tonar o espaço urbano mais humano capaz de conferir felicidades para as pessoas, e, por conseguinte, operar a

---

[7] Fundação Ellen MacArthur. *"Governos Municipais e seu Papel em Viabilizar a Transição para uma Economia Circular; Uma Visão Geral de Alavancas de Políticas Públicas Urbanas"* – Disponível em: https://www.ellenmacarthurfoundation.org/assets/downloads/Alavancas-de-poli%CC%81ticas-pu%CC%81blicas.pdf - Acessado em 20.01.2020.

transição para um novo paradigma de sociedade, cujo modelo econômico produtivo seja alinhado com o sistema biótico do planeta. (GEHL, 2013, p. 105).

6. CONCLUSÃO

O modelo de economia linear, que impulsiona a sociedade de consumidores nessa era de modernidade líquida, não se mostra mais viável dado o esgotamento do limite de resiliência do planeta, ensejando, assim, a busca de modelos alternativos. Dentre eles, destaca-se a economia circular, que, em síntese, propõe a transição para um modelo econômico que o ciclo produtivo possa funcionar em harmonia com o sistema ecológico do planeta.

O Brasil não conta com uma política pública que fomente a transição para a economia circular, exceto o previsto no art. 32, *caput*, §1º, incs. I até III, da PNRS. Para superar esse vazio legislativo, não se faz necessária uma intervenção legislativa, pois o princípio do poluidor-pagador, ao fundamentar, interpretar e integrar a PNRS, tem o condão de supri-lo, e determinar o cumprimento, pela via axiológica interpretativa, do Design Regenerativo em território nacional, a teor do art. 4º, da LINDB. Portanto, o produtor do artefato será obrigado a responsabilizar-se por todo esse processo produtivo, segundo a premissa do cradle-to-cradle.

Alternativamente, pode-se adotar o termo de compromisso, na forma do art. 8º, inc. XVIII, da PNRS e no art. 32, incs. I e II, Decreto Federal n.º7.404/2010, que não só assegurará a instalação do sistema logística reversa de embalagens em geral, mas também fomentará a transição para a economia circular das embalagens em geral com a potencialização do princípio do poluidor-pagador para conferir força normativo ao Design Regenerativo; o que resultará no estabelecimento do fluxo adequado desses artefatos nas Cidades ou nas regiões urbanas a partir da alavanca pública do planejamento técnico.

A alavanca pública de planejamento técnico, calcado em rigoroso controle social, contribuirá para a transição da economia circular nas Cidades sustentáveis, ensejando a restauração e remodelagem do ambiente urbano para contribuir para melhoria da qualidade de vida da população. Com isso, confere-se a formação de uma Cidade não só mais humana, mas também comprometida com os valores e o funcionamento biológico do planeta.

REFERÊNCIAS BIBLIOGRÁFICAS:

ARAÚJO, Marcos Paulo Marques. *"O Princípio do Poluidor-Pagador e o Termo de Compromisso de Embalagens em Geral; Uma Proposta Alternativa para Concretização da Responsabilidade Ambiental Pós-Consumo"*. Revista Fórum de Direito Urbano e Ambiental, ano 18, n.º104, Belo Horizonte: Editora Fórum, março/abril, 2019, p. 37/48.

AIETA, Vânia. "Cidades Inteligentes e o Pacto dos Prefeitos: Uma Proposta de Inclusão dos Cidadãos Rumo à Ideia de 'Cidade Humana'", p. 1622/1643. In: *Revista de Direito da Cidade*. n. 4, vol. 8, Rio de Janeiro: Universidade do Estado do Rio de janeiro (UERJ), 2016.

BAUMAN, Zygmunt. Vida para Consumo; A Transformação das Pessoas em Mercadoria. Rio de Janeiro: Zahar, 2008.

CARDOSO, Rafael. Design para um Mundo Complexo. São Paulo: Cosac Naify, 2013.

COMPANS, Rose. "Cidades Sustentáveis, Cidades Globais: Antagonismo ou Complementaridade?", p. 121/154. In: ACSERALD, Henri. A Duração das Cidades: Sustentabilidade e Risco nas Políticas Urbanas. Rio de Janeiro: Lamparina, 2009.

Fundação Ellen MacArthur. "Rumo a Economia Circular: O Racional de Negócio para Acelerar a Transição" – Disponível em: https://www.ellenmacarthurfoundation.org/assets/downloads/Rumo-a%CC%80-economia-circular_Updated_08-12-15.pdf – Acessado em: 20.01.2020.

Fundação Ellen MacArthur. *"Governos Municipais e seu Papel em Viabilizar a Transição para uma Economia Circular; Uma Visão Geral de Alavancas de Políticas Públicas Urbanas"* – Disponível em: https://www.ellenmacarthurfoundation.org/assets/downloads/Alavancas-de-poli%CC%81ticas-pu%CC%81blicas.pdf - Acessado em 20.01.2020.

GEHL, Jan. Cidades para Pessoas. São Paulo: Perspectiva, 2013.

HARVEY, David. Cidades Rebeldes: Do Direito à Cidade à Revolução Urbana. São Paulo. Martins Fontes, 2014.

KAZAZIAN, Thierry. Haverá a Idades das Coisas Leves; Design e Desenvolvimento Sustentável. São Paulo: SENAC/SP. 2009.

LEMOS, Patrícia Faga Iglecias. *Resíduos Sólidos e Responsabilidade Civil Pós-Consumo*, São Paulo: Editora Revista dos Tribunais, 2011.

LIMA, Guilherme Cunha e LESSA, Gerson. Streamlining: a Estética da Velocidade. In: LIMA, Guilherme Cunha (organizador). Textos Selecionados de Design – Volume II. Rio de Janeiro: PPD/ESDI, UERJ, 2008, p. 111/142.

MANZINI, Ezio. Design para Inovação Social e Sustentabilidade: Comunidades Criativas, Organizações Colaborativas e Novas Redes Projetuais. Rio de Janeiro: E-Papers, 2008.

MORAES, Kamila Guimarães. *"Obsolescência Planejada e Direito. (Ins)sustentabilidade do Consumo à Produção de Resíduos"*. Porto Alegre: Livraria do Advogado, 2015.

OLIVEIRA, Alfredo Jefferson de, FRANZATO, Carlo e GAUDIO, Chiara Del (organizadores). ECOVISÕES PROJETUAIS; Pesquisas em Design e Sustentabilidade no Brasil (E-book). São Paulo: Blucher, 2017 – Disponível em: https://integrada.minhabiblioteca.com.br/#/books/9788580392654/cfi/0!/4/4@0.00:0.00 - Acessado em: 17.12.2019.

PINTO, Henrique Motta. "A Articulação dos Serviços de Saneamento Básico com a Política Urbana". In: MOTA, Carolina (coordenadora). Saneamento Básico no Brasil: Aspectos Jurídicos da Lei Federal n.º11.445/2007. São Paulo: Quartier Latin, 2010.

SANTOS, Milton. Por uma Outra Globalização: Do Pensamento Único à Consciência Universal, 25ª ed. Rio de Janeiro: Record, 2015.

SANTOS, Angela Moulin Simões Penalva, MEDEIROS, Mariana Gomes Peixoto e VASQUES, Pedro Henrique Ramos Prado. *"Política Urbana no Contexto Federativo Brasileiro: entre a Cidade do Plano e a Cidade Real"*, p. 3/30 .*In*: SANTOS, Angela Moulin Simões Penalva & Sant`Anna, Maria Josefina Gabriel (organizadoras)

Transformações Territoriais no Rio de janeiro do Século XXI. Rio de Janeiro: Livraria e Editora Gramma, 2014.

SEVERIANO, Maria de Fátima Vieira e ESTRAMIANA, José Luís Álvaro. Consumo, Narcisismo e Identidade Contemporânea: Uma Análise Psicossocial. Rio de Janeiro: Editora UERJ

TEUBNER, Gunther, "Justice under Global Capitalism?". In: *Law Critique* (2008) pp. 329–334

WEETMAN, Catherine. Economia Circular: Conceitos e Estratégias para Fazer Negócios de Formais Inteligente, Sustentável e Lucrativa. São Paulo: Autêntica Business, 2019.